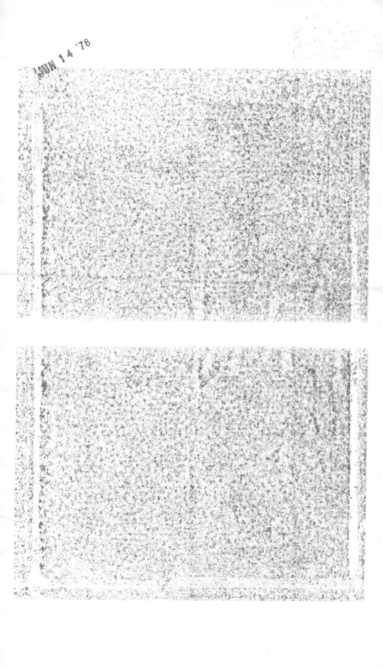

# ENGLISH RECUSANT LITERATURE
1558–1640

*Selected and Edited by*
D. M. ROGERS

Volume 382

# ST. PETER CANISIUS
*Opus Catechisticum*
*1611*

# ST. PETER CANISIUS

*Opus Catechisticum*

*1611*

The Scolar Press
1978

ISBN 0 85967 475 4

*Published and printed in Great Britain by*
*The Scolar Press Limited, 59-61 East Parade,*
*Ilkley, Yorkshire and*
*39 Great Russell Street,*
*London WC1*

*NOTE*

Reproduced (original size) from a copy in the Bodleian Library, by permission of the Curators. This copy lacks sigs. V, X, Y and Z, which are reproduced in the facsimile from a copy in Cambridge University Library, by permission of the Syndics.

*References:* Allison and Rogers 204; STC 4570.

# OPVS CATECHISTICVM D. PETRI CANISII THEOLOGI EX SOCIETATE IESV.

*Sef yụ:* 

*SVm ne grynodebo adysc Gristionogaul, a dosparth Catholic, ar hoḷ buncian'r Phyd, hun a yscrifenoḍ yr hybarchus a'r arḍerchaug athraụ uchod yn gyntaf yn ḷadin ag a gyfiaithuyd o'r ladin i'r gymeraeg druỵ ḍyfal lafyr ag astudiaeth. D. Rosier Smyth o dref lanelụy athraụ o Theologydiaeth, megis dialogiaith ne' mḍidan rhung y discibl ar athraụ, un yn holi, a'r ḷaḷ yn atteb, ag a breintruyd yn Ninas* PARIS,

Ex officina Typographica: IOANNIS LAQVEHAY, via Iudæ.

*Yr anuụiol Phol a Phy*
*Poen alaeth Pen ụelo lun Iessu*
*Linied osguel oeḍ hyny.*
*Lun diaụl ymhob ḷe yn i duy.*

M. D. C. XI.

# AN HERCHION AT Y

*darleur haudgar dedfaul.*

GVedi mi ystyrio cyflur ag y stad egluys duu y dyd hediu, a gueled yr auirif o sectau heretigaid, a gau athrauyaeth a oyscarod ag a danod y gelyn, meun lauer o uledyd ag ardalau o Europa, megis y Lutheriaid, y Caluiniaid a'r Puritaniaid, a lauer erail hebson amdanynt, a phob vn o honynt yn claimio, ie yn teyru'n diguilid fod i dysceidiaeth ai athrauyaeth yn gristnogaid ag yn gatholic, pe rhon ai bod yn gyhoed ag yn olau yn erbyn Crist ai uir egluys, a hefyd athrauyaeth pob vno honynt y nail yn erbyn y lal. Achan fedul am y galuadigaeth y galuod duu fi ido, a'm dyledys gariad a'mrhuymedigaeth i'm gulad, guelais yn gymmuys dy rhybydio (a hyny er muyn ymgledu d'enaid) i ochel nid yn vnic yr athrauyaeth hereticaid uchod, eythyr hefyd ymurthod ie phieidio hol dysceidiaeth aral ar sy'n erbyn yr egluys gatholic. Ag er muyn hyny o achos mi a gyfiaithiais y lyfr bychan yma o'r ladin i'r gymeraeg i'th hy-

*phordi yn hol bunciau'r Phyd yrhain syn angenrhaidiaul i bob Cristion i credu, os myn salfio i enaid, hefyd yn ben disade oblegyd fod y lyfr yma, mor dedfol, mor dyscedig agmor fudol megis nad oes na phobl, nor nasium yn hol ardalau Europa, yrhain ni darfu udynt i gyfaithio ef yu iaith gyphredin hyd yn oed yr Scottiaid a'r Brytaniaid o Frytan fechan Am hyny derbyn yr Anrheg yma genyfi dyg y duladur ath gydfraud Cristionognaul yn euylyscar ag yn diolchgar, Cayman eglur ag yn glau yn de Anglu ag yn do sparthu'yti yr iaun Phyd, yr hon y mae'r Egluys Catholic yn i brophesydu ag yn i gredu, hon ni alyth dy Siomi, oblegyd fod yr ysbryd glan yn i Athrau y'u draguydaul. Hon yu syl faen y Phyd, a cholou y guirioned, megis ag y mae S. Paul yn testiolaethu Am hyny ni dylem fyth ammau i audyrdod canys phydlon a dilugur yu megis y mae S. Austin, yn dyudyd, Ni chredun i (med, ef) i'r Efengil on i bai fod audyrdod yr Egluys gatholic yn peri. Hon yu'r graig siccir disyglegid a diserfyl, ag ni al pyrth uphern fyth i gorchfygu na'i gorfod. Hon yu'r Dinas a oso duyd ar ben mynyd, sy'n gyhoed, yn lustraid, yn splennaid ag yn disclaer bob amser, yu chanfod ag yu gueled, ag yn haud dyfod atti, rhag i neb i gadel ai gurthod, a myned ar gyfyrgol i dylyn ag i olrhain lochesau, cilfachau, a chonglau yu hereticiaid, a rho i clustiauyu gurando yntuy s'yn gueidi, uele dyma grist, uele d'accu Grist, ag fely troi o diurthi hi a'i gadel: yrhainy mae Cristyn i galu yn fleidiaid rhai bus gued i guisco a chruyn defaid, meun mann araly mae'n i galun lladron a entriasōt i'rtuy dru y'r fenestr, ag nid tru'yr drus, fely (y darleur haudgar dedfol) glyn yn ystyfnig urthyr Egluys, ai audyrdod, g oguydayn holaul atti ag at dysceidiaeth yr hen dadau santaid, a gochel athrauyaeth dysceidiaeth, cumpniaeth, a masnach Hereticaid, Canis y dyn heretigad (med S. Paul) a rybidiuyd unuaith ne duy, gochel, oblegyd coledig yu Gurando airiau S. Syprian, puy bynag a el odiurth undeb yr Egluys y mae'n, angenrheidiaul cyfri hunu ymysc yr Hereticaid. Alan o'r Egluys nid yu bossibl guasnaethu duu, na salfio i enaid. Am hyny gurando'r Egluys, glyn urth y phyd, ymae hi yn i rodi alan, y neb ni uarendyf y'r Egluys (meu Crist i hun) a dyleir i gyfri megis pagan ne Bublican. Ag fely y gorchymynaf yi y duu, yr hun ath geidu yn i ras ag yn undebi Egluys, megis y gelich fod yn gi-*

*frannog o'r deduydduch traguyduaul, O Dinas Paris y dyd cyntaf o fis Maurth. Sef yu dydguyl Deui Sant, 1611.*

*Dy gyduladur a'th gar,*
ROSIER SMYTH.

*Heb duu. Heb dim.*

# DOSPARTH CATHOLIC

*ar hol bunciau'r Phyd megis dialogiaith rhung y dyscibil a'r Athrau.*

## CAPVT I.

*D. Puy a eluir yn gristion?*

A. *y neb syn adef ag yn cymeryd ar no iachys dyscidiaeth Iesu-Christ guir duu aguir dyn, ac yn i brophesyduyn i Egluys ag am hyny puy byuag syd uir gristion y mae'n cassau ag yn phieidio pob sect ag athranyaeth a gapher meun man aral yn y byd alan o dysceidiaeth Christ, ai Egluys, megis dysceidiaeth Ideuaid, Paganaid, Turciaid, ag Heretigaid.* Act. 11. Petri 4.

*D. Maesyrraf y gelir cynhuysso dysceidiaeth Christ?*

A. *Guybod o gristiou, a chaduy pethau syn perthynu at doethineb a chyfiaunder: Doethineb (megis y mae S. Austin yn dangos) syd ai threigyl ynghylch* Lib. 2. retract. cap. 63.

Ench. c. 1. & 3. y tair rhinued theologaid, Sef yu phyd a gobaith a chariad perphaith, yrhain ymae duu yn i doualt ynomi o'r nefoed, a thruy anrhydedu thain yn bur, ag yn deilung yn y byd yma, yr ydym yn deduyd ag yn happys. Cyfiounder a gyflounir druy dau beth, Sef yu druy ochelyd y drug, a gunaethyd y da, megis
Psal. 36. y mae Dafyd brophuyd yn dyudyd Gochel
Petr. 1. ca. 3. drug, aguna da) Ag fal hyn o'r duy phynon yma, Sef yu odoethineb a chyfiaunder, y gelir tynu alan yn esmuyth bob peth aral sy'n angenrhaidiaul a chymisiaun i dyscu Christion, agyu duyn i fyu yny mod y dylae.

D. Beth gynta a dradodir yn y dysceidiaeth Christnogaul?

Ad Rom. cap. 10. Heb. 11. August. Serm. 39. de temp. & Serm. 1. de verb. Ser. 4. Nat. dir. A. Phyd hon yu drus yn iechid ni, canys heb hon, ni al neb nag adanabod duu, na galu am i help, na i uasanaethu, na rhyngu bod ido yn y byd yma: oblegyd rhaid i'r neb adelo at duu gredu (med yr Apostol) a'r neb ni chredaf a golir ag a damnir, ag syd cusus guedi maru druy farn Christ.

D, Beth yu hyny a eluir y Phyd?

Matt. 16. Ioan. 3. A. Phyd yu rhod duu i oleuo dyn, i lynu urtho ef yn diogel, agi gredu' n sicir i'r pethau

pethau a anirgelod duu i hun, ag a rodod alan ynyr Egluys yni yu gredu: megis fod duu yn dri ag yn vn, a guneythyd y byd o dim, a guneythyd duu yn dyn, a godef o hono ef Varufolaeth dros dynion, a bod Mair yn foruyn, ag yn fam i duu, ag y cyfyd y meiru dyd farn, ag yr ail enairdyn druy'r dur a'r ysbryd glan, a bod Crist yn holaul yn duu ag yn dyn yn yr Aberth neyn Eucharistien, a phob cyfryu dirgelion erail anhydedys, a anirgelod duu i hun, ag na elir moi compasu druy resum na synuyr dyn, ond yn vnic druy phyd i derbyn ai credu. Am yrhain y dyuad y prophuyd o nis creduch ni dealtuch nid ydiu'r phyd yn edrych am helynt na churs natur, nag yn cœlio i brofrdigaeth synuyr, nag yn rhodi i phuys ar Rym ne resum dyn, onid ar rinued ne audyrdod duu gan gymeryd hyn yn le siccruyd diogel. Cans ni al y guir traguydaul, a'r penaf (hun yu duu) adel fyth siomi erail, ag am hyny priodaul ag adas i'r phyd yu caethiuo synuyr a dealt naturiol i fod yn vfud i Grist, ag i gœlio yu eiriau, i'r hun nid y u dim amhosibl: eythyr haud ido gyflouni pob gair, a'r phyd yma (med Saint Chrysostomus) yu goleni'r Enaid, porth y bouyd a Sylfaen yr techyd ar salfadigaeth traguydaul.

Eph. 2. fidei, con- Basil. de Heb. 11. fes. Bernard. Epi. 190. Genes. 1. Ioan. 1. Alias o- pherth. Luc. 2. Corinth. 15. Ioan. 3. Concil Eph. can. 13. Luc. 1. & corinth. 15. Eccles. 3. Corint. 2. c. Esai. 7. Basil. in psal. 135. & in morali. reg. 88. c, 21. G. hon. in Euã. 26 Chri. in 1. ad corint. hom. 3. corint. 10. Luc. [illegible]

*Euſeb. Emiſſe. Homil. 2.*

D. *aoes grynodeb a i ḍangos yr hoḷ phyd a ſum o'r cubuḷ, ar yſyḍ raid i ni credu?*

A. *Oes hoñ y mae'r dauḍeg Aboſtolion yn i dradyḍu, ag a eluir yn ḷadin Symbolū Apoſtolorum. Sef yụ gild yr Apoſtolion, oblegyd bod pob vn o honynt yn dodi i bunc ụrth i gụna thyr hi, a hon a ranụyd yn aḍas meụn dauḍeg punc, megis iroeḍ dauḍeg o'r Apoſtolion bendigedig a'rhain yn neſſaf at Griſt yn ſylfaenụyr o'r phyḍ griſtnogaụl, guaith tyladụy i'r cyfriụ auḍuriaid, y Symbolē hon ſyḍ nod ſplenyḍig drụy'r hon y gelir aḍanabod a barnu rhagoriaeth rhụng y criſtion a'r anụụ, yr hụn nid yụ yn propheſyḍu phyd yn y byd, ne or hyn leiaf yn propheſuḍu iaụn phyḍ Griſt.*

*Chryſoſt. hom. 1. & 2.*

D. *mae puncíau y Symbole myma?*

*In ſymb. Ruffin in ſymb. Auguſt. in Enchirid. Item in l. 4. de ſym. ad catech. Euſeb. Emiſ. h. 1. & 2. in Sym.*

1. A. *Y ruyſi'n credu yn Nuụ'r Tad hoḷ aluaụg, creaụdur nef a daear.*
2. *Ag yn Ieſu Griſt i vnig fab yn argluyḍni.*

Conceptus

3. *Ag a gad, ne ag gyngaphụyd drụy'r ysbryd glan ag a anụyd o Vair forụyn.*
4. *A dioḍefoḍ dan Pontio Pilato, a groes hoeliụyd, a fu faru ag a gladụyd.*
5. *A dyſcynnodi Vphern, ag y trydyḍdyḍ, ef*

a godod o faru i fuu.

6. *A escynod i'r nefoed ag sy'n eisted ar dehauiau duudad holaluaul.*

7. *O dyno i dau i farnu'r bud a'r maru.*

8. *Ruy si yn creduyn yr ysbryd glan.*

9. *Fod Egluys santaid gatholic, cyprhadeinruyd ne cymmundod y saint.*

10 *Madauaint pechodau.*

11. *Ail gyfodiad y cnaud.*

12. *An bouyd traguydaul.*

D. *mae'r mod penaf y mae'r gairiau yma o'r grédo yn i amcanuag yn tynu atto.*

A. *At hun y mae'n tynu: Sef i gael guir uybodaeth o duu o'r pethau duuiol syd angenrhaidiaul i bauburthynt i fuu yn da ag yn deduyd, yma y mae'r le cynta a'r penaf syd i dynabod duu, na'r hun ni elir medul byth dim, na muy, na guel s na doethachnag ef, hun sy'n vn, ag yn symlig meun sud ne natuniaeth, yn uahanedig meun tri pherson, mal y credir yn siccir oflaen pob peth, fod y Tad yn un, y Mab yn un aral ar ysbryd glad yn vn aral, y tad yu hunu a Enilod ne a generoed i fab er oes oesed, phynon a gunaethyrur pob peth, y mab a anuyd o sylued y tad, syd*

*Chrysalog. serm. 57. 58. 59. 60.*

*Hiere 9. Ioan. 17. 1. Cor. 2. Pet. 1. Sap. 13 Aug. fes. lib. 1 c. 4. Aug. l. de fide & sy. c. 9. M. 28. Athā. in symb. Psal. 109. Heb. 1. 1. Ioā. 4. Ioā. 15. Tim. 1. Hiere. 32.*

'rhybrynur a salfadydy byd, yr ysbryd glan yr hun a eluir hefyd yn Gyssurur ne gonsolydur ag sy'u gofernydu 'r Egluys yn yphyd, Sef yu phydlonion Crist: fely y tri yma syd vn peth, Sef yu vnguir, traguydaul, anfesuraul, ag angrtphredihaul duu. Am hyny guych y mae'r tair rhan yma o'r Symbolem ne'r gredo. yn cydatteb i'r anrhanedignul a santaidiaf drindod, S. yu y darn gyntaf ynghylch y creauduriaeth, yr ail ynghylch y rybryniad, y trydyd ynghylch y Santaidiad.

Deut. 6. Matth. 6. 1. Tim. 1. Genes. 1. Esaiæ 53. Iob 57. Eccles, 3. Luc, 1. Hier. 32. Sap. 16. Reg. 2. ad opuit. Ps. 2. Heb. 1. Roman. 8. Psæl. 32. Coloss. 1. Math. 6. Heb. 13. 1. Timoth. 4 & 6. Iacob. 1. 2. Cor. 1.

D. Beth syd yu dealt urth y punc cyntaf o'r Symbolem ne'r gredo. S. yu yruifi in credu yn Nuu'r tad?

A. Y mae'n dangos ini yn gynta, fod duu yn un, a bod y person cynta yn y duuiolaeth yn dad nefaul, traguydaul, goruchaf o alu a maured, i'r hun nid oes dim anhaud, ne amhosibl idc yu uneythyr, in laur hun ymae peri i bob peth fuu ne faru, yr vn Tad a enilod eryr hol oes oesoed fab, ag an sod fabod ninne yn blant ido yn amser y gras yma, ag y mae'n gymint i rym megis y galau truy i vnic uneythyr o dim nid yn vnic bob peth guledigaul: eythyr i gadu yn uastad ai *gofernydu druy oruchaf daoni a doethineb, o diurth hun ymae yn dyfod, ag at ef ymae bob peth yn tuedu ag yn goguydo, efo yu tad y leuyrchau a'r goleini, gidar hun ni oes gyfneuidiad yn y byd, tad y trigared a duu y cissurdeb, (ag i fod yn fyr) ymae ef yn gyfryu beth ag yn gymaint i alu megis argais, neurth amnaid fod bethau nefaul, daiaraul, ag uphernaul yn i ufudy hau ag yn mostung ido, truy imddiphin ai gaduadigaeth ef. yr ydi-mi ym hob blinder a pherigl yn diainc heb-dim drug ermaint a fython t.*

*Act.* 14. *Luc.* 12. *Gen.* 17. *Psal.* 26. & 90. *Psal.* 124. *Iob.* 41. 1. *Cor.* 10. *Eccl,* 33.

D. *Beth y sydyn yr ail punc o'r gredo Sef yr-uyfi'n credu yn Iesu Grist?*

1. *Ioã.* 5. *Luc* 1.

A. *Ymae ef yn dangos yr ail Person yn y duuoliaeth, S. yu Iesu Grist, guir duu a guir dyn, a aluyd yn Iesu. S. yu yn Salsadyd y bobl, ag yn Grist, S. yu Enyniaug druy'r ysbryd glan, ag yn laun o bob gras a guirioned, yn Messias a'n guaredid, yn brenin, a'n Pontific, a'r Archescob ni, yr-hun sy'n dal penaithiad ym hob peth, ag yn yr hun ymae hol gyflounrhuyd duuoled yn aros ag yn trigo meun Gorpheled, ymae'n danges fod yn aul, unic sab duu uedi eni or tad uedi yn il er oes oesoed, yn naturol yn gydsylued-*

*Matt.* 1. *Es.* 9. *Luc* 4. *Psal,* 44. *Acto.* 4. *Reg.* 10. 16. *Ioã.* 1. *Apo.* 17. *Heb.* 3. 1. *Petri Coloss.* 10.

*Ephe.* 1. *Ioan,* 10. *Heb.* 1.

Apoc. 1. yn gubul gyngrym ne gyfegual ag ef oran i
Matt. 28. duuiolacth: ag ynargluyd, i baubsy'n credu i-
Daniel 7. do, megis rhai uedi yn coli a darfasai ido ef o
Philip. 2. hono i hun i guared o gaethiued ag altudieth
Luc 15. R. Sathan. A phen oedym dan iau pechod a ch-
8. 1. Cor. oledigaeth, ef an rhybrynnod yn hael faur, ef
6. Petas 1. hefyd sy'n argluydhau ar yr anuu: cans pob
Psal. 8. R. peth syd sufieithedig dan i draed ef. Ag yna
14. yn benaf i'r am dengys i hunan yn argluyd, ag
Apoc. 19. yn frenin brenhioed, yn olau i'r drug ag ir hol
Matt. 15. syd, pen dyno dan i lau ai alu i hol elynnion
Corint. 15. igydyr un le, hebdiolch udynt, ag ai lysc,
Psal. 109. megis us a than aniphodedic, hun yu'r mab
Luc 3. M. anuyl, hun yu yn Emmanuel ni, hun yu'r
3. Luc. 20. meistr a dylem i urando, ag nid oes heuu aral
Matt. 17. dan i nef a roduyd i dynion, yn yrhun i dy-
Esaye 7. lem gael yn salfadigaeth onid yn hun.
Acto. 4.

D. Beth y mae y trydyd punc o'r gredo yn i proponudu, n'en i osod alan yu gredu, Sef a gad ne a gyngaphuyd o'r ys bryd glan?

A. Y ma'en testoliaethu darfod i'r un rhyu argluyd a gad ag a generuyd o duu'r
Mich. 5. tad, er oes oesoed heb un fam, ag er yn muyn
Ioã. 1. Es. ni e descynod i laur o'r nefoed, ag a gymerod
53, Ioan 6. arno ef naturiaeth dyn, ag yn ynaturiaeth y
Galat. 4.

*ag yngaphuyd yn ninas Nrtsareth, ag a anuyd dan yr Imerodr Augustus o'r disagl foruyn heb dad, yn ninas Bethleem druy rym rhynued a galu'r ysbryd glan a oed yn guaithio ynthi hi,: pheth syd fuy na rhysed: gunathy gair yn gnaud a duu yn ydyn a Mair bob: un o'r dau yn fam i duu, gyn roruyn hef ydy cyngaphiad ausserol ymia o fab duu, ai cnedigaeth sy'n cynuys dechreuad salfadigaeth a rhydbryniad dyn, ag y sy'n ampler ne phorm o'n ail enidigaeth ni, druy'r hon y mae'n damuain i blant meltigedig Ada a gyngaphuyd o had amhurluhredia, ag a anuyd yn y digofaint, gael i puhau, fal y gelid igunethyr druy Grist, o rai cnaudaul yn ysbrydaul, ag yn uir feibion i duu, yr hun y bu ulys y tad aguydaul, fod yr etholedig yn gydphyr faul ag yn debigido i hun, mal y galai ef, fod (megis y mae Paul yr Apostol yn dyuedyd) yn Brifenid yn mysc lauer o frodyr.*

Rom. 1. Matth. 1. Luc 1. Es. 7. Hie. 31. Cōcil. Ep. cano. 13. Hierō. in luidiū. Ambr. in Epist 81. Ezech. 44. Ioā. 3. 1. Pet. 2. H. 2. Tit. 3. Iob 14. Ephes. 2. Rom. 6.

D. Beth y mae'r peduerydd punc yn i gynuys, Sef yu diodef o hono'f dan Pontius Pylatus

A. *Mae'n dangos darfod i Grist o'r dioed, uneythyr peno'n athrau y nid druy uneythr gurthiau, ag fely cr i fod yn difa-*

Actor. 10 Mat. 27. Marc 15. Esaye 50. Ioā. 1. Heb.

7.Pet.1.c. *ag megis Oenguirionaf oḷ , ag hefyd yn*
2.Apoc. *ḍuụ anfarụodigaụl , etto i ḍangos i hoḷ ber-*
1.1. Tim. *phaiuhiafſerch ai gariad tu ag attomi , ef a*
6. Rom.5. *ḍioḍefoḍ yn ụlyſcar ar laụ dynion ſcelerdraf*
Ioan. 15. *a'r pœnau muyaf, toſtaf, chụerụaf, a marụ-*
Ioan.18. *indotaf, a aḷai fod : ag erinuyn hyny ni ụrt-*
Mat.27. *hodo aḍag ni lyſoḍ ef farn yr anghyfion uſtus*
Marc.15. *Pontius Pilatus , peirhon ai fod yn gamaf oḷ,*
Luc 23. *na chụaith y groes er i bod yn ụarthuſaf gos-*
Ioan.19. *bedigaeth a aḷai fod , gan gymeryd droſomi*
Act.15. *farụfolaeth greulonaf, heb ụrthod igladeḍi-*
Sap. 2. *gaeth meụn mynụent un aral , megis y gaḷaụ*
Heb.12. *yn hoḷaụl i roi hun dros ḍynion yn fuụ ag yn*
Phil. 2. *farụ , yr hun diodefaint Criſt , i ụaed , i gro-*
Rom, 5. *es , i archoḷion a'i farụfolaeth, ſy'n ụaſted yn*
Mat. 17. *rhodi ag yn yſt yn inibechaḍuriaid guſſur ; ie-*
Tit. 2. *chyd , nerth a bcụyd , megis cs uſuḍhaụn a*
Gal.1. *chyḍoḍef a'n pen , fely y caụn yn cydogoneḍu*
Esa.53. *gidag ef , can perphaitrụyḍ a ụnueth fyḍ ac-*
Pet.1.1. *hlyſyr ſalfadigaeth trag.ụyda.ụl i baub ſyḍ yn*
Ioã 1. Apo.1. Eph. Rom.8.2. Cor.1.2. Ti.2. He.5. *uſuḍhauiḍo.*

*D. Pa les ne phruyth syd ini urth uneythyr lun y groes a'n byssed, ag urth groe si yn talcen a hi?*

*A. yn uir duuoldeb yn henafiaid gynt, defod uastada ul yr Egluys a dradydod ag a orchymynody dedfyma ini, ag yn gyntaf yrydys druy hon yn yncyphroi i fyfyrio yn serchogag yn garedig y dirfaur dirgeled myster a'r daioni a gyflounuyd ar y groes ag a rodduydyni yn helaethag yn diandlaud.* *Tert. de coron. militis.* *Basil. de Spir. san.* *Ioan. 118.*

*Guedi hyny ef an sumbulir i safedlu 'n disygly guir a'r santaid ogoned ag angor yn hol salfadigaeth ni yngrhoes yn arglnyd.*

*Heb lau y mae hyn yn testiolaeth nad oes ini dim a unelom a'r Ideuon ag a'r Paganiad gelynion croes Crist, ond yn bod ni yn prophesu yn dirus ag yn diamau (yn erbyn yr hain i gyd) yn argluyd Iesu Christ, hun yrydymiyn aduli hun agroeshoeliuyd drosomi, hefyd truy'r aruydyma i'r anogir ni i roi serch ar i diodefaint, ermuyn couleidio'r groes ai phord yn ulyscar gan fod Crist yn uydyd ini o'r blaen, os chuenychun ogoned traguydaul, yrhun a dylem i gyd i dymuno.* *Chrys. ho. 55. in Matt.*

*Hefyd yrydymi truy hyn yn gofyn arfau*

gorchfigaụl yn erbyn Satan a ḍarfugynt i or-
Niceph. fod a i guympo drụy nerth i groes: eythyr he-
li.18.c.20. fyd yrydym fely yn ymarfoḍi yn erbyn hoḷ ụr-
thụynebụyr yn ſalfadigaeth.

Ag i orphen ni a gippiụn yr arụyḍ golu-
ſtraiḍ yma Bụḍygoliaeth y groes, er mụyn cael
mụy o rụyḍebụrth dechrau, a mụy o gynyḍ,
ụrth fyned rhagom yn y pethau a ụneler, ag
Matth. ar hyder gorchfygụ trụy nerth yr arụyḍ hụn,
16. Luc. 9. ni a fynychụn dyụaedyd yn ḍiarſụyd yn enụ'r
1. Pet. c. 3. tad a'r mab a'r ysbryd glan.

---

Ambr. D. Beth y mae'r pumed punc yn i oſſod aḷan
ſerm. 43. yụ gadu, Sef dyſcyụoḍ i uphern, ag a
goḍoḍ o farụ i fụụ?

A. Mae ef yn dyſcụ fyned o Criſt a phe-
nedrydụ hyd uphern, o rhan i enaid
ụedi iḍo farụ ar y groes, yụ ḍangos i hun yn
Pſalm. 15. rhyḍhaụr i'r tadau a oeḍynt yn trigo yn y lym-
1. Pet. 3. bo, eythyr o ran y corph trụy'r hụn yr oeḍ yn
gorfeḍ yn y beḍ: codi o'r ụn Chriſt i fụụ yn
anfarụedigaụl ag yn o gonedys priſeniḍ o'r
meirụ trydiau yn ol i farụfolaeth (pan i chụ-
enychoḍ) ef a doeth o uphern yn driụnphyd:
trụy'r guaith rhyfeḍaụl hụnụ mae'n rhoi cyſ-

*sur ag yn dyscu fod yr etholedig yn cael i guared o lau a meddiant Satan angau ag uphern, ymae ef yn cymel ag yn cynig y gras yma i baub, megis y gale y saul syn'n credu yn Ghrist godi o'i uydiau i rinued, o angau pechod, i fouyd gras, ag yn niuedd hol oessoed, o angau'r corph, i fo uyd anfaruedig aul cans hunu a goddod Iesu, a'n cyfyd ninaug ydd ag Iesu.* Matt. 12. 1. Ioan. 2. Colos. 1. c. 1. Cor. 15.

---

D. Beth syd gen y chuechedd punc yni yu gredu, S. derchafodd i'r nefoedd?

A. *Mae'n manegi ascenu o'r argluydd Iesu ir nefoedd y deugeinfed dydd uedi guneythyr pen ar y guaith oedd i ry brynu dyn, ag ym dangos o honofe yn fuu drochefn i'r eiddo a cadarnhau guirionedd aidgodiad truy lauer o argufenau mal y gelid gueled i derchafu ef o ran i natur dynaul uuch ben bob peth ai fod yn enuog ai faulhau yn benaf gen baub, ymae fely yr argluydd yn eistedd yn y nefoedd ar deheulau nerth duu yn gymaint i alu a'r tad, yn gofernydu pob peth yn splenydu meun duuonig fuuoledd: canys hyn yu eistedd ar deheulau'r tad, yr asceniad hyfrydlaun yma i Crist, syd sylfaen a siccruydd i'n phydd a'n gobaith ni, mal y* Rom. 6. Col. 3. Philip. 3. Ephes. 4. Psal. 67. 46. & 8. Psal. 109. Act. 7. 8. 22. 1.

Mat. 28. *gobeithiun yr aiph yr aelodau os bydant ufud*
Heb. 5. *i'r pen, aglynu urtho, ef, le'r aeth y pen o'r*
*blaen, uedi ido sathru i elynion tan i draed,*
Ioan. 1. *yn y diued mi af (heb ef) i baratoi le i chui.*

---

D. *Beth a ryd y saithfed bunc yu gredu,*
S. *o dyno ef dau i varnu?*

A. *y mae'n proponydu'r dyd braud diuaethaf, pen descenof Crist draehefn o'r nef goruchaf meun cnaud dyn yn ustus*
Psal. 96. *oergrynedig i farnu'r hol fyd, ag yno yn ei-*
Malac. *stedyn i Vaured i hunan, ef a dal yn gyhoed*
4. Ioel. 3. *i bob dyn ar ol i uaithredoed, gan Varnu pob*
Matt. 25. *un hyd y'r eithaf, y rhai da fa' rhoi drug, pa*
*fod bynag i godiuedir yntuy y dyd hunu ai etto yn fuu yn i cnaud, ai gdedi maru o'r blaen: urth hyn yn rhybydir ni i fuu'n gyfruysach ag yn*
Matt. 2. *unionach, po siccra fo genym fod yn guaith-*
Sap. 1. *redoed ni, yn meduliau, a chyflur yn hol fou-*
Esa. 66. *yd sy'n uistad garbron lygaid duu, hun sy'n*
*gueled pob peth, ag yn i barnu'n gyfiaun ca-*
Eccles. 12. *nys y mae'r chuiliedur calonnau hunu sy'n u-*
Gal. 6. *stus unianun a chyfiaun ag yn dialur camue-*
Thes. 4. *dau, i'r hun y mae'n rhaid i ni i gyd ymdangos*
Eccles. 12. *garbron i orsed, bob un i derbyn gentho, yn*
2. Cor. 5. *ol aunaeth yn y corph ai da ai drug, ag ni ad*
Rom. 14.

*dim da arauneler yn yn bouyd yma heb i o- bruy, na dim auneler ar gam heb igosbi.* Matth. 10. Iob. 24.

---

*D. mae sum ne grynodeb y punciau o'r ail person yn y duuoled.*

*A. lyma'r sum fod Crist yn uir duu ag ynuir dyn, yr hun a dechreuod ag a or-* Ioan. 1.
*phenod y rhyfediguaith orybryniad dyn ai fod* 1. Ioan. 5.
*efyn phordyn uirioned acyn fouyd truy'r hun* Ephes. 1.
*yn unig, pen darfassu n coli i gyd, i coussomi*
*yn salfadyd a'nguared a ncymmodi a duu'r tad* Ioan. 4.
*ynghylch y daioni a r les sy'n dyfod o'r rhybry-* Rom. 5.
*niad yma, ef ayscrifenuyd fel yn. Ef a'mdan-*
*gossod rhad duu yn salfadyd ni bob dyn, tan*
*dyscui ni fuu yn sobraid, yn gyfiaun, ag yn* Ephe. 2.
*duuiaul yn y bid yma, tru ymurthod ag an-*
*nuoled ag a chuantau bydaul gan dyscuyl y*
*guynfydedig obaith, a dyfodiad y maur duu* 2. Cor. 5.
*a'n salfadyd ni Iesu Christ yrhun ai rhodod i*
*hun drosom i er muyn yn rhybrynu o bob en-*
*uired, a'nglanhau yn bobl gymeraduy ido ef*
*ag yn dylynuyr gueithredoed da ag fel ymed yr* 1. Tim.
*Apostol Paul meun man aral: y rydymi yn* 2. Rom.
*greadurieth duui hun, guedi n creu druy Christ*
*meun guaithredoed da a darfasau i duu i pa-* Ioan. 2.
*ratoi ini i rodio ynthynt, trachefn Crist a fu*

faru (med ef) dros baub, er muyn i baub ſy'n
1.Petr.2. buu, fuu nid ydynt i hunain, ond i uaſnaethu
2.Tim. hunu a fu faru, ag a godod o faru i fuuer i muy
4.Rom.2. nhuythau. Am yn mae'n rhaid gochel cy-
feiliorni' rheini ſy'n cypheſſu Criſt, nid yn gy-
fa, ond megis guedi darnio, treſythont yn cy-
danabod yn unig i fod ef yn gyfrungur ag yn
rhybrynur, y dylem roi'n goglyd arno ef ond
ni chymerant dim o hono ef yn gyfreithyd a
dylid ufudhau i orchyminion, ne yn ſiamlar
pob rhyu ued y dylyn ai anrhydedu: ne'n u-
ſtus cyfiaun a dal i baub yn diamau i dyledys
obruy negoſpedigaeth.

---

D. Beth y mae'r uythfed punc yn i dyſcu,
S. yduyf yn gredu yn yr ys
bryd glan.

Symbol. Conſt. & Concil. Florent.

A. Mae'n a adyſcu y trydyd perſon yn
y drindod F. yt ys bryd glan, y rhun
ſy'n dyfod ag yn dielu o'r tad a'r mab y uir
duu, yn gyndragouyd yn ogoniant yn gyfe-
gual ag yn gydſylued anhuyyldau, ag a dylid
Gen.1. i adoli a'r un phyd a truy'r un faint anrhyded
Pſal.103. ne ogoned a nhuythau, hun yu'r cyſſolyd ag
Iob.24. athrau'r guirioned y rhun ſyd ai rad ag ai don-
Matt.28. niau yn goleuo calonau'r ſaul ſy'n credu, ag yn

*i ſanteidio, ag yn i phyrffhau ymbob ſanteidruyd, hun yu guyſtyl yn etifediaeth ni, yn gymorthuy y'n guendid, yn rhodi ag yn rhannu i baub amryu doniau yn y mody mynef.* Ephes.1. Rom..11. Cor.10.

---

*D. Beth y mae'r naued punc yn i adyſcu. S. yduyf yn credu fod Egluys ſantaid gatholic.*

A. *Mae'n dangos yr Egluys, S. cynnileidfa ueledigaul o hol phydloniaid* Matt.5. *Chriſt, dros yr hon y gunaeth ag y diodefod* Cant. 4. *mab duu pob peth aunaeth ag a diodefod, uedi* Eph.4. *ido gymeryd naturieth dyn ag yn athrauy yn* Ioan. 11. *gyntaf fod hon yn un ag yn gytuu yn y phyd,* Ephes. 5. *ag athrauyaeth phyd, ag yn miniſtrydiaeth y* 10. 14. 16. *ſagrafennau, yr hon hefyd ſy'n cael i goferny-* Act. 1. *du ai chadu meun un pen S. Criſt, a than un* 1. Tim. 3. *Pontifig penaf i raglau ef ar y daear guedi hyn y mae hon yn ſantaid, am fod Criſt yn i ſanteidio hi yn uaſtad truy'r ysbryd glan, mal na* 1. Ioan. 1. *bytho byth heb uyr ſanteidi ol ynthi: Ar neb* Rom. 12. *afo alan o'r gymyunfa hol, ni al fyth fod yn gyfranol or guir ſanteidruyd yn drydyd mae'n* 2. Cor. 1. *dangos i bod hi yn gatholig. S. yn hol aug yn gimmaint ai bod uedi thanu ar hyd ag ar led* Ephes. 4. *truy, rhol fyd, ag yn derbyn, yn cloi ag yn ſal-* Matt. 28.

*sadu megis meun mynues mamaul hol dynion o hol amserau, o hol leod, a hol nasuinau syd yn cytuno yn phyd ag athrauyaeth.* Genes. 7. *Grist mae'n ysbyssu ynbed ueryd fod yn hon gymmundod gyphredinsa saint. S. bod yrhain sy'n yr Egluys, megis meun tuy ne deulu duu, yn cadu rhyu gymdeithas diuahanedig ag undeb rhyngthynt, ag mal meun un corph, y nail fembren, sy'n cymmorthuy'r lal: fely mae'n huythau in helpu i gilid, urth gifranu guasanaeth, rhigludianau, a guediau y nail yr lal. ymiscyrhain y mae undeb phyd ag athrauyaeth gynghordiaul arfer unucdaul o'r sagrafenau: yrhain hefyd syd o falys yn cadu undeb yr ysbryd meun rhuym in heduch, pa fath gyliorni bynag ne anyghtundeb a sur thiio, Mae'n y gymunfa yma, nid yn unig y saint, n'er guir da o'r Egluys fyl ydaul syd ar y daear, megis yn perindotta, eythyr hefyd y rhai guyn fydedig i gyd o'r Egluys sy'n y nefoedyn triumphydu gida Crist yn deduydaf ol, heb lau yr hain, yma i cynhuyssir eneidiau rhai du uiaul, yrhain a aethont o'r byd yma heb gaphel etto morg uyn fidedig deduyduch.*

Gen. 7.

Lib. 4.

Luc. 24.

*Alan o gymundod y saint (megis gynt alan o arch Noe hen) y mae distro uiaeth diamau heb obaith salfadigaeth yn yby y dynion,*

*nion, nag ir deuon, n'er Ethnigion ni chy-* *Acto.*
*merassunt mo phydyr Egluys erioed n'ag i'r* *Ioan.* 2.
*heredigiaid a'm adoussont a hi, ag ai lugra-*
*sont guedi i chymeryd unuaith, n'ag i'r Sus-*
*madigiaid a a'madoussont a heduch ag undeb*
*yr Egluys, na chuaith y rhai escumunedigaa*
*darfu udynt heudu druy ryu dirfaur achos*
*(megis membranau guenuynig) gael i toryt*
*ai guahanu o diurth gorph yr Egluys. Ar*
*fath yma i gyd (am nadydynt yn perthyn at*
*yr Egluys ai santaidiaul cymmundaud (ni-*
*alant fyth fod yngyfranog o'r duuionig ras,*
*a'r salfadigaeth traguydaul onis cymmodr* *Ezec.*18.
*yntuy ai duyn drachefu i'r Egluys o'r hon i'r* 1.*Tit.*2.
*aethont alan truy i baiau i hunain. Canys*
*guir yu rheol S. Syprian a S. Austin ni*
*chaiph hunu mo duu yn dad, ni syn'or Egluys*
*yn fam.*

---

*D. Beth a proponydaf y deg fed punc o'r gredo S. yu madeuaint pechodau.*

A. *Heb hyn ni eil neb fod yn gyfion, nag yn saluedig i gael y tryssor golud-faur hunu a brynnod Crist ini ai surferuinaul farfolaeth, ag ai uerthfauruaed i'r hol fyd rhag pechodau ai poenau traguydaul, o'r hun*

1. Cor. 15. 2. Cor. *dryssor ni byd neb cyfranaaug o honof truy ras Crist, onid y rhai a'muascont a'r Egluys truy phyd a bedyd, ag a safont yn uastad yn i undeb ai hufuddod, yn nesaf at hyn y rhai a uir benydiant am y pechodau a unaethont guedi i bedydio, ag a arferant yn gyfadas yr cliau a ordiniaud Crist, yn erbyn y ahain, S. y sagrafennau. At huny mae'r galu yn perth ynu, a eluir galu'r goriadau a darfu i Grist er* Ioan. 5. Matt. 25. *muyn madau pechodau truydo i rodi i uenidogion yr Egluys yn benaf i Bedr abostol ai successydion cyphreithlon. S. y gofernyduyr penaf o'r Egluys.*

---

D. *Beth sy gen yr unfed punc ardeg.*

A. *Adgyfodiad y cnaud, a damuyniaf i'r drug ag i'r da, y dyd diuaethaf canys y corph yma syd frau a hysguympys, ac yn sufiedig* Ioan. 17. Rom. 7. Tit. 1. *i lauer o gluyfau, a luded cynhuynaul, a guedi maru, a diguyd i'r pryfed i fuyttaf, a fyd fuu ailuaith pryd hunu pen' gune i'r hol feiru y dyd diuaethaf, a Christ ustus yn i galui fouyd ag i farn, fely rhaid i ni baub yn i gnaud ympirio garbron gorsed Crist mal i galo pob un yn dianach, ag yn difade derbyn y peth a delir ido yn gyfan, am a unaeth yn y corph, hid ef drwg bid ef da ef a eiph yrhai awnaeth y daioni, rhagdwi i adgodiad bowyd, a'r neb awnaeth drwgioni iadgodiadbarnadigaeth aphoen dragwydawl. y dyn da agodefgar a gymer gwssur trwy'r phyd yma mewn blinder a luded mwy a hel, mal i galo dywaedyd, ie yny pwnc diwaethaf oi fowydwrth drengu, mi a un fod fyrhybrynwr i yn fuw ag i codaf inau o'r daear yny dyd dywaethaf, ag y'rhoir o'm amgylch fy'ngrhoen drachefn, ag i caf weled duw yn fy'nghnawd: doeth a chal yw rheini yn wir sy'n gwthio ag'yn rhwymo'r membranau daearawl a'chyfeirio i wasnaethwcyfiawned a rhinwed ag ym paratoi'r corph yma megis lester purl'an, derbyn gwynfidedig anfarwoledigaeth.* Luc. 12. Matt. 15. Ezec. 18. Rom. 6.

---

D. *Beth yw y pwnc diwaethaf.*

A. *Ymae'n traethu ynghylch y bowyd tragwydawl y'r hwn nid oes ammau nas gadewir i'r etholedig yn ol i faru, a hwnw yw phrwyth a phenod phyd, gobaith, a diodefed ag ymarfered cristnogawl.* Er *mwyn cael y bowyd hwnw, ni dylae'r dyn fy'n gwirgredu, farnu na gwaith dwwiol yn y bydyn galed, na lefur yn drwm, ne'n rhyfin na dolur yn rhy-* Luc. 12.

*faruinaul, n'ar amſer yn rhy hir, urth ueithi-*
*nediodefi ynil hun. Os ydiu'r bouyd yma ſy'n*
*laun o flinder a thrueni mor hyfryd genym ag*
Matt. 15. *na fernir dimfel uſach, n'ag a dymuner yn*
*fuy n'ag ef: ba amcan muy y dylid barnu hu-*
*nu ynuel, ſyd mor hyfrydued, ag na chlouir,*
*ag nid ofnir na drug na phoen yntho, yr hun*
*ſyd bob amſer yn gorlenui o lyuenyd, o laue-*
*nyd dyleithruyd, a digriſuch neſaul heb diue-*
*du byth. Am yr hun fouyd y dyuaedau Griſt,*
*na ofnuch ſy rhai bach, obleg yd rhyngu bod*
*i'ch tad chui, rhodi i chui deyrnas, yr hun he-*
*fyd dydbraud dyuaethaf a dyuaed urth yr et-*
*tholedigion, douch bendigedigion ſy'n had,*
*medianuch y deyrnas a drefnuyd i chui er pan*
*gyſſafedluydy byd, eythyr urth y'r hai anui-*
*cul ef a dyuaed fal hyn, euchi y meltigedigion*
*y maith o diurthyf i'r tan tragouydaul a bara-*
Hiero. ad *touydi idiaul ag yu angelion. Ag nid yu hyn*
Marcel- *yn perthyn yn unig i'r Paganiaid, Ideuon, He-*
lam epiſt. *redigiaid, Suſmadigiaid ar maurdrug becha-*
137. *duyr heunys: Eythyr hefyd at y criſtnogion*
*ſy'n meiru meun pechod maruol, yn y diued ef*
*a dafiuyd claus yma Amen, i dangos fod grym*
*y deſtiolaeth yma o'r phyd a'r gyphes criſtno-*
*gaul yn difreg ag yn diamau.*

*D. Beth yu crynnodeb hol bunciau'r gredo?*

A. *Ruy fin yn credu am calon, ag yn adef am genau fod yr arglwyd duu, y muyaf, y doethaf, a'r gorau, a'r al calon i feduuo, yn un meun fylued, a naturiaeth duiaul, ag yn tri pherson. S. y tad, y mab, ar' ysbryd glan: a'r tri yma sy'n un, yn uir, yn tragouydaul, ag yn anfesuraul duu al an o dealt, a chyrheidyad syuuyr dyn: o hun, druy hun, ag yn hun, i mae pob peth. Ag i mae'r tair rhan penafi'r gredo yn atteb i'r fonteidiaul, a'r diuahanedig drindod. y rhan gynta ynghylch yn creaudigaeth, yr ail ynghylch yn rhybryniad, y trydyd ynghyleh yn santediad, duu'r tad syd yn greadur pob peth, duur yrbryd glan syd santeidiur, ceiduad, a rheolur yr Egluys. S. cristnoaul phydlaun.* *Heb. 5. Pet. 3. 2. Pet. 1. Cyril. epi. 10. ad Nestor. Leo. serm. 4. de Natiuitate Dom.*

*D. Ai digon i gristion gredu yn unig y pethau a gynhuyssuyd yn y Symbolen.*

A. *Rhaid i baub yn uir gredu'n gyntaf ag yn benaf a prophessu yngolug y byd,* *2. Petr. 1.*

*y pethaụ a roḍuyd aḷan, yn yr Aboſtolig*
*Symbolen, ond y rhain a gyḍant amlụnhaf*
*ụrthi cymheirio ai cyfladu a Symbolen y ta-*
Matth.1. *dau o Nicæn, a hon a elụir Symbolen Atha-*
2.Tit.2. *naſi: yn y'rail fan neſſaf at hyn, rhaid i'r*
*criſtion gredu beth bynag y mae'r ſcruthur*
*lan duụionig ganonig yn i goụleidio ag ḍy-*
*lid cymeryd, na cheiſio gen neb araḷ y lyfrau*
*ſiccir, cyfreithlon yr y ſcruthur lan, ond trụy*
*farn ag aụdurdod yr Egluys, yn drydyḍ y mae'n*
*perthyn at hyn y pethau a dynnir ne a gynhi-*
*ḷiryn ḍiamau ụeithiau a bụnciau'r Symbo-*
*len: ụeitbie or ſcruthur, lan, megis phynnon*
*duụionig: yn bedụeryd rhaid yụ barnu yn-*
Ioan.16. *tuy yn bethau ſagroſantaiḍ, a chynal drụy*
2.The.2. *phyḍ phyrf diſygl pob peth a fytho'r ysbryd*
1.Ioan.2. *glan yn i annirgelu ai honni ini truy ụaith yr*
*Egluys yụ credu, pa foḍ bynag y gorchmyner*
*nhuy, ai drụy ſcrifen ai trụy dradodiad n'ar*
Chan.4. *dafod ḷeferyḍ: ynghylch hyn o beth ef a dra-*
*ethyr ụedi yn gymuyſach felỵy mae yr iaụn-*
*farn y phyḍ yn guerſyḍu, ag ay gorchuylym*
Sectarij. *hob un o'rhain, ag heb ofer i'r hoḷ Bleiduyr*
*adaụudynt i hụnain n'ag i eraiḷ, ras a ſalfadi-*
*gaeth ynghriſt.*

*D. Beth yu gobaith?*

A. *Rhinwedd a darfu i duu i thoualtyn yn calonau ni y Cristnogion aunaf ini discuyl druy ambetrus hyder, daioni yn salfadigaeth a bouyd traguydaul onid ef peth bychan yu credu i duu ai air, a prophessu y dogfinau, y mae'r Egluys yn i pregethu, o dierth i'r cristion (uedi guybod truy phyd daioni duu) gymeryd urth obaith a hyder i gael gras a salfadigaeth traguydaul Yrhun obaith sy'n cynal mor gardarn i dyn cyfion, e'r maint sy-tho i drueni ai luded, ag yn y diued ef yn diarsuyd sy'n goheithio petefai guedi i difedu o hol gymhorthuy bydaul: megis peibai duu yn sy ladi, mi a obeithaf yntho ef, a hefyd mi a rois fyngobaith ar duu, nid ofnaf, m'or peth a alo dyn i uneythir, ofynuu, arnati y mae fyngoglyd, ni byd cuilid arnaf.* 1.Cor.13. Rom.5. Tit.2. 1.Petr.1. 2.Cor.1. 1.Ioan.3. 1.Cor.2. Tit.2. Eph.2. 2.Pet.1.

---

*D. Pa fod y mae i ni yn i ly gobaith hun?*

A. *Y mae'n anhepcor i hyn o beth ymlosgaul a mynych uedi ar duu: guedi hyn rhaid yu ymgledu'r gobaith ai gyphroi* 1.Thess.5 Luc.11.

truy fedydul nc fyfyrio beunud daioni duu ai
ueith redod da ini : yn anuedig yrhain a auna-
*Pro. 15.* eth Chriſt yn argluyd oi anfeſſuraul gariad ,
ag a dauodini y rham ni haedent dim o ho-
nynt : rhaid hefyd i bureidruyd cyduybod fod
gid a rhain, ai dangos bob amſer truy ueithre-
*Greg. 33.* doed duuiaul, ag anorchſygaul diodefed meun
*Moral. c.* gurthuyneb a blinder. Canys y'rhain ni bo
*15.* genthynt deſtiolaeth cyduybod da , ag ai brydi
fuu'n uel rhag lau nid oes genthynt mor go-
baith , ond boſtio, preſuſiad, ai diruag hyder,
heb n'ag achluſer na phruyth , er i bod yn ymo
*Pſal.36.* genedu ag ymphroſtio o ryglydianau Chriſt a
gras duu : gobeithia ( med y prophuyd) yn yr
argluyd , a guna daioni a'r un drachefn , byd
ſufdit a daroſtungedig i'r argluyd aguediaf ar-
*Tren.33.* noſe : a'r prophuyd aral, da yu'r argluyd urth
y rhai a rothont i goglyd arno ef urth y'r enaid
*Greg.li.6.* a foyn i geiſio, y mae hyn ſy'n calyn yn dangos
*epiſt. 22.* yn digonaul , na dylid guahan mor gobaith
*ad Greg.* yma o diurth bob ofn, mae'n uirfodlon gen yr
*Bern. de* *feſt, Magd.* argluyd y rhay ſy'n i ofni, a rhai ſyd ai gobaith
ar i drugared ef.

*D. Beth a dyle gristion y obeithio?*

*A. Yn benaf ef a dyle obeithio daioni tyernas nef, yrhain syd yn guneythyr dynion yn deduyd ag niad udynt fod yn ludedig o barth yny byd, uedi rhain ef a obeithir pob peth bynag a fo hyles a phrophidiaul i dynion yny bouyd hunu, ag a eliryn difai i blysio ai gofyn gen duu, edylid i cyfri'nuythau ymyscy pethau da syd yu gobaith ag yu disguyl amdanynt: y rhain y gyd sy'n rhelugu ne'n splennydu'n benaf yn yr argluydiaul uedi, megis hono a darfasai i Grist guneuthyr ai rhoi alan ai sagreidiaul enau a thruy ryfedus doethineb i cyfanner ch i baub a chuennychant ysplygu i gobaith, ai dymuniant garbron duu.*

*Tit. 2. Heb. 4. Aug. Ench. c. 124. Matt. 6.*

*D. mae'r fath syd ar y uedi argluydiaul.*

*A. Honyma.*

*1. Yn tad ni yr hunuuyt yny nefoed Santaidier d'enu di.*

*2. Deled d'y deyrnas di.*

*3. Gueneler d'yuylys, megis yn y nefoed,*

*Oratione Domi. Explic. Tert. lib. de orat.*

*Cypr. de ora. Do. Ambr. de Sacram.*

*hefyd ar y daear.*

4. *Dodyn hediu yn bara beunudiaul.*
5. *A madeini, yn dyledion megis y-madeuom inau i'n dyleduyr.*
6. *Agna dug ni i brofedigaeth.*
7. *Ond guared ni rhag drug. Amen.*

---

D. *Mae'r pethau adraethir yn grynno ofeun yr argluydiaul uedi.*

*Aug. in Enchi. c. 119.*

A. *Yrydys yn proponydu saith arch yn-thi hi, at yrhain y gelir ag y dylid cy-feirio a dyrydu pob math a phurfar uedi pob dyn panfytho yn erfyn cymhorthuy gen duu, nail ai urth ofyn cael daioni, ne deleu i pecho-dau, ne uared rhag pob drug: ag yn y tair arch gyntaf ydydys yn gofyn o radi i rad y daioni sy'n perthyn at y tragudaul yn y pedair erail ef a ofynir y pethau amseraul, yr hain sy'n angenrhaid ini urthynt i ennil y pethau tra-gouydaul.*

*D. Beth yu medul dechreuad y uedi. S. y uyn tad ni yr hun uyt yny nefoed.*

A. *Rhagdoediad ne prephasydiad yu yn duyn ar gof ini y dirfaur daionrhuy rhun y darfu i duu'r tadsyd fuuoled trai gouydaul ag yn teyrnassu yny nefoed yn uynfydedig, yn cymeryd ni yu ras, ag er muyn Crist i fab, yn ansodfabu ni truyr ys bryd yn feibion ido, ag yn etifedion o deyrnas nef. y medulied a'r cophad, diad o'r maur daioni hun syd nid yn unic yn yncyphroi ni yu urando yn dyfal: eythyr hefyd yn sumbulio ni i blant i garu yn tad drachefn, ag i fod yn ufud ido, mae'n rhodi hefyd hyder o chuaneg i uedio, ag i gael a fythom yn i erfyn.* Rom. 8. G. 4.



*D. Beth y rydys yn i dymuno yn y'r arch gynta?*

A. *Yn hon yr ydyn i yn dymuno ar duu, gynhydu, a chuanegu y nomi ag erail bob peth ar a fo yn adas i ogoneduyn penaf, a'n goruchaf dad ni: hyny a gisiounir pen fo cyphes y uir phyd, a buched gristnogaul* 1. Cor. 10.

*mor phruythlaun ynomi, megis y pair i erai hefyd (urth ueled yn guaithredoed dani) foliann a chlodfouri y tad o'r nef.*

---

D. *Beth yu synniad ne fedul yr ail arch.* S. *deled ini dy deyrnas di?*

Rom. 5. 1. Pet. 2. Iob. 7. A. *yrydym yn erfyn ar duu deyrnasu o hono yn yr Egluys truy i ras, a chyfiauned: ie yn yr hol fyd, dan dafluymaith o dyma bob gurthuynebus alu, a difetha yn luyr bob drug, heb lau hyn yr ydym y dymuno ag yn erfyn gael o honomi yn galu o'r byd yma, megis alan oberindotaeth a milydiaeth* Rom. 8. Mat. 25. *orthrumys, a'n smudo yn gyntaol i deyrnas y gogoned, i'r deduyduch tragouydaul i fuu yno gida Christ ai saint yn traguydaul.*

---

D. *Beth y mae'r dryded arch yn i gynglhudu.* S. *gunele'r deuylis di.*

Psal. 102. A. *Yrydym yn adolugalu onomi hefyd ar y daear, er yn bod yn dirym yn dialu, rodi i duu ufuddod perphaith, megis y mae'r angelion a phob guynfydedig yn guney-*

thyr yn y nefoed, ag heb fod dim hyfryttach genym n'agymroi dan iuylys duu meun luydiant a gurthuyneb, a rhoi'n puys, an gorphuys ar hun fyth, agymurthod a'n euylys ni hun sydyn goguydo fyth at y drug. 1. Pet. 4. Mat. 26.

---

D. Beth syd geny beduared arch. S. dod i ni hediu yn bara beunudaul.

A. Yrydymi megis rhai tylodion acherdotuyr yn dymuno ar lau audur a phynon hol daioni y pethau sy'n digon i gynal beunudy bouyd hun i'r corph. Sef buyd a diod a dilad, a hefydy pethau syd hyles i gynnydu bouyd y'r enaid Sef gair duu, porthiant ysbrydol i'r enaid, y sagrosantaid escharisten, y bara hunu o'r nef, a hol iachaul sacrafenau erail y'r Egluys, a doniau duu sy'n pesci, yn iachau, yn cyphyrfhau'r dyn syd odimeun. Sef yr ysbryd, i fuu yn da ag yn deduyd. Iobi. 1. Psal. 39. Prou. 50. 1. Tit. 6. Matt. 4. Ioan. 6.

---

D. Pafody dehelir y bumed arch. S. made i ni yn deledion?

A. Y may rydym yn gofyn cael yn arloisi a'n glanhau, yn suynaid agyn haud-

*gar o lychuindod pechod, na'rhun ni eil dim fod fruntach, ne heunisach n'ag ef, a chael madau ini y dyledion hyny a'r gosp a haudassom am bechu, a rhag bod y uedi yn ofer ag yn diphruyth, urth fod y galon a phig ne meun medul drug tu ag at i gymydog, ef a'rdoduyd at hyn, yn bod ninau (uedi rhoi heibio, pob*
Luc. 6. Matt. 6. *chuant a chas) yn cymodi a'n cyfnesaf, ag yn madau i baub o euylys yn calonau yniued a unaethont ini. canys hyn oed euylys Crist meun man aral pen dyuaedod: madeuuch ag ef a fadeuir i chui: a thrachefn oni fadeuuch i dynion ni fedy'ch tad mo'ch pechodau chuithau.*

---

D. *Beth a gynuys y chueched arch. Sef na dug ni i profedigaeth.*

Iob. 6. Iacob. 1. A. *Am fod y bouyd presenol hun megis milydiaeth ar y daear, urth fod y'n yn erbyn ag yn y'n curo y'n uastad truy amryu tentia hadiadau ne brophedigaethau, a'n bod*
Gal. 5. Eph. 6. 1. Ioan. 2. *yn y'mphustio yn dost a'r byd a'r cnaud ag a Satan, am hyny yn dedfol yrydym yn erfyn truy diuidruyd a gofal, cymhorthuy duu, nid*
Iacob. 4. 1. Petr. 3. *yn unig rhag gadel o honom i'n gelynion yn gorfod, ag urth hyny cael yn barn: ond hefyd er muyn rhoi nerth ini a galui orfod y cythrel*

*i distrui o'r byd i gosbi'r cnaud, ag fely yn y diued i gael yn coronifal miluyr deurio i Grist heb alu i gorfod.* 2.Tit.2.

---

*D. Beth syn y saithfed arch?*

A. *Yn diuetha sirydym yn guedio ar duu na diodefo mon coli, a'n barnu ni ymauh gid'ar anuuiol druygledi, a dialed y bid yma yr huna fyd ueithiau yn syrthio ie, ar yr hai duyfaul: ond truy i uir daioni efyn gua- ved an achub ni (fal i bo adas i'n iechyd) o diurth bob drug a lugur yr enaid, a'r corph, yn y bouyd yma, ne'n y byd syn dyfod. Amen. I destiolaethu yn gobaith ni yn guedio, ag am gael yn gurando oblegyd adeuid Crist a dyuad: gofynuch a chui a geuch ag o blegid daioni duu'r tad a lano fesur tu ag attoni, ai drigared syn barod tu ag at baub.* Iob.2. Eccl.27. 1.Tit.2. Luc.11. Rom.16. 1.Tim.2. Ezec.18.

---

*D. Beth yu sum y pader?*

A. *Y pader syd batrun perphaith ne sampler, nid yn unig i erchi, ag i ofyn les, a daioni: ond hefyd i ydolug guared, a nodfa rhag pob drug ag afles. Y mysc pob da-*

*ioni lyma'r peth adylid i erchi yn gynta: gael o'r tad o'r nef i glodfouri, ai santaidio gen bob dyn, bob amser, ag ym hob man: guedi hyny cael o honymi gyfran oi deyrnas ef. Ag yna erfyn arno ef gael yn y byd yma y pethau a fo-prophidiaul i'n duyn i'r nefoed. Oran y corplr, ymborth anghenrheidiaul. Yn yr ail fan y dymunir y pethau a yrro ymaith bob cyfryu drug. Yn gynta dim guared o'n pechodau lugur pob daioni a phrofedigaethau hefyd sy'n ghuthio, ag yn lithio paub i bechu. Ag yn diuaethaf dymuno cael yn achub a'n cadurhag pob cledi, a dialed yn y byd yma, ag yn y bouyd sy'n dyfod*

---

*Ynghylch Cyfarchiad yr angel.*

*D. Pnham yr ydym yn cyfarch Mair foruyn mamduu?*

Luc. 1. *A. Y'rydym yn guneuthur hyny yn benaf, am fod gairiau'r efengyl, ai samplau yn peri, gan fod Gabriel Archangel, ag Elsabeth fendigedig man Ifan fedydiur yn laun o rad y'r ys bryd glan yn yn discu. Ag heb lauhyn, i mae arfer, a chytundeb guastadaul yr Egluys, y'r hun beth a gaduod paub o'r santaidiaul hen dadau yn dedfolaf er hyny hyd*

*hediu*

hediu yn uarant ſiccir i'r cyfarchiad yma.

---

D. Para les a lun i gael druy'r cyfarchiad yma?

A. urth y gairiau yma y mae i'n yn rhy bydio ni o'r maur daioni, a fuuiugen y tragoyudaul dad i dechre druy Vair mam duu, yngrhiſt urth i rodi ef i'r byd i bryny cenedl'aeth dyn: ag am hyny yn ol dymunion duyfaul archafenau i duu ynguedi'r argluyd i dydym yma yn fedlugar (am y gras a gousom druy Griſt) yn molianu, nid yn unig mam Griſt, ond hefyd duu'r tad yn y'r un rhyu foruyn, ag yn cydlauenu ag angelion, dan dyuaedyd henphych uel fair cyflaun o ras, mae'r argluyd gidath di bendigedig uyt ti y myſc y merched, a bendigedig yu phruyth dy groth di Ieſu Griſt. O'r fendigedig fair mam duu guedia droſomi bechaduried, fely i bo. Pſal. 150. Luc. 2. Ex traditione eale.

---

D. Mae dealt y geiriau yma?

A. Yn gyntadim y dydymi (ag nid heb achos) yn teſtiolaethu yn lauenyd, am y gras a roes duu idi, ag urth teſtiolaethu yn Gen. 3. Iræ. lib. 3.

*lawenyd, yn canmol y ferch a fu'r ail Efa i ni, gan idi, nid yn unig, dynu ymaith druy i goruchaf fab, yr och meldigedig, a dug y Efa gynta i'r byd: ond hefyd troi o hon y meldith dyledus i feibion Ada, i fendith tragouydaul.*

*Hieron. de Assum. Virg.* *Cyflaun o ras, a rhyu rodion a rhain y doed yr uedaid anrhegu y uyri fair, fal i bydai hono yn laun o ras a darfu i di adfer gogoniant i'r nefoed, a duyn duu i'r daear, a heduch phyd i'r paganaid, diued ar feiau, trefn iaun ar fuched, ag union phordiant i gynhedfau: ag i*

*Ambr.* *fod yn fyr i'r oed Mair mor rhinuedaul ag i*

*August.* *galai i buched hi yn unig fod yn digon o adysc i'r holfyd. Mae'r arglwyd gidath di, gidath di yn dy groth, galon, gidath di yn dy fru, gidath di yn dy helpu, gidath di cyn escar, gidath di urth escar, gidath di uedi escar. Canys rhi-*

*Luc. 1.* *nued y tad ath uasgodod di, a'r ysbryd glan adiscynod arnat ti, a'r gair uedi i uneuthur yn gnaud, a doeth alan o hono ti megis priod, oi stafel briodasaul bendigedig uyd ti y mysc*

*Ioan. 2.* *y merched, oblegid dy fod yn briod heb lugru*

*Psal. 18.* *dy foruyndod, a hefyd yn fam urth dy phruy-*

*Chrys.* *thlondeb, ag am hyny ith geilu pob oes, ag ath*

*Luc. 1.* *aluat fyth druy uirgyfaiunder yn fendigedig. Merch lan ymhob mod adifagl: yn foruyn cyn*

*Hieron.* *escar, moruyn urth escar, moruyn uedi escar,*

*cōtra Hel-* *bob amser heb lugru, ag yn lan o diurth bob*

*lychuin bechod: a dyrchafuyd uuch ben yr nid. Aug. hol nefoed, a unaeth gymaint o les i dynion de nat. urth roi udynt fouyd ag a unaeth Efa aneduyd grat. urthi lad o afles. Bendigedig yu phruyth dy gorph di Iesu Grist yr hun a difod fal blodeun o fair i ureidin, ag ai rhoes i hun meun modyn phruyth i'r daear, ag fal i mae guinuyden yn rhoi sug, a nerth oi changhenau : fely y rhoes Esai.11. yntau phruyth bouyd tragouydaul yn i aelodau : yn uir bendigedig yu'r groth a dug i'r daear, ag fal i mae guinnuyden yn rhoi sug, a nerth oi changheuau : fely y rhoes yntau Ioan. 15. phruyth bouyd tragoudaul yn i aelodau : yn Luc.11. uir bendigedig yu'r groth a dug i'r hyd i geiduad : ag yn diphael bendigedig yu'r duyfron alanuydo'r nef i fab duu yusugno. Ef a dodod yr Egluys hyn yma, at y cyfarchiad. O'r fendigedig fair mam duu guedi a drosomi bechaduriaid, o heruydyn bob ni urth galyn ol Can.2. traed yr hen dadau santaidiaul, a'n henafiaid, nid yn unig yn cyfarch y folianus ar glodfaurus foruyn, yr hon syd megis lili y mysc y drain ond hefyd yn credu, ag yn adeffod y'r un rhyu foruyn guedi i muyhau truy rinued duu yn gimaint ag i gal hi brophidio helpu, a chenhiadu i dynion truain yn aruedig os gorchu- In Liturmynant yntuy i hunain yn guediau yn phyd- gia. laun idi hi, a cheisio yn ostungedig ras duu urth erlynyant i fam gariadus. Saint Chrysostomus sy'n dyuaedyd. S. fal y mae'n uir dyledus, ag yn iaun glodfauri di mam duu yr hon uydy fendigedig traguydaul heb ystaenu ynanrhydedusach n'ar angylion Cherubin, yn glodfaurusach heb gyd n'ar Seraphin, yr hon heb lugru a dugost duu i'r byd, fely i'r ydymi yn dyfaurhau di yn fam i duu. Ambrosius bidi ni megis guedi i phaintio yn delu, foruynnod, a buched y uynfydedig fair, a lan o'r hon, fal o drych i discleniaf lun diuairdeb, a phurf hol rinued da. Beth syd rioltach na mam duu? Beth syd fuy'n discleirio na hono a deuisod y guir discleir deb? Beth syd diuairiach na hono, heb lugru i chnaud, a eni lodfab. Saint Austyn. O'r santaid Vair byd cynhorth i'r truanus. helpia'r guan galon, yngleda'r uylofus, guedia tros y bobl canlyn tros y'r Egluysuyr, erlyn dedfaul genedl merch, synned pauh dy gymorth ar a folianaf dy henu: ag nid oes m'or gofal na al hono a haedod duyn i'r byd y pris oed i rydhau dynion, i helpu uynt uedi i rhydau yn fuy na neb. Mair aunaethuyd yn Phenestr y nef, canys duu druydi hi a furriod oleuadi'r byb, mai'r aunaeth uyd yn yscal nefaul canys druy di hi y descenod duu i'r daiar, megis druydi hi y mae dynion yn haud escen i'r nefoed, mair yu dauguad gu-*

*Lib. 2. de Virginitate.*

*In ser. de Assump. Virg.*

*raged yrham, druydi hi a dynuyd alan rhag dynyster i feltith gynta. Bernardus y foruyn yu frenhinaul phord druy'r hon y doeth yn ceiduad ni, dan dyfod alan oi chroth fal priod oi bried stafel. O'r fendigedig fair y gynta a gafodras, ag a'n ilod fouyd mam yr iechyd, bid ini druy dy help di phord, at dy fab di, fal i bo guiu gentho ef a rodi ni druo ti yn cymeryd ni er dy fuyn di.* *Fulgentius de laudibus Mariae. De laud. Mariae. Psal. 18.*

---

D. *A digon i gristion i athrauy meun phyd a gobaith?*

A. *Y mae'n angenrhiaul ido ef, a fytho gentho phyd a gobaith gael hefyd gariad perphaith. Canys o'r tair yma ynghyd y mae Paul yr Abostl yn dyscu, ynaur y mae phyd gobaith a chariad perphaith yn aros: eythyr penaf o'r hain yu cariad perphaith: peth maur yu phyd druy'r hon y galun ysmudo mynydoed, a gunaethyr gurthiau peth maur hefyd yu gobaith, hon syd megis helmet ne angor salfadigaeth, yr hon druy edrych ar daioni duu a maured y gobruy a adauod ini, syd yn rhoi cyssur a chonsolydiad y'rhain sy'n guedio, eythyr muyaf yu cariad perphaith a phenaf o'r hol rinuedau, yr hon ni uyr na* *Marc. 22 Luc. 10. Psal. 15. Fro. 16. 1. Cor. Luc. 10.*

*mesur na diued, ag nid yu yn ymadel a'r hain sy'n meiru, canys muy grymysach yu hi, na marufolacth, heb hon ef a al cristion gael phyd a gobaith, eythyr i fuuyn da ag yn deduyd nid ydynt digon, am hyny y mae Ioan Eug yn dyuaedyd: y neb nid yu yn caru, y mae'n faru peirhon ai fod yn credu ag yn gobeithio, megis y guerydon pholion (y'rhain y mae'r efengl yn son am danynt) a lant fod yn Samplau.*

---

*D. Beth yu cariad perphaith?*

*A. Cariad perphaith yu rhinued a doualtuyd ynom o'r nefoed druy'r hon y*
Mala. 2. *rydymi yn caru duu, er i fuyn i hunan, a'n*
2. Eph. 2. *cymydog er muyn duu, canys duu yn benaf a*
1. Pet. 1. *dylid i garu ymhob peth, ag uuch pen pob peth yn unic er i fuyn i hun, megis y'rhun sy'n oruchaf ag yn traguydaul daioni, yr hun sy'n unic yn cyflauni'n calonau: i gariad ai anrhyded ef*
Deut. 6. *(oni bydun rhyangariedig) a dyle fod yn de-*
Matt. 22. *chreuad ag benod yn eulys, an hol uaithre-*
Luc. 10. *doed Guedi hyny ermuyn duu, ni a dylem garu*
Mar. 12. *yn cyfnesaf. S. yu pob dyn, oblegyd y rydym*
Rom. 13. *i gyd yn gyfnesafiaid yu gilid, gan yn bod yn*
1. Tim. 1. *gyfranaul o'r un naturiacth dynaul, cyphre-*

dinaul i hol blant Ada, ag o ras duu ai draguydaul ogoniant hun agyfrenir i haub ar y syn i ulysio.

---

D. Pesaul gorchumyn syd berthynasaul at gariad perphaith,

A. Dau syn benaf, y cyntaf ynghylch caru duu, ag a osoduyd alan yn yr hen gyfraith, a'r neuydfelyn. Car d'argluyd duu ath hol galon, ath hol enaid, ath hol fedul, ag ath hol nerth, ath alu. Hunyur gorchumyn cynta, a muyaf, a'r ail syd debig i hun. Car dy gymydog. S. dy gydgristion, megis dydi dyhunan, urth y dau orchumyn yma i mae cubl o'r gyfraith yngrhog, ar prophuidi med y guir i hun, a hefyd yr Apoctol. Cyflaunder y gyfraith yu cariad, a phen ar y gorchumyn yu cariad perphaith o galon bur, o chyduybod da, phyd di phug. 1. Ioan. 2. Ioan. 14.

*D. urth bara aruyd i dengus guir gariad perphaith ef i hun?*

A. *Hun yu cariad perphaith. Cadu o honom i orchmynion ef ai orchmynion ef nid ydynt chuaith trumion, me dy gur oed hoph gen Grist. Heb lau hyn, mae Crist i hun yn dyscu, os ceruch fyfi ceduch fyngorchumynion, y saul fyd am gorchumynion gentho, ag yn i cadu, hun yu ef fy'n fyngharu, y neb am car i a gaiph i garu gen fy'nhad i, a mine ai carafyntau, ag amdangosaf fyhun ido, y neb nid ydiu yn fyngharu, nid ydiu yn cadu mo'm geiriau, ond ni a gaun ueled y gorchumynion yma yn orau y'n y deg gair dedf.*

---

D. *Mae'r mod i gyfri'r y deg orchumyn?*

A. *Fal hyn y rydym yn darlain ynghyfraith Moysen, myfi yu d'argluyd duu di.*

1. *Ni chai di duuiau erail gar fy'mron i ni chai di uneuthyr yt duu, neu lun dim yu adoli.*
2. *Na chymer henu d'argluyd duu yu ofer.*

3. Copha

3. *Copha ſanteidio y dyd Sabaoth. S. dyd y gorphouys.*

4. *Anrhydedaf dy dad ath famſal i bydi hir hoedlog, ar y daear a ryd d'argluyd duu iti.*

5. *Na lad.*

6. *Na una odineb.*

7. *Na ledrattaf.*

8. *Na dugdigam deſtiolaeth yn erbyn dy gymydog.*

9. *Na chuenych uraig dy gymydog.*

10. *Nai dy, nai dir, nai, uenidog, nai uenidoges, nai ych, nai aſen, na dim ar aſyd eido.*

---

*D. Beth yu achos y rhagdoediad, ar dechreuad yma, myfi yu d'argluyd duu di?*

*A urth dechre'r deg gorchymym, mae duu yn dangos, ag yn duyn ar dealt i frenhinaul faured i hun, fal i byde yn y cyfreithiau audurdod uiu, a guardedig i thorri. Cans mae mor diragrith urthym i ag y byde raid (os mynnn i fyth fod yn gaduedig) i fod yndrych, ag adnabod i eulys ef yma, megis meun drych gloeu, a chuedi guybod, fod y* Rom. 8.

gyfraith yn santeidiafol, a i chadu druy ysbryd
Psal. 83. crist yn dyfalo blegyd y'r hun a unaeth yn cy-
fraith ni syd, nid yn unig yn gorch yn yn, ond
Ezec. 36. hefyd yn ado i fendith, ai help yu chyflouni,
mi a rof (med ef) fy spryd i yn ych mysc, ag a
uanaf, chui rodio yn fyngorchymynion, a
chadu, a guaithio fynghyfraith i, ag am hyny
Matt. 11. Crist hefyd uedi ido orchymyn, cymeruch ar-
noch fy iau i, a atdodod rhag achuyn o neb fod
1. Cor. 6. hon yn rhy drom, fy iau i syd hyfryd, am ba-
ych syd yscafn, i'r heini, yn uir, y syd druy rad
yr ysbryd glan, yn rhodio meun cariad per-
phaith diphug.

---

D. Beth yu dealt y gorchumyn cynta?

A. Y mae yn guared, ag yn barnu yn
Leuit. 1. drug, uasnaethu, ag a doli gauduuiau,
ag arferu migmars, hudolieth, a deuiniaeth
druy alu a'r gythreilied, a phob guan, ag ofe-
raid goel. Heb lau hyn, y mae yn dyscu, ag yn
gorchymyn, na chymerom i yn le duu greadur
yn y byd er daed fo, ond credu ag adef fod
unguir dragudaul, ag anfesuraul duu yn unig,
i'r huny dylid rhoi y muyaf, a'r penaf anrhy-
1. Cor. 8. ded, a eilu'r groeguyr, latria. Sef adoliant, a
hyn a syd urth anrhydedu, a galuarno ef a

guedio, ag adoli ef (uuch ben pob peth) y daioni goruchaf, a muyaf, hunuyu'r y creaudur, y prynur, y ceiduad, y run, ar difaruedig duu, yr hun y sydd uuch ben paub yn lyuodraethu pob peth, ag ynom i gyd. Ephe. 4

---

D. Gen hyny pa fodd y'r ydym yn anrhydedu, ag yn galu ar y saint?

A. Mae saint Austin yn atteb, fod cristnogion bobl yn molianu, ag yn cophau y Marthyriaid druy dedfaul uasanaeth yn i harferaul uiliau yn gynta i gyphroi rhai yu calyn, ag heb lau hyny i gael cyfran oi rhyglydiau, a hefyd oi help, druy i guediau. A'r peth a dyuedud yma, ynghylch y marthyriaid a berthyn, y at yr hol saint sy'n teyrnasu gida Christ, nid er muyn i anrhydedu huynt, megis duuiau, fal y mae'r paganiaid yn arfer, na chuaith fal duu santeidiaf o'r saintiau, ond meun mod, a grad syd is o lauer, hyny yu i hanrhydedu uynt, megis anuyliaid ceraint, a meibion, ag etifedion i duu, a chyd etifedion a Christ, a deuisuyd o flaen erail, ag a farnuyd yn deduydaf, heb lau hyn, yn gimaint ag y maent uy yn berpheithiach ymhob cariad, a rhinued a phob gogoniant nefaul, nag i ga-

Damas. lib. 4.

Rom. 8.

*assent fodymayny cnaud, am byny y maen yn erlyn: ag yn helpu yn cadu ni yn uel, megis ag i'r ydymi yn i garu (fal i dylem, uuch ben paub ar y daear dan duu, fely i'r ydymi yn i hanrhydedu, ag urth gariad crist-nogaul yn guedio arnynt i muyhau, ai codi i gystal a chimaint o urdas: ond fyth dan hyn o amod, gadu o honomi yn gubl y diledus anrhyded, a'r guasaneth penaf (i'r hun a'luasom yn latreia) i duu goruchaf, ag i Grist yn tynguhefedur a galu ar y saint yn y modyma: syd cyn beled o diurth doulu gogoniant Crist yn ceiduad, an argluyd ni, ar peth ai gluraf, ag ai maurhafie ag ai chuanegaf yn fuy: heruyd yn hyn o beth y mae rhagoraul rinued Crist yn prynur ni, ai ogoniant yn discleirio, gen i fod ef, ai ueled ef, yn aluaug yn ogonedus, yn urthfaur, nid yn vnig yntho i hun, ond hefyd yn i saint, cans ymae i hunan, yn anrhydedu uynt. ag yn mynu i bodyntuy meun maur anrhyded yn y nef, ag ar y daear, o blegyd hefyd rodi o hono ef, lauer o bethau, a madau yn fynych i'r hai ni haedent, urth dymuniant, ag ermuyn y'rheini, megis mae oi ueled yn Abraham, Isaac, Iago, Dafyd a Hieremias y'rhain uedi i maru, a brophidiasont, ag a helpasent y buu megis y dydymi yn darlain. Am hyn y mae'r dyscedig dadau, a'r duuiol*

1. Cor. 13.
2. Cor. 5.

*Psal.* 129.
*Chrys. ho.* 41. *in Gen.* 26.

henafiaid pen soniant, amy saint yn i galu huynt yn fynych yn helpuyr, yn erlynuyr, an diphynuyr ni: Ag nid heb achos, gen fod guediau'r saint (pen erfynir huynt yn ostungedig, ag yn duuiol yn enu Crist) yn helpu lauer ebobl, fal y mae'r guaithredoed yn dangos, ag yn testiolaethu beunyd, ag lyma'r dedfolruyd a oed gynt yn uastadaul ty ag at y saint, ag y sydetto yn y'r iaunphyd Egluys, yr hō dyscy mae'r guyr catholig yn i chadu fyth, megis un a danfonuyd o lau i lau, ag a sicrauyd druy senedau santcidiaul, a chytundeb yr hen dadau, a siamplau diamheus, churned a chindairoged yr heretig vigilansus, ai dyscyblion aneduyd, y'r hain a farnuyd er ys hir o amser yn yscumun elynion i Grist ai Egluys.

---

D. Y diu'r arfer gymraduy ynghylch deluau Crist, ai saint yn erbyn y gorchumyn cynta?

A. Nag ydiu dim, am nad ydym yn adoli y deluau cerfedig, y preniau, âr cerrig megis rhyu duuiau fal yr oed y paganiaid (a hyny mae'r gorchymyn yn i uhard yn benaf) ond meun arfer gristnogaul, a duysaul fedul i dydymyn anrhydedu Crist i hun, Baruc. 8. Den. 45. leni. 19.

Greg.li.6. epist. ai saint yny lei bo i deluau uedi i gosod alan i duyn huyar gof i ni. fely i mae'r Egluys bresenaul, a hefyd y'r hen, druy faur gyttundeb yn dyscu, dan orchymyn attomi, y duyfaul, a'r anrhydedus deluau megis y'rhai a Damas. lib.4. gousomi oi harfer druy orchymyn, tradyd iad y'r Apostolion, ag i'r ydyminau yn i dal, ag yn i cadu rhag lau uedi cadarnhau druy santaid fendigedig senedau'r tadau. Am hyny Synal. y mae camopinion a chiliorni yr Iconiclast iaid uedi i farnu yn yscumun, canys yr hain ni Nycæn. unaent ragorieth rhung delu Grist, ai saint, a lun un o'r gauduuiau ag nid oed gen yrhain fedul na lygad, ar yr amscr i doeth gras, a chyfraith neuyd, yn yr hun amser y rhoes duu i Philip. 2. hun uedi unenrthur yn dyn, i delu ai lun i hunan a unaethai yn y dechre, amdano: ag yn hono i'r ymdangosod ef i hun i ninau.

---

D. Beth y mae'r ail gorchumyn yn i ordinio?

Leuit. 20. A. Mae ef yn guhard camarfer henu duu yn dianrhydedus, fal y byd yr anudonuyr a'r dirmyguyr sy'n tyngu yn diachos, i Zach.8. duu, a'r saint, ag i'r pethau bendigedig, yn Eccl. 13. erbyn y gorchymyn, bid ych ymadroed chui *ie ie, nage nage, ag y mae hefyd yn erchi i ni roi (druy iaun arfer yn tafod) 'barch maur i henu duu, a chaduyn lu, ag arfer gair duu yn anrhydedus.* *Matt. 5. Iacob. 5. Psal.*

---

*D. Beth y mae'r trydyd gorchumyn yn i erchy?*

A. *Mae'r trydyd yn erchi, treilio'r Sabaoth. Sef y dyd guylyn yr Egluys, ynguasanaeth duu, ef a fyn fely i'r enaid yna fod yn rhyd, odiurth bob gofal, fal y galo i osod i hun yn diruystr, i dalu i duu uasanaeth dyledus o difeun, ag alan, meun phyd, a gobaith, a chariad perphaith, ef a fyn hefyd i ni, yn diruystr fyfyrio daioni duu, ag arfer pethau bendigedig, a guedio, ag adoli duu yn olau, gida'r hai erail druy'r ysbryd, a guirioned, y mae hefyd yn guhard lafurio dydguyl, a guaitho guaith bydaul, ond cadu santaidiaul seguruch, dan fyned i'r Egluys, agurando, ophe-ren, a phregaeth megis ag fal y mae'r Egluys yn deal y gorchymyn yma.* *Ioan. 4. De cons. dist. 1. & 3.*

D. *Mae yn fyrsum y tri gorchumyn yma?*

A. *Y tri gorchymyn cynta yma (y'rhain y syd o'r dabl gynta sy'n dyscu talu guir anrhyded i duu, o difeun, ag a lan. Sef o difeun ar galon, ag o dialan an tafod, ag an gueithredurthym ny hunain, a chida'g erail. A'r saith erail sy'n calyn aeluir gorchymnion yr ail dabl, a atdoduyd am hyn, i dangos yn diuti ni, tu ag at yn cymydog.*

D. *Beth y mae'r pedueryd gorchymyn yn i roi a lan oi gadu?*

Eph. 6. A. *Yn hun y mae dyseeidiaeth i blant,*
Rom. 13. *ag i deiliaid, pa fod y dylent i harfer i*
Heb. 13. *hun tu ag at i tadau, ai penafaid ai penaithi-*
1. Tit. 6. *aid. S. yu paub ar a fo meun urdas, a galua-*
1. Petr. 5. *digaeth uuch i pen huynt, yn duyn suydau bydaul n'e egluysig, ai bod huynt yn rhuymedig i dangos i'r hai bach, i guasanaeth, help. ag vfudod, nid yn unig ai calonau ond hefyd ai tafodau, ag ai guaithredoed. Ag o'r tu arall, y mae yn guhard anfodloni, neu dristau meun modyn y byd, nag ar air, nag ar amnaid, nag*

ar uai-

ar uaithred, y saul a fo uuch i pen meun urdas.

---

D. Beth sy'n y pumed gorchumin?

A. Mae efyn guahard (nid yn unig: ladiad corphoraul, a phob trais sy'n guneuthur niued i gorph a bouydyn cymydog, ond hefyd dig a chas, malais, a chynfigen, a phob rhyu eulys sy'n tuedu i friuo yn cymydog ag i mae yn erchi guaredougruyd calon, muynder, trigarogruyd, bonedigeidruyd, difalchder, cymuynasruyd, ago lung yn haud dros gofyn cam, ag na dymunomi dial yn cam, ond made i baub yu gylid, fal y madeuod duu i baub druy Grist. Matt. 5. Deut. 5. Rom. 12. Ephes. 4. Coloss. 3.

---

D. Beth syd gen y chueched gorchumyn? Matt. 5. 1. Cor. 6.

A. Mae'n guahad torri priodas, a phob godineb, a chydgnaud anghyfraithlaun, a budur anladruyd, ef a fyn hefyd, ochel: a thorri ymaith yr achosion a fyd yu cyphroi, ag yn magu anladruyd y cnaud, fal gairiau serth, caniadau bustelaid, mu- Matt. 5. Ephes. 4. & 5.

*nidiau amuair i ag yngurthuyneb hyn, i*
Esa. 2. *mae efyn erchi phydlondeb calon meun me-*
Eccl. 9. *dul, a chuant, a diuairdeb corph yn y tafod,*
*yr uyneb y lygaid, y clustiau, a'r teimladau*
1. Tit. 2. *cyflad, ag o fod yn syr, yn hol ymdygiad, a*
1. Pet. 3. *thrusiad y corph.*

---

D. *Beth y dis yn i dysgu yn y saithfed?*

A. *Yrydis yn guahard yma ymhob mod*
*gymeryd, a pherchnogi yn anghyfrei-*
*thlon daun aral, megis y mae druy ledrad*
1. Cor. 6. *druy drais, druy usurieth, druy clu anghy-*
Lucæ. 9. *freithlaun, druy dichel drug, a thruy bob*
*bargen ar y gunair y niued i gariad perphaith*
1. The. 4. *cristnogaul, ag i somi yn cymydog, yn erbyn*
Luc. 6. *hyn, mae'r gorchumyn yn erchi cadu cyfionder*
Ezec. 17. *ymhob masnach a marsiandiaith. A phro-*
*phidio'n cymydog, os byd le, ag amser.*

---

D. *Beth syd o feun yr uythfed gorchumyn?*

A. *Y mae'n guahard duyn cam, a thuy-*
*lodrus destiolaeth a ruystro meun*
*mod yn y byd gyfiounder yn cymydog ger bron*
*ustus, ne alan o'r gyfraith a lechuino i henu*

*da, fal y mae aruainuyr chuedlau, absenuyr, lyshenuyr, a guenieithuyr yn arfer, ag i fod yn fyr, mae'n de chol ag yn dychymig celuyd, a phob cam arfer tafod yn erbyn i gydgristion, y mae hefyd yn erchi dyuuedyd yn da, ag yn gymhesuraul ynghylch yn cymydog. Sef yn berthynasaul i diphin, ai helpu ef yn diphug yn disomiant, ag yn didichel.* Iacob. 4. 1. Petr. 2. Ephes. 4.

---

D. *Beth sy'n y dau orchumyn diuaethaf?*

A. *Y mae'nt huy yn guahard chuant i uraig, ag i dagur aral, fal y dylemi ochel (nid yn unig guraig gur aral, a bargenion anghyfreithlon, a guaneythur cam golua ag amlug, ond hefyd medulio, ag amcanu guaneythur drug i neb mae'nthuy yn erchi pureidruyd calon, ag eulys da di freg tu ag bauh) fal y dymunomi o eulys yn calonau y pethau a fo er les, a phrophid i'n cymydog, ag fyth na chytunom a chuant i uneythur y cam leia'f a lau fod, i erail.* Eccl. 5. Mat. 5. 1. Th. 4. Iacob. 1. Esay. 1.

D. Mae penod y deg gorchur yn?

A. Cariad perphaith, a hun meun dau fod, ymae'r duy dablyn yr hain y mae'r gorchmynion, yma uedi scrifenu a lau duu yni afod alan, o blegydy mae gorchmynion y dabl gynta yn dyscu pethau perthynasaul at gariad duu, a gorchmynion yr ail dabl yn dyscu beth sy'n perthynu at gariad yn cymydog. Ag fal dyma gariad duu cadu o honomi i orchmynion ef, cans y neb sy'n dyuaedyd i fod yn caru duu ag heb gadu i orchmunion,
1. Ioan. 5. celuydog yu, ag nid oes mor guir yntho ef, a'r neb sy'n cadu i air ef, yn hun yn uir y mae cariad perphaith duu: urth hyn i'r ydym mi yn guybod yn bod yntho ef, duu syd gariad perphaith a'r neb sy'n trigo ynghariad perphaith sy'n trigo yn nuu, a duu yn tho yntau, med
1. Ioan. 2. Iesan y'r Apostol: Ag am hyny iaun i dyuaeduyd, testyolaeth cariad perphaith yu dangos
1. Ioan. 4. y ueithred.

D. Pa foḍ i'r adaụeinir arụyḍion, a phrio-daul ụeithredoeḍ ca'perphaith? Greg. in hom.

A. Cariad perphaith ſyḍ diodefgar, gy-
muynaſgar, ni chynfigenaf ni unaf yn
anfoḍol, nid ymchuyḍaf, nid yụdrachụanog
i ruyſc, a ſuyḍau, ni byḍ in ceiſio i olud i hun,
ni ḍigir yn hauḍ, ni feduliaf ḍrug, ni lauen-
hafurthanuireḍ, ond ef agydlauenhaf a'r
guir, ef a ḍeodef bob peth, ef a gredaf bobpeth,
ef a obeithaf bob peth, ef a fyḍ fodlon i bob
beth, hyn a ḍouad ſain Paul pen oeḍ yn nynu 1.Cor.13.
o gariad criſt: Am hyn deuis y boụyd (meḍ
gair duu) fal i gelych di a'thiliogaeth fuụ, a
charu d'argluyḍ duụ, a bod yn ụfud yụ air ef,
a glynu ụrtho ef, canys ef yụ dy foụyd ti, a Rom.8.
hyd dy dyḍiau di ag fal i gelych di yn fyr gael
athraụaeth, Criſt yn cydatteb a'r hen gy- Den. 3.
fraith: os myni di entrio i'r boụyd cadu'r Mat. 19.
gorchumynion, gunaf hyn, uthydi a fyḍi Luc. 10.
fuụ.

# YNGHYLCH GORCH-MYNION Y'R EGLWYS.

*D. A oes gorchmynion erail angenrhaidiaul i gristion i cadu heb lau'r deg gorchymyn,*

Iaco. 4. c. Mat. 2. Mat. 39. A. Oes yn uir am fod y gyfraithiur ne'r neb a aunaeth y gyfraeth, sef yu yn meistr ni Crist yn dyscu, nid yn unig y deg gorchymyn, eythr hefyd y mae'n erchi yn holaul cupplau iaun ufuddod i orchymynion yr Apostolion a'r Egluys, urth hyn à gelir gueled yn yr ymadrodion yma,
Ioan. 20. & 17. yn yr euengl megis ag y danfonod fy'nhad fi
Luc. 10. (med Crist urth dyscyblion) fely yruy finæ yn ych danfon thuy thau y saul ach gurendy hui a'm guarendy fine, a'r neb arh di'ystyro rhui, a'm diystyra finiæ, agoni urendy ef y
Mat. 18. Egluys bid genyt i ef megis Pagan ne bublicā yn y man yma ymae Grist yn erchi myned i geisio'r farn uchaf a'r diuaethaf yn y byd yma, at yr Egluys, sef at Breladiaid ne at ly-

uadraethuyr yr Egluys, fal y mae S. Chrysostomus yn deangluy gairiau yma, ag y mae'i gairiau sy'n calyn yn yr euenglyn dangos yr un peth, Am hyny nid heb achos i'r y scrifenuyd o'r Apostol S. Paul sef arodiod rhyd gulad Syria, a Ciliria i gadarnhau yr Egluys yn y phyd, dan archi cadu gorchmnyion yr Apostolion a'r henafiaid. 3. Reg. 8. Hom. 61. Act. 15.

---

D. Pa fath hyssyd ar orch mynion yr Apostolion a'r henafiaid yrhaim y mae Saint Paul yn gorchymyn i cadu.

Dionysius Areopagita discibl. Sait Paul sy'n testiolaethu fod dau fath ar yrhaini sef yrhai o bonynt sy'n y scrifenedig, erai, heb i yscrifenu. At bob un o'r dau, y mae'n perthynu y peth y mae Ioan Efanglur yn i dy uaedid (y neb sy'n adenabod duu) a'n guarendy ni' a'r neb nid yu o duu, ni uarendy dim o honom: druy hyn yr ydyni yn adanabod ysbryd y guirioned ag ysbryd y cyfeiliorin y mae'n digon eglur y rhyu cintaf. y'r sy'n y scrifenedig yn lyfrau'r Scruthyr ganonaid, y ail rhyu hun syd yg llch gorchmynion ag ordiniad'r henafiaid a'rhain y tadau oedynt yn arfer i galu tradydiadau oblegyd nad oedynt Ecc. Hie. c.1.& Basi. de spiritu sancto c.27. 1.Ioan. 4.

*yn y scrifenedig megis y lail uchod y thyydydyc yn i Sadu huy megis guedi i gorchymyn i'r Egluys, aidelyfero ar air, gan i dan fon o lau i lau ouurth yr henafiaid, hyd a attominau.*

---

D. *Aydiu'r dau ryuogaeth orchmynion hynyyn angenrhaidiaul yu cadu?*

A. *Ydynt yn uir, os calynun ni Saint Paul yn athrau, hun sy'n gorchymyn*
2. Thess. 2.
*felyn fymrodyr (medes) safuch a cheduchy tradydiadau, pa fod bynag y discasorch huynt, ai aa rir a urth lythyr, a hyn yur achos*
1. Cor. 11.
*paham y mae ef yn canmol y Corinthiaid, o heruyd udynt gadu yn Diuid orchmynion yr Apostolion, yrhain a derbyniasent druy air ar dafod leferyd heb lau hyny y mae ef yn rhybidio y Thessaloniaid i'm urchod ar hol frodyr y rhain nid ynt yn ymduyn i hunain ar ol y tradydiaid a derbyniasont gen yr Apostolion ag y dyma'r Peth a sododod y sened santaido Nicæna ag yn cyttunu a'r scruthur lan yneglur ymao e'n rhaid ini yn difreg gadu tradydiadau'r yr Egluys, pa fod bynag ymae'r Egluys yn i dal, ai druy y scrifenai truy de fod ai arfer.*
2. The. 3.
De ablut. Pedum.

*Ag yry-*

Ag yrydymyn darlainyn S. Cyprian nad yur Peth a dradydod yr Apostolion druy'r ysbryd glan, lai sicrach na'r Peth a rodod Crist i hun. Oblegyd megis ag y mae Crist yn egualydus, yn gystal ar ysbryd glan, yn y duuoliaeth fely y mae ym hob ordeniau yn beth egualydus yn i alu ai audyrdod.

---

D. Pa fod y mae adanabod y tradyd yadau Apostolaid a Pha gymeriad syd udynt yn yr Egluys.

A. Ynghylch yrhain y mae S. Austin ayn rhoi rheol ini a dal i dyscu ai chaduyn dyfal, y Pethau (med ef) ydyner yn y scrifened igond uedi i tradydu ar air, ag er hyny yn gaduedig druy'r hol fyd, y dydys yn rhoi yu dealt, fod yn idal yntuy, oblegyd i gorchymyn ai hordeinio druy y Apostolion i hunaim, ne druy gyflaun Senedi, yrhain syd yn iachaul i haudyrdod y'n yr Egluys, yn r'un mod y mae ef darchefn, yn erbyn y Donatistiaid, yn dyscu, y ry dym i yn credu yn difai ag yn difreg fod y Peth y mae'r Egluys yn i gadu, nid oblegyd i ordeinio druy'r Sened, ond o achos i harferu yrioed, uedi i gorchymyn druy audyrdod yr Apostolion ag y mae. Leo

In epist. 118. ad Iãuarium c. 1.

*Serm. 2. de Ieiunio Pentecoſtes.*

*maụr yn cydſynnio a hyn gan ḍyụaedyd, Diamau yụ beth bynag o ḍefoſiụn a ydys yn i gadụ yn yr Eglụys drụy ḍefod, dechre o hunu drụy'r, Apoſtolion, ag athraụaeth yr yſbryd glan.*

---

*D. Pa rhai yụ tradyḍiaḍau yr Apoſtolion yr hain y mae Criſtion yn rhụymedig yụ cadu*

*In cap. 6. epiſt. ad Rom.*

A. *Megis y galọ'r gụir fod yn diammau, ag yn eglụr, ni a dangoſụn yn hyn o fam, Siamplau o'r hen dadau yr hain a farnụyd yn aụdyredig ag yn dyladụy yụ credu yn y byd, erys mil aflụynyḍoeḍ, fal y mae, Origines a Saint Auguſtin yn dyſcu, mae drụy ụnig dradyḍad yr ydys yn bedyḍio rhai bach yn yr un moḍ (meḍ Dionyſius a Thertulianus (y mae'n orchymyụedig ụeḍio ag ophrụmụ opherth dros yr hai meirụ drụy'r ſylụed yma (meḍ Saint Hierom ag Epiphanius) yr ydys yn gorchymyn gadu ympridiau nodedig yr Eglụys, ie a'r Grạụys yn henụedig, fel hefyd y mae Saint Ambros a Chryſſoſtom yn diphin aurhydeḍ y pethau, yr hain ynt yn arſeraul ag yn dedfol i gụnaethyd yn yr opherenſendigedig ụedi heb lạụ hyny Saint Damaſce-*

nus, y Tadau (yrhain ymae'r ail Sened o Nicea yn cymuyl am danynt) sy'n testiola-ethu, yn bod yn rhuymedig i anrhyde du deluau Crist air Saintiau, yn diuaethaf, heb son am crail, Basyl faur a fyn gaduy'r oleu sacraid àded faul solemnoydau erail, yrhain. Sy'n Perthymu at rhimuedaiu Santaid yr Egluys truy dradydydiad, Ag y mae'r un Basyl yn addodi at hyn, Os dechreun unuaith lysua gurthod y'r ordiniadau, a'r dedfadau yrhain ynt heb i yscrifenu megis rhai heb faur nerth ynthynt, yn dirgel ag bobychedig nia lysun yr efengyl i hunan yn i ni a dygun i phregethiad n'i enu guan, eythr yruy tybied (med ef, mae punc apostolaid yu glynu a-thrigo yn uastad yny tradydiadau syd heb i yscrifenu. Ad Marcellã. cõt. er. Montani. epi. 54. In ca. 29. eiusdem.

---

D. Pasaint hediu yrydys yr myned dros y phord, ynghylch tradyrdiadau yr apostolion a'r Egluys?

A. lauer iaun o Achos, maur yu'r ciseliorin ynghylch dosparth tradydiau'r Apostolion, a'r Egluys, yngymeint a bod lauer yn'i diystyru huynt, crail yn i esclusone'n uir heb i guneythydyn dim guel Rom. 13. a.

*nag ordiniau erail bydul ( ag ymae'nt yn heuru a'r gam ) nad ynt ond gorchmymynion dynion , yrhain ymae'n rhyd i cadu ne i torri , ai bod nail heb dim les yn y byd ynthynt , ne fod yn , galu ond y chedig iaun , ymae rhai a fynant diaphorafod yr hol tra-*
*Mat.* 15. *dydiau gan muyaf megis o'r un fraint , ag ymae'n tuy yn cymyscu manau o'r Scruthur lan , yn fryntad , gan farnu nad oes , dim rha-*
*Matt.* 7. *gor rhug tradydiadau yr Apostoliō a thradydiadau'r Pharisaiaid , ne rhung dradydiadau y'r Ideuen , a thradydiadau'r Egluys , a derbyniuyd yn dilysiāt ymhob man druy gyttyndeb y'r hol Egluys , ag arfer cyphredniaul yrhai duuiaul , a chuedi cyphyrfio dros gymeint oesoed , ai hanfon ini megis o lau i lau arhain y rydys yn i cael ymhob man o'r byd.*

---

*D.* Beth ydys yn i dybied ynghylch yrhain sy'n gurthod , ag heb roi pris yn y byd ar dradydiau'r Egluys?

2. *The.* 2. A. *ymae gair duu yn baio arnynt , ag*
1. *Cor.* 11. *yn i damnio , gan farnu y dylent gadu*
*Mat.* 18. *y tradydiau , Oblegyd fod yn gorchymyny*
*Act.* 15. c. *iniurando yr Egluys a chadu dedfau a gorch-*
16. *mynion yr Apostolion a'r henafiaid , gair duu*

*ſy'n gorchymyn ini ufudhau a bod yn oſtun-*
*gedig i'r Suydogion bydaul ag egluyſig yn gy-*
*ſtal i'r rhai hynaus ag i'r anhynaus a hyny er-* 1. Pet. 2.
*muyn cyduybod, ef a ſyn gair duu hefyd, gael* Rom. 13.
*oi cyfraithiau huynt barch ag anrhyded a* Tit. 3.
*maur ufuddod, Byduch ufud med ef, i'ch go-*
*ruchaſion, a byduch oſtungedig udynt, ceduch* Heb. 13.
*aguncuch beth bynag a orchmynant i chui,* Mat. 23.
*eythr gocheluch, uneythyr yn ol i guaithre-*
*doed huynt, Amhyny chui a ueluch i bod*
*huynt nid yn diyſtyruyn vnig dynion, eythyr*
*hefyd duu y'r goruchaf i hun, yr hun a dyle-*
*ſent i urando, i ofniai anrhydedu, yn yr*
*Apoſtolion, ai ſeceſſoriaid, oblegyd hyn*
*ymae'n tuy yn gurthenbu gair duu yn hola-*
*ulag yn diymgel, pen fythont yn gurthnebu* Luc. 10.
*ſuydau, ag ordniadau duu ag urth hyn (os*
*coeliun i Saint Paul, y mae'n tuy yn goledig,* Rom. 13.
*o blegyd ordainiad duu yu hun yn diammau,*
*yr hun nielir moi daduaredio nai, diflanu*
*druy audyrdod dyn, megis y galyr Egluys*
*gael i rheol druy gyfraithiau nodaul rhai*
*druy y ſcrifen, rhai heb i ſcrifenu, ond guedi*
*i gorchymyn truy tradydiadau'r, Apoſto-*
*lion.*

*D. Beth yụ barn yr hen dadau ynghylch hyn o beth?*

*ORigen yr hụn ſyd hen auḍur cnụog, a yſcrifenoḍ yn y gairiau yma, pob un a ḍylụn a gyfri yn heretig, yr hụn ſy ici propheſydu credu ynghrioſ, ag ſy'n credu yn amgen o uirioneḍ y hyḍ Griſtimogaụl, nag a derſychioḍ tradyḍiad yr Egluys, a'r ungụr ſy'n dyụuedyd meụn mau aral, hụnụ y'r guirioned (meḍ ef) a ḍyler i gredu, ſy'n cyttyno y mhob peth a thradyḍiadau'r Eglụys, a gair Saint Hierom yụ yr uyſ i'n tybied fod yn angenrhaidiaụl dy rybyḍio yn ſyrr ynghylch hyny dyfod yn rhụymedig i gadu tradyḍiadau yr Egluys yn henụedig yr hain nid ynt yn erbyn y phydmegis y darfu i'r henafiaid i tradyḍu ini, Saint Auguſtin ſyḍ yn dyſcu yn y moḍ yma, Os yụ auḍyrdod yr yſcruthur lan yn ordemio dim, nid oes dim ammau nad rhaid ini gadụ hyny megis ag yr ydym yn darḷain, yn yr un moḍ, hefyd, os byḍ yr Egluys yn arfer dim yn gyphredin druy'r hoḷ fyd, o heruydymreſſymu (a dyleid iụneythyr) hunụ yụ'r ynfydruyḍ Penaf a muyaf ar alau fod, Hefyd (meḍ ef) defod ag arfer pobl duụ, ag ordeiniadiau yr*

'Ad Lucinium epiſ. 28.

Epiſt. 118. cap. 5.

'Ad Caſulanum epiſ. 86.

henaſiaid a dylid i cadu cyfraytb, ymhol
peth nid ordeiniaud yr Scruthulau Sicruyd
yn i cylch, Ag ymae'n angenrhaidiaul coſbi
diyſtyruyr dedfodau'r Egluys, megis rhai a
dorrod gyfraith duu: y neb ſy'n ymryſongar,
nid oes genyn nachen Egluys duu mor fath
defod i diuedu Tertulianus audy'r dyſcedigaf Diſt. 11. c. in his.
ol, ag un o'r yſcrifenydion hynaf yn yr Egluys
ſy'n ymreſumu yn i o hol lyfr yn erbyn yntuy,
yrhain ni ſynant derbyn dim, hun nid yu y
ſcrifenedig yn y'r ſcruthur lan, a hefyd mae'n
yn ſicrau ag yn Phyrſeo fod rhai tradydiadau
ag ordeiniadau Egluys yſyd heb i yſcrifenu yr-
hain ni al neb i gurthod ne'n lyſu odiethr i
bod yn heretigiaid, ag i dyuaedyd arol gai- 1. Cor. 11.
riau, O guelir neb ymryſongar, nid oes ge-
nymi, na chen Egluys duu, mor fath defod.

---

D. fely beth yu'r Egluys?

A. yr Egluys yu cyni leidfa o'r hol bobl Rom. 12.
ſy'n adef phyd a dyſceidiaeth Criſt, i- 1. Cor. 12.
hon rodod Criſt Bena bugauliaid, yu phor 1. Pet. 5.
thi ag yu lyuaedrauthu, i Beder yr Apoſtol, Ioan. 21.
ag yu Suceſſoriaid oblegyd hyny yr hereti- Matt. 16
giaid a'r Sciſmatigiaid ni haedant gael i cyfri
i bod yn yr: Egluys peirhon ai bodyntuy yn

rhydgys, yn clamio hyny ar gam, Canys er i bodyn prophesydu phyd a dysceidiaeth Crist, eto e'r hyny ymae'ntuy yn lysu ag yn gurthodfodyn defaid i'r Bugaul ne i'r escobpenaf: yrhun a rodod Crist yn i le i hun, i Reoli i Egluys, ag a gaduad y Sucsediad yma yn
Matt. 10. draguydaul yn Egluys Rufain, Am hyny yrhai sy'n guaduyn lysu ag yn gurthnebu y
Ioan. 21. Penadyriaeth yma o'r Egluys, nidydynt yn dealt, y dirfaur adaueidion aunaeth Crist i
Luc. 22. Bedr, na dirgeluch nerhinued y gyfrinach yr
Matt. 10. egoriadau a rodod. Crist ido ef yn unig, nag
Ioan. 1. amryu bethau erail cyPhelib a y scrifenuyd o
Matt. 17. Bedr, megis o'r penaf o'r Apostolion: heb
Act. 1. lau hyny ymae'ntuy'n diammau, yn trublio heduch y'r Egluys i threfn ai order, hon ni lir moirheoli nai goferny du'n iaun, nai chadu yn disygyl meun undeb chuaith hir, heb yr escob Penaf ai, audyrdod hybarchys ardderchog s'yn diuaethaf, ymae'n tuy yn guraduydo audyrdod nid yn unig yr hen dadau, eythr y Sinedi a'r pethau a yscryfenesont y
Aug. cōt. cubul o'r hain, sy'n cyttuno, ag yn cydgordio
epist. Fū- ynghyech eglur aruydion anodau'r yr Egluys,
dam. c. 4. yma, eythyr hefyd Cyttundeb y Cristnogion ynyr holfyd.

S. Hie-

*Saint Hieronmus ſy'n cydnabod anrhyded ag audyrdod hon, felyn y mae'n dyuaedyd y neb Sy'n cytuno a chadair ag eiſtedle peder, efa fyd gyda myfi, Opſatus y'r Aphrican yſyd yn i chydnabod, hun ſy'n teſteolaethu fod Eiſtedle peder, ymyſc guir nodau yr Egluys, yn benaf.*

*Saint Auguſt ſy'n i chydnabod, hun ſy'n yſcrifenu yn eglur ag yn olau, fod andurdod yr Apoſtolion yn duyn Rhuyſe (bob amſœr) yn Egluys Rufain y mae Saint Syprian yn adef i audyrdod gan dyuaedyd, mae dechreuad a guraidin, ne'r achos Penaf hereſiaeth a ſciſmatigiaeth ſy'n damuynio, oblegyd nadynt yn ufudhau i un, hun ſyd guedi oſod ne i gyfleu yn le Criſt megis Opheiriad ne uſtus, yrhun beth y mae Saint Ambros yn i Adef megis i fod yn gulyſio i baub galyn Egluys Rufain.* Epi. 162. 90. 92. 93. & 165.

*Saint Irene hynach na'rhain igyd, ag agos at amſer yr Apoſtolion, gur yn uir apoſtolaid a ganmolod Egluys Rufain at yr Egluys y ma (med ef) ermuyn i braint gorcheſtaul, y mae'n angenrhaidaul i'r hol Egluys i gyrchu athi, yn yr hon Egluys y mae cubul o dradydiad y'r Apoſtolion yn holaul yn gaduedig, ymyſc yn tuy i gyd ſy'n credu.* Tertul. d. præſcript. hæret. Cypr. ep. 45. & 46.

*Par anrhyded a Pha audyrdod syn yr Egluys*

1. Cor. 12. Ephes. 5. Y Mae duu guedi i ordaniau yn i Egluys rodion arderchaug, ag yn i golauo druy lauer o adaueidion, nid oes dim hophach gen-
Ioan. 14. tho ar y darear na hon, y mae ef yn i threfny
Psal. 110. hi, yn i chadu hi ag yn i diphin, ag yn i dial yn uastad, hon a ordainiod ef i fod yn duy i do, yn yr hun i cae blant duu i'mgledu, i dyscu, ai ymarferu meun rhinuedau da, ef a fynau fod
1. Tim. 3. hon yn Golofn ag yn sylfaen y guirioned,
Psalm. 10. megis na dylem amau moi dysc, y hi syd me-
Ioan. 10. gis meistres, caiduad a dianglferch i guironed, ag yn honun ardyrdyd a chredmiaeth, ni elir ymae lugru na'i dorri heb lau hyny, ef a farnod i bod hi guedi i sylfanu ar graig sicr, megis
Matt. 16. y galem uybod yn diphael i bod yn disygledig ag yn diferfyl megis na al pyrth uphern i gorchfygu nai gorfod, yn diuaetha, ef a fyn i bod yn dref guedi gofod ar ben mynyd yngolug
Esa. 2. paub, ag yn haud dyfod atti, rhag i neb i gadæl, athramuy lochesau guenuynig, a chor-
Mich. 4. nelau afiachys, gan Synnio y gairiau yma, uele
Malac. 1. lyma grist, uele dacu grist ag fel y myned odiurthi hi, ai gadel hon y mae'r scruthur lan yn

*i gosod alan, gorchymyn au hi gan i chamnol a i galu yn gariad Crist, i chuaer ai unig Briaud, i bryny hon, i lanhau hon i gynil hon i santaidio hon ag yu chyssyltu urth ef i hun mab duu a unaeth ag a diodefod bob peth a hefyd a roes i gorph ai uaed benedigedig, ermuy'n y cariad y roed yn i duyn idi, drosti hi y guediaud ag a gafod urando i uedi na phale ag na dyphigiau fyth, nai phyd na i undeb, nai Siccruyd, i hon i gadauod, ag a danfonod yn phydlaun, yn o y stad yr ysbryd glan, yn athrau, yn ben, ag yn lyuaedrathur, ef (med y guir i hun) a dysc ychui y cubl, ef a dyuaed y chui'r cubl, o'r bethau a'r orchmynaf, ef a dysc i chui fyth bob guirioned, a'r ysyd angenrhaidiaul i chui i guybod ai credu.*

*Orig. tr. 29. & 30. & Aug. de vnit.* — *Ioan. 17.* — *Luc. 22.* — *Mat. 16* — *Ioan. 14.* — *Ioan. 16.* — *Aug. tra. 97. in Ioannem.*

---

D. *Druy bara rai y mae'r ysbryd glan yn dyscu guirioned i'r Egluys?*

A *druy 'rheini yn diamau druy'rhain y mae'r Apostol yn testolaethu, darfod i'r ysbryd glan i hordeinio i lyuadraethu'r Egluys, ai galu yn escobion lyuadrathuyr, Bigauliaid ag athrauon hefyd, yr hain yn ol yr Apostolion a fuont yrioed, ag y Syd etto yn*

*Act. 20.*

benaf yn uuasnaethuyr Egluys Grist, ag yn uenidegion rhaglauiaid ar dirgel rhinuedau'r y goruchaf duu, ymae'n eglur i ueled faint Oed audyrdod yrhain, yn y Sened santaid, megis ynghylch y phyd a chrefyd Crist, i gelynt yn unig farnau agunacthyr pen ar Pethau: eythyr hefyd yn gyfraithlo druy audyrdod yr Apostolion i destiolaethu, a dyuaedyd, ymae'n rhyngu bod i'r ysbryd glan ag i ninau fal y mae yu ueled yn y pethau aunae-
Act. 15. thuyd yn y Sened gynta a gaduodyr Apostolion i hunain ynghaer Salem.

Guir yu fod yn beth heinys yn yr hen gyfraith ag yn haedu marfolaeth, os bydae neb
Deut. 17. yn an i fud i'r archopheriad ar y oed yn rheoli
Mat. 22. Cadair voysen ag nid oes gen yr Egluys yrouran lai a audyrdod i reoli ag i farnu, nag oed gan y Synagog yn yr amser hunu Canys y maer Cristuogiron yn rhuymedig i ufudhau y gyfraith yn gystal ar Idenon, megis i farnedigaethau yr opheiriard, yrhai sy'n rhagori Paub meun Audyrdod ynghylch mat-
Concil. terion, sy'n gaduedig ag yn Perthynu at ge-
Tolet. ca. refyd Ambyny y mae'n tuy'n Pechu yn dir-
1. Dist. 19. faur ag yn heunnys, yrhain nid ynt yn ufud-
& 9. quæ hau audyrdod yr Egluys, Eythr bod mor le
1. patet & fasus aiguraduydo, ag gurthnebu'n holaul y
seq. Sacraid ordeiniau'r Pabau ne'r escobion go-

ruchaf, yrhain ſyd genthynt audyrdod bob amſer i farnu matterion ſacredig ne'rhain ſy 'n perthynu at gerefyd, a'r cyfryu anrhy dedys dedfau ne ordeiniau y Senedau cyPhredin, Audyrdod y'rhaim (megis any mae S. Auguſtin yn dyuacdyd) ſyd iachuſal o'l yn yr Egluys, A hefyd y Sicraf farnadiogaeth yr hen dadau ynghylch y Phyd, a hefyd cyttumaul farn yrhain ymhob Peth, ſyd ſicraf. Deſtiolaeth o bob guirioned Criſtuogaul, hyny o beth a dyuaedaſontyr Emerodiaid, dedaul enuog a nodedig ymae ef yn guneythyr ciam a Barnedigaeth y Sened gyphredin pen fytho yn ymreſumuyn gy hoed ynghylch materion a darfu i Barnu a chyttuno arnynt o'r blaen.

---

D. i bara borpas ymae, da ordinhad duu ynghylch cadu Bugauliaid ag athrauion yn yr Egluys?

Y Mae ordonhad duu yma, yn brophidiaul ag yn iachus ini, oheruyd fod pouer ag audurdod yr Egluys yn rhagori i ymhel audyrdod bydaul, druy'r hun yn bendiſade ymae'r bobl Griſt nogaul yn credu i y nil gras ſpiridaul yn traguydaul yn gynta y mae'n bro- *Chryſ. li. 3. de ſacerdotio. Idem ho. 4. & 5. de Verbis.*

phidiaul ag yn fudaul (ar ol gairiau Saint Paul) i athrauy'n berphaith y saintiau, Sef yu i'rhain syd genthynt audurdod iuneythyr
Ephes. 4. dyn yn berphaith ynghrist megis ag y mae'r un Saint Paul yn dyscu meun man al, megis
Colos. 1. druy i diuidruyd ai dyfalruyd huy y galant deunu a lithu'r phydloniaid i berphaithruyd duuoldob, i'r hun y darfu i galu yn tuy.

Hefyd y mae'n yn brophidiaul i uaith guenidogaeth, megis i'rhaini a darfu i galu yn iaun ag yn gyfraithlaun i fod yn vigauliad penaf o'r Egluys, i uilio ag i'mroi i hunain i fod yn diuidag yn dyfal, o heruyd y Suyd ar baych a roduyd ar i lau.

Act. 20. Heb. 13. Hefyd heb lau hyny, ymae'n brophidiaul ermuyn adailadu corph Crist, megis y galant yr ysbrydaul adailaduyr, a goluguyr y guaith yma, gydanabod ag dylent ymroi i hunain yn
Ephes. 4. holaul ag yn oystadaul ynghylch mystical ne gyfrinachaul gorph. Crist, i adailad yr hun ymae'n angenrhaidiaul bod yn diuid, yn dyfal ag yn ofalys, gan sylfedu'r iaun phyd, ai
1. Cor. 3. chadarnhau ag yna adailadu arni bob peth ar ysyd angerhaidia'ul i'r phydloniaid i gael cyfiaunder Perphaith, yn diuaethaf. ymae'n brophydiaul megis na bythom rhai bychain yn bohuman, ag yn godef yn trausaruain yma a thrau gida phob chuane auel o dysceidiaeth,

druyenuired a malais dynion,) a hyny ermuyn
yrhain sy'n eguan yn y phyd (megis ag y mae
lauer yn yr Egluys, yr audurdod præladiaid
yr Egluys syd angenrhaidiaul, yn bendifade, Ephes. 4.
pen fytho guynt heresiaeth, a thymescl erli- 1. Cor. 14.
diaeth yn i gorthrymu yr Egluys yn greulon, Rom. 15.
Canys yn a y mae i guared ai adferth huy yn Act. 14.
angenrhaidiaul, yrhain yn a y mae'n yn an- Matt. 7.
genrhaidiaul i adferth ai guared huy, yrhain
druy audurdod a fynant ag a alant tarfu y-
maith y blaidiaid, ymdiphin y defaid, chunnu
a daduraidio yr efre, a chyphyrfu a chadar-
hau iachys ag iaun dysceidiaeth, rhag Siomi
a hudo yrhai guirion a difalais, druy airiau
yscrifenau a siamlau yrhai drugionys tuylo-
drys) a myned ar gyfyrgol odiar y phord gy- 2. Pet. 2.
phredin, Eythr yn hytrach druy uybod nid Matt. 7.
yn unic y guirioned, ond hefyd i gyflauni,
megis galant brophidio a chynyduyntho ef,
hun yu'n pen S. yu Iesu Grist megis ag y mae'r
un Saint Paul yn cymmuyl ag yn manegi.

*D. druy ba fod y caun i yrhagoraul phruyth, yma?*

Rom. 12. A Yn y mod yma yn uir, Os paidiun a bod yn rhy doethion eythr yn gymesuraul, gan ofalu fyth gadu undeb y'r yspryd meun, huymyn heduch, ag ymdangos nyhunain yn defaid ufud agostungar i Grist, peth Priodaul ag adas i'r defaid hyny yu pho rhag i blaidiaid, a Bugauliaid dierth eythr caulyn i

Bern. de præcept. & disp. c. 12. bugauliaid i hunain, ag ymroi yn holaul i lyuadraeth rhr i si a ordeiniud yn ben golyguyr angorlan yr Argluyd, a thruy rhain gurando ar yspryd y guirioned, yrhun syd uiu

Matt. 23. genthod yscu a phorthi, a chadu defaid Crist ie

Deut. 17. ueithre druy benafiaid drugionys yrhun druy'r

Prou. 6. un rhai sy'n gorchymyn ini orchmynion duu yn tad a'r Egluys druy'r gairiau yma, Gurando sy'mab ar dysceidiaeth dy dad, ag na ad i goli gyfraith dy fam.

D. Pa rhai

D. Pa rhai yu gorchmynion yr Egluys?

Y pump yma a gyfrir yn benaf ag yn angenrhaidiaul, iaun i Gristion i guybod ai cadu?

1. CAdu'n dedfaul orchmynedig uilian'r Egluys. Concil. Lug. apud Iuon: parte. 4. c. 14.

2. Gurando'n dedfaul opheren y dydiau guylion,

3. Cadu'r unprydiau, a ordainiuyd, ar dydiau. nodedig ag amseral yu cadu, megis y Grauys a chatcoriau'r peduar Amser aul a nosuyliau rhyu Saint Arferaul i cadu, y rhain a aluod yn henafiaid in nosuyli au oblegid fod yn arferaul Guilio, a guedio hyd y nos. Can. Ap. 68. Gran. gren. can. 19. & 35.

4. Cyphessu dy bechodau urth dy opheriad, Pluy, ne urth dygurad bob bluydyn. Syn. lateran. can. 21.

5. Cymeryd dy uasanueth, ne'r Cymyn unuaith yn y fluydyn a hyn ynghylch y pasc. Trid. sess. 14. can. 8.

*D. Pa le a dau amgadu'r y gorchyny-
mon yma?*

*A. y mae'r gorchmynion yma ag erail sy'n yr Egluys a derbyniuyd (dros, gymeint o flynydoed) ag ymae'n tuy yn gymeraduy ag yn arferaul i nerth urhai duuiaul, guedi i cadarnhau a hefyd yn i cynnal*
Philip. 4. *phob duuoldeb a rhesum, ag yn duyn gida'n-*
1. Cor. 14. *tuy lesad ragoraul: ô heruyd i bod yn a'r-*
*fer iachau 'rphyd, i difalchder ufudod a go-*
Matt. 5. *stunge Orid stnogaul hefyd ymaie'ntuy*
Rom. 15. *'yn gosod alan dysgeidaeth honest, a chyttun-*
*deb rhung y bobl, hefyd y mae'n tuy yn aruy-*
1. Cor. 14. *dion teg o'r crefyd a nodau ne farciau duuol-*
*deb yr Enaid, druy'r hain y dylemi gyd lauech uarhai dai leuchu yn fuy nai rhai drug a'r adailia daeth: Ag i rheol yr Apostol sy'n da: bid pob peth uedi uneythyr yn onest ag yn uedaid, yn ychmysc ag meun order o threfn.*

---

*Ym hara beth y ma'n nrhaid audurdod y'r
Egluys.*

*A. Yn gynta yn hyn o beth i adenabod yn siur y Scruthur lanuir ag audure-*

dig, o diurth y gau a'rfer Anuir, Am hyny y mae. *Cal. 2. Tolet. ca. 21. Aug. serm. 129. de temp.*

Saint Hierom yn testiolaethu, ydydym (med ef) yn cymerydy testafen neuyd audurdod a'r hensyny cyfri o'r lyfrany mae' yr Egluys Gatholic yn gorchymyn, ni chredun med Saint August i'r euengl oni bai fod audurdod y'r Egluys Gatholic yn peri, heb law hyny gael yn olau medul yr yscruthur lan, a chymesuraul dealt, rhaid yni (o digerthhyn) amau agymresumu, ynghylch synuyr y gairiau, heb na phen na gorphen. O heruyd y mae pob heretig, (megis ag y mae'r un Saint August yn yscrifenu) yn caisio mayntimio y punciau pheilsion tuylodrys druy'r Scruthur lan, Ond med. *Contra epist. Fundamenti cap. 5.*

Saint Hierom, nid urth iaun darlain eythr urth iaun dealt, y mae'r scruthur lan yn sefyl, yny trydyd le, y hi a al farnu a lyuodraethu y cuestiun ar ymrafalion, sy'n damuyniau ynghych y phyd, O heruyd y mae hyny yn uir adyscod Epiphanius yn erbyn yr hereticiaid, na elir cael mor cubl alan o'r y scruthur lan, megis ag y mae.

Saint August yn i urantu, ag yn i ardelui yn diamau yu bod audurdod yr Egluys gatholig (yn abl meun peth Amhaus) i dangos sicruyd achredyniaeth, Canys ni al yr ysbryd

*glan balu i'r Egluys, gan'i bod yn i thouys meun pob guirioned, megis ag y dyuod Crist, hefyd megis y gelir guneythyr rheolediga-ethau, a mayntymio yngyfa yr ordiniau, A chadu cyfraith ar ol naturiaeth a braint, y bobl, y le ar amser: Canys ef rodod duu au-*
*Deut. 17.* *durdod i'r Egluys ermuyn i Adeiladu ag nid*
*Esaye 54.* *yu dy stryuio, heb lau hyn, megis ag y galo'r anufud ueled y galu a roes Crist i gosbi ag i yscumuno, yr hun beth hefyd a arferod Saint Paul dhruy hyni gael i darostung ai duyn i iaun Am hyny Saint Augustin, a dyuad, Au-*
*Psal. 57.* *durdod i arfer cosbedigaeth yn erbyn yr hai*
*Ioan. 14.* *drug, a'r meldigedig, nid yuyn torri heduch*
*& 16.* *yr hai sy'n lyuodraethu yr Egluys, felyn, gan olung heibio bethau erail, y mae'n yng y-*
*2. Cor. 10.* *hoed ag yn olau fod audurdod y'r Egluys yn yn adasis yn briodaul ag yn angenrhai-diaul ymhob un o'r pethau uchod, ag na alac fod cymydaithas Gristonaul hebdi hi,*
*Matt. 18.* *eythr fal cymysciad Babylon, am hyny me-*
*1. Cor. 5.* *gis yrydym yn credu, ag ynglyny urthi, ag yn*
*1. Timo. 2.* *rhoi maur audurdod, i'r scruthur lan, ermuyn*
*2. Pet. 1.* *testiolaeth, ysbryd duu ysydyn dyuaedyd yn-*
*2. Tim. 3.* *thi fel y ydylem dangos phyd, parch ag ufud-*
*Matt. 18.* *dod i'r Egluys, o heruyd i bod hi uedi i dyscu*
*Ioan. 14.* *a'i chynyscaedu, a hefyd i chadarn hau, a'r un*
*& 16.* *ysbryd druy Grist i phen ai phriod, megis na*

alau, hi na byde yn Golofn, ag yn ſylfaen y-guir, fal y'r ydys yn i galu.

---

*D. Pa les a budyſſyd o'r hol dyſceidiaeth yma ynghylch gorchmynion a thradydiadau yr Egluys?*

Dirfaur ag amplyu'r.

A'Yn uirbud, ond ymyſc erail, hun yu'r penaf, alu o honom i uybod, nad ydym i ruymedig y'r ſcruthur lan, ar ol y lythyren o heruyd (fal y mae iereneus yn dyuaedyd) beth Pei biaſai yr Apoſtolion heb adel yſcrifen yn y byd ar i hol, onibiaſai raid ini galyn ordeiniad y tradydiadau a orchymynaſont i'r rheini a adauſont i lyuaedrathu'r Egluys, ag y peth a yſcrifenod Baſilius, ſyd olau ag eglur y dyſc a ydys yn i chadu ag yn i phregethu yn yr Egluys, peth a gouſomi yn yſcrifenedig meun lyfrau, a pheth adanſonuyd attomi druy dradydiadau'r Apoſtolion yn gyfrinachoul S. yu meun dirgeluch, a'r dau beth yma ynt o'r un grym a galu ty ag at y duuoldeb, ag nid yuaid neb, or hyn leiaf, ar y ſyd a dim guybodaeth gentho ynghyfraithiau'r Egluys, nid oes lei amau nas gunaeth Criſt ai Apoſtolion, ag nas dyſcaſont bethau nid ydynt

Lib. 3. ca. 4. Epiph. hæreſ. 61.

Lib. de Spirit. sãcto c. 27.

guedi i yscrisenu yn berthynasaul attomi a'n
Ioan.20. hepil, o'rhain ymae'r Apostol yn rhybidio,
a gurando ar Grist i hun yn dyuuedyd druye-
nau Apostolion, O hyn alan symrodyr beth
bynag a fouir, beth bynag a fo diuair, beth
bynag a fo cyfiaun D. beth bynag a fo san-
taid, beth bynag a fo cariadys, beth bynag a fo
Phil.4. o enu da, os byd rhinued yn y byd, os byd clod
am dysgeidiaeth, nesaf at hyny yu arfer
meudliuch am y pethau hyn, yrhain adysca-
soch, yrhain a derbyniasoch, ag a glyusoch
ag a uelsoch yno fi: y pethau hyny guneuch,
a duu'r tygnefed a fytho gida chui yn iaun
rhydit Cristnogaul, yrhun ymae lauer dyn,
ganymroi i hun i seguryd ag i uttres, yn i droi
o achos y cnaud yr aurhon yn anuedig os bu
erioed, megis ag y mae'r Apostol yn dyuaedyd,
Galat.5. ynghyscod y rhydit yma, ymae'n tuy yn uas-
2.Pet.2. naethuyr i fuderbleser, a pheth bynag gen
Galat.5. muyafar ofynant, ie ynghylch rheoledigae-
2.Pet.2. thau'r phyd, vntuy a debygant fod hyn yn gy-
fraithlau nudynt agymae dyscudiaeth ag or-
deiniant yr Egluys yn phruyno rhydit dyn,
ag yn athrauy ni i arfer ynymesuraul rhydit
Cristnogaul yn mod yma, ag yn galu, vn cadu
ag yn tarfu ni odiurth y cyfriu pholinel a gua-
Aug. Ep. gedyma, ymae'n tuy'n phruyno gormoded
118. rhydit dyn, ag yn dyscu arfer yn gymesuraul

*rhydit Cristnogaul, gan yn bod ni guedi'n rhydhau druy Grist, odiurthu i sanaeth pechod, a chaethiuaed cyfraith voysen ar fod ohommi yn barod i uneythyt yn eulyscar, ag yn lauen Suyd Cristion, druy uasnaethu duu meun cyfiaundr a santaidruyd i galyn yr ysbryb glan yn cyfaruydur, a'n guydyd ynghyfraith cariad perphaith, megis gu isnaethuyr cyfiaundr a meibion ufud, gan arfer gostungeidruyd a dyfalchdr, ag ymgadu meun didigruyd ag y myned, cariaduyr y difairuch a'r groes, (Chui chui fy'm rodyr, medyr Apostol) a aluyd i rydit, gocheluch roi rhydit, yn unig yn achos i'r cnaud, eythr druy gariad Perphaith ysbridaul guasnaethuch baub i gilid, i fagu ag i gadu'r cariad ysbrydaul hun druy uneythyr y guasanaeth santaidiaul y mae pob peth guedaid gonest yn helpu, ag yn anuedig cadu tradydiadau'r Egluys yn dedfaul sy'n duyn lauer o help y punc dyuaethaf yu adanabod rhagor rhung plant cyfraithlaun yr Egluys ai Bastarstiaid, ne rhung y catholig ar heretigaid canys yrhai cyfraithlaun a fydant fod laun, druy ufuddod yn i cyduybod i gubl o adysc yr Ergluys bid hi guedi rhodi yn yscrifen, megis ag y mae y pethau y syd yn lyfrau'r y Beiblne bid hi yn gymeraduy guedi derbyn druy dradydiadau'r tadau o heruyd i bod yn-*

Petr. 15. Rom. 6. Gal. 3. & 4. Rom. 5. Luc. 21. Matt. 4. 26.

Aug.li.de tuy, yn calyn gair duụ gan dyụaedyd na ḍoes
vtil.cred. dim aḷan ohen derfynau, a osodasant yr hen
c.15.1.con. dadau, yrhaini ynt heredigiaid, a adaụant
Iul. 2. ụiriondeb y phyḍ, a chymeraduy farn yr an-
Prou. 22. rhydedys fam sef y'r Eglụys a'r santaiḍ dadau,
gan roi ormod hydyr arnynt i hunain ag ar
Iob.32. ymụrthoḍụyr yr Eglụys i megis na chymerant
fedul gụeḷ, er cael rhybyḍ, Am hyny y gụ-
Tit.3. naeth Saint Paụl gyfraith yn i cylch hụynt,
Gochel ḍyn heretigaid, gụedi i rybyḍio unụ-
Ad Pom- aith ne ḍụy, bid ysbys iti, fod y dyn hunụ'n
peium. goḷedig, ag i orphen dyụaedụn gida Saint Sy-
prian puy bynag a amadaụ ag undeb yr E-
glụys ymae'n angenrhaidiaụl i gyfri ymysc yr
heretigiaid.

---

*Mae beḷach sum o'r hoḷ bethau uchod?*

Aug.li.2. PEnod y cubụl a ḍosparthụyd o'r dechre-
Retr.c.36. ụad hyd yma ynghylch hoḷ adysc Cristiō-
gaụl, sy'n dangos doethineb perthynasaụl i
Gristion yrhon ag ynụysụyd ofeun terfynau
y tair rhinụed yma, phyḍ, Gobaith, a chariad
perphaith, canys drụy phyḍ ymae'r enaid yn
cytuno a gụirioned duụ, ag yn rhoi ibụys ai
oglyd arni Drụy obaith yn cyreḍyd daioni duụ
yn nes gụedi aḍanabod ai dealt drụy phyḍ, Ag

yna drụy

*yna druy gariad perphaith y cysultir ag y gun-eir ef yn un a duu ag ermuyn duu ai gymydog, mae'r gredo yn dyscu ini ynghylch, y phyd, urth osod alan y pethau penaf y sydd i Gristion i credu, ai hadef. Ar pader sy'n hyphordi ni meun pethau dyledys yu gobaithio, ai harfer, ar cubl ar y sydd yn y duy dabl o'r gorchmy-nion, sy'n perthyny at gariad perphaith, Am hyny guych iaun y dyuad Origenes y ruysi yn tybied med ef, mae phyd yu'r dechreuad cynta, a sylfaen yn iechyd ni. A gobaith y sydd megis tisiad, a luydiant y'r adailadaeth fyned rhagdo, Cariad perfaith yu parfeithruyd a phen ar yr hol uaith yn y diued, Benedigedig a deduyd y'ur rhai aurandauont air duu ag ai cyflaunont, dan aros meun phyd, gobaith, a chariad perphaith a bid hyndigon, hyd hyn o bryd ynghylch doethineb Cristiongaul, yn ol y mod y darfu yni amcanu'n yn dechre, sef yu o'r arderchaugaf rinuedau, yr hain megis yr ydys yn i toualt o'r nefoed ag ynt yn guneythyr, dyn faruoledig yn nefaul, ag am hyny iaun yu i galu yn rhinuedau theolagaid, o heruyd i bod yn goguydo ag yntuedu at doeth i meb Gristo nogaul.*

D. Oes dim heb lau hyn perthynasaul at y rhanyma o dysceidiaeth Gristionogaul?

Aug. in Ioan. tra. 120.
Aug. lib. 19. cont. faust. c. 11. & de vera rel. c. 17.

A Oes o heruyd at honymae dosparth rhinuedau'r Egluys ynperthynu, megisy gal Cristion uybod, para ermygion angenrhaidiaul a drefinod duu udynt i derbyn, i arfer i chuanegu phyd, gobaith, ag yn enuedig cariad perphaith, heb lau doethineb, y mae cyfraundr Cristionogaul, yn sefyl ag yn cael i mayntimio druy rinuedau'r Egluys, heb yrhain, nid oes fod na diphodyd yn luyr hol gyrefyd Cristion, Am hyny ymae'r i'rhain yn dosparth dufn, ag angenrhaidiaul ymyscy Cristnogion.

*Doſparth ar ſacraſenau a rhinuẹḍau y'r Eglụys?*

A. *Am fod guybodaeth ag arfer rhinuẹdau'r Eglụys, yn peri i Griſtnogion gael i'm arfer, cadụ ai cynyḍu yn iaụn ynguaſanaeth duụ, uedi cael o honynt ras drụy ryglyḍiant Ieſu Griſt, hụn a roḍir drụy rhinuẹḍau ne'r ſacraſenau yma.* Tit. 3. Ioan. 3. 5. & 20.

D. *Beth yụ guaſanaeth ne anrhydeḍ duụ?*

A. *Guaſanaeth duụ a elụir anrhydeḍ ne'r guaſanaeth penaf, ag uchef a dylae Griſtion i cuplau i ḍuụ goruchaf a phenaf i greaudyr ai geidụaḍ, Canys ymae phyḍ Griſtnogaul yn dyſcu ḍarfod guaneythyr dyn yn y dechreụad a chụedi hyny i brynu, ai ordeinio i hyn yngubụl, niḍ er i fụyn i hụn, yn benaf, ond i uaſnaethu ag i anrhydeḍu duụ yn lan ag yn berphaith.* Aug. lib. 10. de ciu. Dei cap. 1.

*D. Pesaul rhyu uasanaeth ne anrhyded syd i duu?*

Matth. 5. Prou. 16. Aug. in Psal. 73. & lib. 19. Chrysost. hom. 60. ad Pop. Antioch. et 83. in Matt.

A. *Dau un ysbrydaul o difeun i dyn, aral corphoraul o'r tuy alan, a'r ysbrydaul a gyflounir o'r tu meun, a phyd gobaith a chariad perphaith, megis ag y dyuaeduyd uchod, hun syd druy dealt a gosodiad medul i'n cysultu ni a duu, a'r corphoraul anrhyded y syd megis testiolaethiad, yr anrhyded ysbrydaul, yr hun y rydym i yn dangos druy aruyadedfaul gueledig Canys duu hun nid oes arno eisau mo'n daioni ni, ag y syd benedigedig ag yn gubul berphaith etto megis ag y gunaeth ef dyn o enaid a chorph, fely y myn ef i anrhydeduyn diphug ag yn y discaelus gen bob un o'r dau, sef gen yr enaid, ag anrhyded ysbrydaul, a chen y corph ag anrhyded a guasanaeth corphoraul, eythr guedi i gyfyltu a'r ysbrydaul. A hyny aunair yn benaf ag yn uchaf a alau fod druy arfer y sacrufenau ne rhinuedau'r Egluys.*

### *D. Beth yu ſacraſen ne rhinued y'r Egluys?*

*A Rhinued yr Egluys ſyd aruyd amlug gueledig, o anueledig ras duu yrhun aruyd a ordeiniaud Criſt megis y galau dyn druydo ef derbyn gras duu a ſantaidruyd, ag am hyny ni eluir y ſacraſen ne rhinued yr Egluys yn unig yn aruydion noethion, eythr yn aruydion diogel, ſantaid, a nerthol, guedi gorchymyn i Griſtnogion druy ordinhad ag adeuid duu: hyn yu'r achos paham i geluir yn tuy'n aruydion, am i bod meun rhith a chyphelibruyd amlug yu gueled, yn aruydocau ag yn dangos ini y peth hunu ymae, duu yn i uaithio druydynt huy, yn diogel ag yn ſantaid, a hefyd yn nerthaul aruydion, am i bod yn cynuys ag a chuedi rhodi i'n ſantaidio ni yn diamau, druy'r gras y mae'n tuy'n, aruydocau Canys rhinuedau'r Egluys am gymaint ag y ſyd ynthyntuy (med, Saint Syprian) ni allant fod heb i nerth i hun, ag ni byd maured duu (meun mod yn y byd) odiurth i dirgel rinuedau ie er bod rhai anheilung yn i guaſnaethu ag yn i guenidogi, megis ſiampl y ſacraſen a eluir y Bedyd, y golchiad o'r tu*

*Sermon de cœna Domini.*

alan yſyd yn glanhau budredi'r corph, fely ymae'r ungolchiadyn aruyd nerthaul fod yn glanhau'r enaid o'r tu meun yn yſbrydaul, ag
Pſal. 42. i brofi hyny y mae'n duyn teſtiolaeth diamau, yn yr un mod ymae pethau aral gueledig, megis oel bara aguin, yrhain ſy'n angenrhaidiaul yu harfer yn guaſanaeth ſacrafenau'r Egluys, guedi i ordeinio yn gymeſuraul i bob un or dau, ſef yu i aruydocau i'r lygad, ag i roi yn dirgel ras duu i'r enaid, ie iechyd hefyd, os dau dyn yn deilung yu cynieryd, canys megis ag y genir nyni o fru'n mamniau, yn feibion cnaudol Ada fely, druy fedyd y genir ni yn feibion yſbrydaul i duu, ag oblegyd hyny y geluir Bedyd yn ail genedigaeth ne adneuydiad dyn, guedi'n geni (druy phyd) yn feibion i Griſt ymae Bedyd eſcob guedi, yn rhoi cynyd prifiant a phruyth yn yr eucharistien ne rinued yr alor ſy'n rhoi ymborth a lauenyd pen darpho'n cluyfo druy bechod, ymae penyd yn hadfrydu ag yn yn iachau ni meun bouyd yſbrydaul, yn yr un mod ymae'r hinuedau erail, bob un yn i rad, yn helpu yn cymorth ag yn guelhau, megis ag y dangoſun urth pob un yn i le i hun.

*D. meun pesaul rhan ymae pob rhinued yn sefyl?*

A *Meun duy. S. gair a defnyd: urthy gair yn y man yma, rhaid yu dealt, mod nodedig a therfynedig ar airiau, yn yrhain ymae phyrf a gued y rhinuedau yn sefyl, ag ai geluir yn ladin, forma y defnyd yu'r peth corphoraul yssyd ynthynt, megis y dur, yr oel, y bara y guin, ag erail or un phunyd, fely gidar duy yma uedi i cymeryd yn berphaithiaul, y dodir y pethau erail, sy'n perthynu yu guasanaethu yn iaun, a cymeryd yn deilung bob un o'rhinuedau megis y mod yr ordeiniaud duu y gueindog cymuys, bryd ne intension iaun yu guenidog i phyd yn yrhun a gymero'r yr rhinued, a chyfryu bethau erail a hyn.* Conciliū Florentinum Aug. tract. 80. in Ioann.

*D. Pesaul sacrafen ne rinued Egluys y syd?*

A. *Saith yrhain a gafod yr Egluys, priod Iesu Grist a cholofn y guirioned gen Grist druy'r, Apostolion, ag ai caduod hyd*

*yn hyn, meụn phyḍlaụn lyụadraeth, yrhainyụ*
Mat.26. *Bedyḍ a Bedyḍ escob, eụchariſten ne rinueḍ y'r*
*Aḷor, penyd, oleụ, urḍe, a phyriodas ag nid*
*oes matter er nad ydiụ'r henụau yma i gyd yn*
Ioan. 20. *i Beibl, os byḍ ſyccruyd ynghylch y peth i*
Iacob.5. *hunan, a gaḷu druy deſtiolaethau'r yr ſcru-*
*thur lan, dangos guirioneḍ, a nerth y rhi-*
*nụedau'r Egluys, A hefyd y mae'r Egluys*
*gatholig yn i dal druy dradyḍiadau'r Apoſto-*
*lion, ag yn gorchymyn i caḍu heb laụ'r Scru-*
*thyr lan, yrhon ſy'n haeḍu cael crediniaeth*
*genymi uḍynt, ond ni a ḍyuaedun yn ol hyn*
*ynghylch dechreuad pob un o'rhinụedau'r*
*Egluys yn i ḷe i hun, nerth a galu'rhain (med*
*Saint Auguſt) yſyḍ mor aḷuaụg, megis na*
*eḷir i draethu, ar neb ai dyiſtyro y ſyḍ fal trai-*
*ſụyr ne yſpeiluyr y Egluſi. O heruyḍ peth a-*
*nuuiaụl yụ diyſtyru hụn, heb yrhụn ni eḷir*
*cyflaụni duụoldeb, a'r un Saint Auguſtin*
*meụn man araḷ, ſy'n dyụaedyd ni aḷ diyſty-*
*rụyr yrhinụeḍ ụeledig, gael meụn moḍ yn y*
*byd i ſantaiḍio yn anụeledig.*

D. Paham

D. Paham i'r ordainiuyd sacrafenau ne rinuedau'r Egluys?

AYn gynta i fod yn gymorth parod yn erbyn pechod, yrhun syd megis cluyne Sapien. 6.
haint maruol i'r enaid: a'm hyny ymae'n tuy cont. Fa-
lauer yn rhagori rhniuedau hen gyfraith foese stum Ma-
o heruydi bod yn fuy o rinued, yn fuy budol, nich. ca. 11.
yn lai meun rhif, yn rhioltach yu dealt, yn vt in Ioã.
haus i cadu, ag yn aruydocau'n uel, ag heb lau tract. 80.
i bod yn aruydocau, yn santaidio ag y rhoi ie- Super Le-
chyd, megis ag y mae Saint Austin yn dy- uit. quaest.
uaedyd yn da alan o'r scruthur lan: yr ail a- 94. et li.
chos yu gael o honomi aruydion siccir a ner- 32. contra
thaul o ras ag o euyllys duu ty agattomi, trefy- faustum. ca.
thont huy yu gueled ag yu adanabod druy sy- 14.
nuyr corphoraul ymae'n tuy nid yn unic yn cyphroi phyd yn ghrist, a thrigared a daioni duu, ond hefyd yn ermigion, druy'rhain y rhyngod bod i duu uaithio'n nerthaul yn iechyd ni, megis ag ymae guedi dyuaedyd erys talm o amser, fod rhinuedau'r Egluys o honynt i hun yn galu lauer: y trydyd achos paham i'r ordeinuyd rhinuedau'r Egluys, yu, bod yntuy'n aruydion ag megis tarianau o grefyd Cristion, megis ag y galai blant duu ai

N

Egluys adanabod pob un i gilid, urth yrhain, hefyd faly galentuy'n phruythlaun ymarfer ai dal i hun meun undeb gostungeidruyd ag ufudtra, Ag fely trigo, guedi glynu urthi gilid druy amod siccir, a'rhuymyn cadarn o un phyd a chrefyd, ag onide ni al cerefyd (heb y hruymyn yma) na sefyl nachael i adnabod.

---

D. Beth y syd yu fedulio ynghylch guenidogion rhinuedau'r Egluys?

A fely'n uir y dylẽ farnuyn i cylch huynt, ai cymeryd megis guenidogiõ yr Egluys
1.Cor.4. a'rhain sy'n trino ag yn dispensydu dirgelion
Esa.52. duu, yrhain sy'n aruaindodfren y'r argluyd, ag
Num.1. yn guasænaethu i Dabernacl, ag yn gofalu am
2.Reg.8. y peth syd uedi santaidio i uasanaethu duu, a thruy gyfiaunder a galu yn uenidogion, ag yn arfer hun, canys nid yuyn perthynu at baub yn gyfredin arfer eythr at yr opheiriadi a'r escob, audyrdod, yrhain syd odiurth
Con.Nic. duu, i cysecru i dispensydu, ag iuenidogi y sa-
cap.14. crafenau: etto er hyny nid ylem fyth fedulio na thybied, fod y sacrafen yn sefyl ar deilungruyd a buched y guanidogion, Saint Austin sy'n rhodi ini reol, gan dyuaedyd, nid yu y sa-

crafenau o honynt i hun yno, na dim guel na dym guaeth, oblegyd daioni ne duugioni y guenidog, eythr druy duu yrhun ai gunaeth, ag heb lau hyny (med ef) medul nad yu buched y rhai drugionys meun mod yn y byd yn petrusy sacrafenau duu, megys na bythont sacrafenau ne'n lai i rhinued, Barn Saint Ambros sy'n profi hyny, na ystyria (med ef) haudiant y person, eythr suydyr opheriad, sef yu hun y syd yn guenidogi, ag yn ministru du'r sacrafenau, canys duu sy'n arfer guneythyr hyny, megis nad yu'r sacrafenau yn guneythyr drug, peirhon a bod yr opheiriad yn drugionys, megis ag y mae Saint Chrysostom yn testiolaethu.

*Aug. cōtra Petr. Petilianis l. 2. c. 47. Item in tractatu in Euang. Ioann. de ys qui mysteriis initiant. c. 3.*

---

D. Beth syd yu farnu ynghylch cerænioniau'r ne dedfau'r Egluys, yn bendifade yrhaini y dydys yn i harfer yn arbenig yn mynystrydu rhinuedau ne sacrafenau'r Egluys?

CAremoniau a dedfau cymeraduy'n yr Egluys ynt rhyu arferau corphoraul amlug meun golug, guedi hordainio yn ger efydaul ag yn uedaid, yn gyntaf el y galant fod yn aruydion yn testiolaethu, ag yn ymar-

*Ioan. 9. Luc. vlt. Marc. 7. Matt. 8. Rom. 7.*

*fer anrhyded yſbrydaul, yrhun ymae duu yn i erchi yn benaf, heb lau hyn, ymae'n tuy yn achoſion buuiaul i gyrefyd, urth yrhain megis urth ganlauiau y gal guendid dyn ymgynal, ag megis erbyn i lau i douys y derbyn y ſantaid rinuedau dirgel, ag yu cadu yn diudid, da yu dedfau'r Egluys i beri guneythyr yn yr Egluys bob peth yn drefnys ag yn uedaid (megis ag ymae'r poſtolion yn erchi, bob peth ar y ſyd yn Perthynu i ofod alan uaſanaeth duu, ag i gadu cytundeb meun dyſceidiaeth, A'r dedfau rheini ſyd arferedig ynguaſanaethu'rhinuedau'r Egluys, ag agouſom i gen yr hen dadau, megis o lau i lau yn orchmynedig, ag a dylent gael i dal ai cadu'n diſceulys: O heruyd heb lau i bod huynt yn rhoi harduch, ag yn peri Parch i'r rhinudeau, am i bod yres hir o amſer yn uahardedig i diyſtyru, ymae genthyntuy dechreuad nid yn unig er ys talm o amſer, odiurth yr Apoſtolion: ond hefyd yn laun o buyl a theilyngdod dirgelion duu, fal i darfu i'r dyſcedig dadau i nodi, ynghylch yrhain ag erail o'r un rhyu, y dyuaedod Saint Damaſcen yn uych, y peth agymerod cerefyd Criſtnogaul (yrhon ni al fyned dros y phord) ag ai caduod yn dibal gymainto flynydoed nid ynt yn ofer, eythr yn brophidiaul ag yn fodlaun gen duu, ag yn hel-*

*Leo epiſt. 82. ad Egub.* *1. Cor. 14.* *Philip. 4.* *Hier. 6.* *Prou. 22.* *Baſil. de Spiritu-ſanct.* *Tertul. de corona militis.* *Auguſt. cont. Donatiſtas.*

*pu lauer yn iechyd ni, megis ag y mae yn rhy hir yn y man yma ynghylch pob un o'r dedfau ar i pen i hun, ne'r pethau y sydyn perthyny at bob un o rhinuedau'r Egluys, fely ymae'n anhaud ie yn afraid dosbarthu'n ol y peth a amcanoson urth y dechreuad.*

*Geduch i'r hereticiaid yn y cyfamser focio a guraduydo y dedfau a'r Cæremoniau, yrhain ydys yn i harfer ynghylch y sacrafenau, eythr yntuy a dylent i mocio ai guraduydu ne'n hytrach i galaru, yrhain druy dalineb a dirfaur gas ca rhynghor druy yn gyhoed yn guerydu yn erbyn i guirioned, tu ag at y Cæremoniau ar dedfau ynghylch y bædyd y theologydiaid hynaf sy'n testiolaethu yni megis Saint Dionys, S. Clement, Tertulian, Origenes, Cyprian Basil, Chrysostom, a Syrell.*

*Basil. de Spiritu Sancto.*

*Cyrillus Hie. catach. 1. 2. 3. &c.*

*A pherhon a bod y rhai druzionys yn i guraduydo ag yn i sennu, etto y mae'r hen dadau druy faur gyttundeb, yn i anrhydedu ag yn i maurhau A brenunsad, ecsorcismi mied, S. Basil, dur benedigaid, a sacraid oleu, aruyd y grog, erys mil a daucant o fluynydoed a ysgrifenod yn modyma, yrydym yn cysegru dur Bedyd, ar oleu i eninniau yneb aydys yn i fedydio.*

*Vide Rabanum de institutione clericorum. l. 1. c. 27. & 28.*

## Ynghylch rhinued y Bedyd.

D. Beth yu bedyd? Aydiu yn angeurhaidraul ibaub.

Act. 2. A. Bedyd yu'rhinued gynta arhaidiaf
o'rgyfraith neuyd, ag sy'n sefyl meun
Ioan.9. dau beth, sef yu golchiad y corph o dialan,
a chyfraithlaun draethiad gairian ynol or-
Tit.3. demhad Crist, ag nid yu yn unig yn bro-
Matt.29. phidiaul i'rhai oedranys, eythr hefyd yn An-
Conc. Lateran. genrhaidiaul i'rhai bach, a hefyd yn nerthaul
Vien. i gael iechyd traguydaul Canys gorchmynod
Dionys.de duu yn gyfraithiur ni yn gyphredinaul. Onis
celesti ailenir dyn druy'r dur ar ysbryd glan, ni al
Hierarc. fyned i meun i deyrnas duu A hefyd meun
man aral, nid yu euylys y tad sy'n y nefoed
Matt.19. goli un o'rhai bychain yma, yntuy a golid
Aug. de er i bod yn fychain, os bydant heb i bedydio,
nupt. & megis yn yr hen amser, yrhain a oedynt yn y
concup.l.1. Synagog heb i hanuaedu, Belach gen fod un
Ephes.4. Bedyd ymysc y Cristnogion, ymae'n erbyn cy-
Genes.17. fraith duu dod i bedyd ailuaith i'r neb ai cafod
o'r blaen unuaith.

*D. Mae'r pethyſyḍ ynghylch i rhinụeḍ yma oi marcio?*

*A. Dau i y ḍefnyḍ yn golche a hefyd yr aruyḍocad, yn neſaf at hyny, y gair a phruyth y bedyḍ y dur pur naturiaul yſyḍ ḍef-*
*nyḍ naturiaul hun ſy'n naturiaul a'r hun y ry-* Heb. 7.
*dys yn arfer i olchi pob bruntiymaith, ag y-* Ioan. 3.
*mae'r aruyḍocad yn cydatteb, yr hun ſy'n*
*dangos, mae guaith y bedyḍ yu glanhau'r enaid* Epheſ.
*oḍiurth bechodau, a guneythyr dynyn gy-*
*fion, megis ag y dangoſun yn ol hyn: y gair* Tit. 3.
*druy'r hun y mae phyrf a gueḍ y rhniueḍ yn ſe-*
*fyḷ urth orchymyn Criſt y ſyḍ yn y moḍ* Cor. 6.
*yma. Yruy fi yn dyfedydio di yn enụ'r tad, a'r* Conc. Florent. & Lateran.
*mab, a'r yſbryd glan, Amen.*

*D. Mae belach phruyth ag ephaith y bedyḍ?*

*A. Yrydym yn dyſcu beth yu phruyth bedyḍ druy athrauaeth Criſt, a the-*
*ſtiolaeth yr Apoſtolion, peder a phaul: Canys* 1. Cor. 6.
*truy fedyḍ yrydys yn maḍe yn pechodau, ag yn rhoi yr yſbryd glan ini, fal y bo yno yr hen ḍyn*

*Rom. 6.* (sef yụn aturiaeth Aḍa) ụedi yrru yma-
ith, a chreaụdur neụyḍ ynghrist O herụyḍ
*Basil. in* bod Bedyḍ os cymerir ef yn deḍfaụl, yn cyni-
*exhort. ad* hiadu, nid yn unig faḍæuaint arhyḍit oḍiụrth,
*castitatem* hol bechodau: Ond hefyd i'r neb a fedyḍier
*ad Bapt.* adneụyḍu ai ụneythyr yn ụirion, yn gy-
fion, yn santaid, yn dyledys o goniant ne faụl
drụy Grist, yn gymaint a bod Saint Paul yn
dyụaedyḍ hyn, ụrth baub a fedyḍiụyd, ef a'ch
glan olchụyd chụi, ef a'ch santaiḍiụyd chụi,
ef a cyfiaụnụyd chụi yn enụ yn Argluyḍ Iesu
Grist, ag ysbryḍ yn duụ ni: A'r un Apo-
*Aug. ad* stol sy'n testiolaethu meụn man araḷ, fod
*Bonifac.* bedyḍ yn olchfa'r ysbryd glan, i aileni ag adne-
*contra Pe-* uyḍu dyn, hefyd golchfa'r dur drụy air y by-
*lag. 2. epi.* uyd, a hefyd ymae ef yn yscrifenu pa rhai
*Damas. in* bynag ydych a fedyḍiụyd ynghrist (meḍ ef)
*4.* chụchụi a uiscasoch Grist amdanoch, Ond
*Tit. 3.* Saint Bernard sy'n yn casylu'n dyscedig iaụn
*Ephes. 5.* ag yn fyry phrụythau penaf y rhinụeḍ yma,
*1. Cor. 6.* yrydys yn golchi ni yn y bedyḍ (meḍ ef) i ḍat-
tod rhuymyn yn barnadigaeth ni, ag i roi he-
fyd i ni ras fal na aḷo chụant cnaụdaụl yniụed
i ni rhag cyttuno ag ef.

D. Beth

D. *Beth ymae y daioni yrydys yn i gael druy rinued gymaint yn i ofyn trachefn ar yn duylau nine?*

A. *In gynta ymae efyn gofyn maur a dyfal garedigruyd calon, i folianu, i garu, ag i glodfauri ef, yrhun oi faur drigared a'n gunaethni'n iach druy'r olchfa yma o ail enedigaeth ag adneuydiad yr ysbryd glan, yrhun ysbryd a doualdod duu yn helaeth ynomi druy Iesu Grist yn arglyd ni: fal y galem ni (guedi'n gunaethyd yn gyfiaun druy i ras ef, fod yn etifedion gobaithiaul o fouyd traguydaul, uedi hyny rhaid yu duyn ar gof mor fynych dirgeluch y rhinued yma) megis ag y galo paub i rybydio i hun o'r godidaug adeuid, hun aunaeth, a'r crefyd Cristnogaul a gymerod arno yn cyssegredig fedydfaen druy i dadau bedyd. Medulied Cristion urth hyny i uneythyr ef yno o fab lid adigofaint ag o fab Satan yn fab i duu, yn aelod i Grist ag yn gyd etifed ag ef, ag yn deml fuuiaul i'r ysbryd glan, di a entraist (med. S. Ambros.) i'r cyssegredig fa o'r ail enedigaeth: deled ith gof Beth a ofynuyd i ti: medulia beth a attebaist, di a' murihodaist a diaul, ag ai uaith-*

*Rom. 5. ca. 9.*
*1. Coloss. 3. ca. 2. Ad Cor. cap. 4.*
*Ro. 6.*
*Ad Titũ. 3.*
*Greg. homil. 12. in Numer.*
*Ambros. li. 1. de Sacram.*
*Aug. li. de Symbol. ad Cathecumen.*

redoed, a'r Byd ag ai anlyuadraeth, yn tuy ai lodest ag a i ofer digrifuch, medulia am dy ymadrod, ag na olung fyth dros gof, dy ruy medigaeth, godidaug yu gairiau S. Paul, hun sy'n cynghori paub ar a fedydiuyd: Nid yu yn anuybodys i chui (fy mrodyr) fod paub o honomi ar a fedydiuyd ynghrist Iesu, uedi n' bedydio yn i farfolaeth ef, Canys ef an cydgladuyd ni gidag ef druy fedyd, megis y dylemrodio, meun neuydtra bouyd, fal y codod Crist druy ogoniant i dado faruolaeth.

---

*Ynghylch Sacrasen Confirmation, a eluir Bedyd escob.*

D. Pa rinued aral y syd yn ol Bedyd.

Bernard in vita Malach.

A. Hon a eluir Bedyd Escob, ag y syd rinued ne sacrasen o'r gyfraith neuyd, ag mor sacraidsantaid (med S. Austin) a'r bedyd i hun, a hon a rodir i'rhai a fedydiuyd urth roi o'r Escob i duylau arnynt, ai einentio a'r oleu cyssygredig.

*D. o ble y cair testiolaeth fod hon yn un o' rhinuedau 'r Egluys.*

*A Mae testiolaeth alan o'r scruthur lan megis ag y mae cytun farn, ag athrauiaeth tadau yr Egluys. O blegyd i brofio hon, y mae hyny yn Perthynu, a yscrifenod. S. Luc Euangelur meun man ne dau ynghylch yr Apostolion, yrhain a roesont i duylau ar y saul a fedydiesid dan arfer yr aruyd gueledig yma a ordeiniasau duu, druy'r hun i rhoe Grist ras o neuyd, ag yn fuy i'rhai a fedydil syd, ag am hyny Pen roe'r y Apostolion i duylau ar i Penau huynt y cae'ntuy (med lucas yn son am yrhai a darfasae i bedydio) yr ysbryd glan, meun chuaneg a rhagoriaeth o ras ysbrydaul, Ag yrauhon gan fod yr Escobion yn Suyd ag yn le'r y Apostolion ni Sioma duu moi Egluys, am rhinued mor iachauli ag efa uaithiaf druy'r Escobion yn y rhinued y ma, mor Phruyth laun (med S. Syprian) ag y byd y guir a'r ysbryd yn y rhinued A thyn y mae hen reolodigaeth yr Egluys yn Perthynu: hol Gristnogion a dylent ued'i bedydio gymeryd yr ysbryd glan druy o sodiad duylau'r Escob arnynt, fel y caid hu-*

Cypr. epistol. 70.

Aug. li. 5. con. Donatistas.

Cypr. de vnctione Chrysm. epist. 2.

ynyn Gristnogion perphaith. O heruyd urth douralt yr ysbryd glan, i'r egor ir calon y Phyalaun i derbyn doethineb a guastadruyd.

---

D. Pa bethau sy'n angenrhondiaul i unethyr yn y rhinued yma?

*Fabianus Basil. de Spiritu Sancto. Concil. Flor. c. 2. Act. 9.*

A. Tri Pheth a fynir yn benafi hyn' defnyd pridaul, guedi modaul defnyd yu Balsamun uedi i gymyscu, yr hun Pendarpho i'r Escob i gysegru, aelu'ir Chrysma, Ag a hun yn y rhinued yma i'r enynir yn dedfaul y talcen, Phyrfnc ued y gairiau a ordeiniuyd yu hon, Yruy fi'n dy nodi di ag arued y santaid grog, ag yn dy gadarnhau a'r iachaul oleu yn enu'r y tad ar mab a'r ysbryd glan. Ar Escob yn unic syd uenidog y'r hinued yma, os siampl a rheol ne dradydiau'r Apostolion a geduir. Ynghylch y Peth yma ni a gausom erys talm o amser meun braint cyfraith, yn y mod yma, rhaid yu cadu meun maur anrhydedd y rhinued o ardodiad y lau oblegyd na elir moi guasnaethu hi ond druy 'r o pheiriad Penaf, Ag ni ddyaym yn darlain, nag yn guybod uasnaethu o neb hon yn amser yr Apostolion ond yr Apostolion i hunani.

*Concil. Vrmarie.*

*Basil. ad oriental. Episcop.*

*Aug. li. 15. de ciuitate Dei.*

*D. Pa ham i'r eninir yrhai a fedydiuyd a'r cyssygredig santaidiaul Chrysma?*

A. *Am orchymyn o'r Apostolion hyny druy 'rysbryd glan, megis ag y mae S. Clement a Dionysius disciblion yr Apostolion, Peder a Phaulyn i brofi, dan draethu mae gen yr Eglwys i hun i cousent adysci uueythyr Chrysma megis ag ymae Phabianus marthyr Crist, ag Escob yn i Egluys. ef yn dyst audurEdig, ymae hefyd gorchymyn y Santaid Sened, yngHylch hyn, yn y mod y ma, Rhaid i'rhaiai fedydiuyd yn ol y bedyd gymeryd y Chrysma cyssygredig ai guneythyr yn gyfranoc o deyrnas nef Ag y mae S. Syprian yn rhoi rhesum yma tros hyn, megis y galo Cristion uedi cymeryd y Chrysma Sef y Santaid enaint fod yn enianys, iduu a chael gras Crist yntho, a chadu Santaidruyd, A'r Chrysma ne'r enaint gueledig yma, druy'r hun y mae'r Egluys yn enainio yr bedydiaul, sy'n aruydocau (med. S. Austin) rhod oras anueledig druy'r hon mae'r ysbryd glan yn eninio ag enaint ysbrydaul, ag yn Cadarnhau yn gyntadynoliaeth Crist hun agafod o'r Chrys-*

*Epist. 4. ad Iul.*

*Cyprian. Epist. 70. de unctione Chrys.*

*Origen. in Leuiticū.*

*ma, a chuedi hyny Pob Cristion: Amhyny guych y scrifenod Tertulianus ynghylch y rhinued yma, yn ol naturiaeth, yr oel yrydys (med ef) yn enynio'r cnaud i gysegru'r enaid, y cnaud a groisir i diphin yr enaid, y cnadd a gyphroir urth osod llau arno i oleuo'r enaid yn ysbrydraul.*

---

*D. Para les a Phruyth syd i ni o'rhinued yma?*

*Aug. contra Parmen. lib. 2. ca. 13.*

*A. Druy fedyd ef an ail enir ni i fouyd, a i achuedi'n bedyd, ef a'n cadarnheir ni druy 'rhinued yma i ymlad: yn y bedyd ef a'n glanheir ni, druy hon, guedi'n bedyd, ef an cryferni: yn gymaint ag y byd yr ysbryd glan yn geiduad ag yn gysyrur ag yn olygur i ni guedi 'n ail eni, lyma dyscaidiaeth Pap Melchiades, a Marthyrur Christ. Ag y mae'n cyttuno a hyn, y Peth a testiolaethod S. Clement i glyued gen yr Apostolion i hunain gan dyuaedyd, Pen fo un uedi fedydio druy'r dur mynned i gryfhaugen yr Escob, druy rad y saithfed ysbryd o heruyd meun mod aral ni al fod yn gristion perphaith: y mae urth hyn y rhinued yma sy'n Prophydio yn rhyfedaul, fal y gal rhai a dechreuasont dirgeluch yn*

*Ambros. de mysteriys initian.*

Phydni, ag y sydd megis rhai bach newydeni, ag yn ueniaid yn cynydu cryfhau yngHrist urthyn eneinio, yn rhybydio'rhain (megis rhyfeluyr ifainag yn) yn rhyfel Crist, i'n cryfahau druy 'r ysbryd pena, yn erbyn cymaint o dynion a beunydaul beriglon, gan roi aruydy grogyn i talcen le y mae eistedle'r cuilid fal y dylent huy gyphesu henu i hargluyd yn diarsuyd ag yn dianuadal: y mae ef hefydyn rhoi cernod udynt fal y galont dal yn i cof fyth fod yn rhaid udynt ymarfer a hardu rhyfel Crist yn diodefgar ag yn anorchfygys.

Petrus Dam. de dedicatione Ecclesiæ.

---

Ynghylch rhinued nei sacrafen y'r alor ne 'r Eucharistien.

D. Beth y mae Eucharistien yn i ardydocau.

A. urth yr henu yma i geluir yn rhinued benafa'r sacraidaf hebgyd, ar y sydyn yr Egluys, ag nid oes dim mor deilung, mor rhyfedaul, mor Phruythlaun, ag mor iachaul a hi, Achymesyr iaun y galuad y groeguyr hon Eucharistia S. yu rhad da, ne diolch am fod yn hunyr audyr o bob gras, ag y ma e'n rhybydio ni o'r maur daioni a gousom

Ambr. li. de Sacrament. Chrysost. ad popul. Antioch. homil. 60.

*mi, am yr hain y dylem roi maur diolch, moliant a gogoniant i'r goruchaf duu. Cans muy o daironi ni a la som mi i dymyno, na rhoi o Grist Iesu yn arglu yd ni, a anuyd o foruyn, a groes hoeliud, a derchafod i ogoniant ef i hun yn gubl i ni, megis i galom gymeryd yn uir i gorph ef ai uaed yr aurhon, a thruy duuiaul rinued yma i fod yn i gorph ef.*

---

*D. Beth Benafy syd yn y rhinued yma?*

A. *Ymae tri pheth yn rhinued yr Alor, Phurfueledig, guirioned corph a guaed yr Argluyd, a nerth gras ysbrydaul, Canys y Peth a ueluni an lygaid udynt Phurfau gueledig, S. Bara a guin, ond y Peth a ydym i adanabod yn dirgel dan yr un rhyu Phurfau, druy'n Phyd, nid urth synuyr naturaul, yu guir gorph a guaed Crist yn ceiduadni: Ar peth y rydymi yn i gael druy gyfraniad y rhinued yma syd ryu ras rhagoraul yr ysbryd glan, Phruyth ag ephaith rhinued yr Alor, megis ag y dangosun yn ol hyn.*

*Matth. 26.*

*Luc. 22.*

*Ambr. de Sacram.*

*Aug. in Ioan. tractu 26.*

*D. Mae'r*

*D. mae'r pynciau penaf ag angenrhaidiaf yu adenabod, ynghylch y rhinued yma?*

A. *Y mae pumb o'rhain, yn bendifade y cyntaf y sydd ynglylch guirioned rhinued yr Alor, yr ail ynghylch neuidiad sylued a naturiaeth y bara' a'r guin, y rhun a eluir yn ladin transubstantiatio. y trydydd, ynghylch i adoli, y pedueryd ynghylch i aberthualias i opherthu, ne i ophrumu, a'r diuaethaf ynghylch i gymeryd dan un ne dau phurf Canys prophidiaul iaun (fal y mae'r byd hediu) yu cael guybodaeth ynghylch y rhain.*

*D. Beth a dylun i gredu ynghylch guirioned y rhinued yma?*

A. *Hyn yn diamau, fal yn galorni gredu yn siccir gidar hol Egluys yn erbyn yr hol Caphernaiaid, fod yn rhoi ini yn y rhinued yma dau phurfau bara a guin, uir gig a chnaud Iesu Grist, ai uir uaed ef, drwy uasanaeth yr opheriad, a thruy nerth a galu yn harglwydd ni Iesu Grist, gida'r hun nid oes dim*

*Ioan. 6. Coc. Epi. Lateran. & Const. Luc. 1.*

*amhoßibl, nag analys, ef a dyuad y gair, ag*
*huynt a unaethuyd, ef a orch'ymynod a*
*Pſal.148.* *huynt a greauduyd, med Daniel y brophuyd,*
*yn y Supper a unaeth uyd y dyd cyn i diode*
*faint, ef a dyuad, uedi ido yn gynta gymeryd*
*yn i duylau y bara, a chuedi hyn y caregl, a*
*Phen chuenychod ef y esbyſu i Paub y yng-*
*Ambroſ.* *hylch ordeinhad a guirioned rhinued yma, ef*
*li. de Sa-* *a dyuad yn olau ag yn eglur hun yu fynghor*
*crament.* *Phi, ag a dyuad hun yu ſinguaed i, ynghylch*
*vide Hi-* *yr ordinhad yma ef a dyuaedaſau o'r blaen,*
*larium 8.* *fy'nghaud i ſyd uir fuyd, a'm guaed i ſy'd uir*
*de Trinit.* *diod, ef a dyuaedod my fi yur bara buu a de-*
*Marc. 41* *ſcynod i'r laur o'r nef, os buytu neb o'r bara*
*Luc. 22.* *yma, ef a fyd buu yn draguydaul, y bara a ro-*
*1. Cor. 10.* *daf i yu fynghaud yr hun a rodaf dros fouyd y*
*& cap. 11.* *byd, hefyd y mae teſtiolaethau erail eglur yu*
*cael alan o'r Evangluyr, a hefyd alan o S.*
*Paul, i gadarnhau y Phyd yma yn diferfyl ag*
*yn diamau, fod Criſt yn holaul yn ol i natu-*
*riaeth duuiaul a dynaul, yn rhinued yr Alor,*
*ag yn aros yn oyſtadaul gidan ni hyd diued y*
*byd.*

*D. Beth y mae'r gairiau bendigedig yn guaithio druy'r rhain y mae'r opheiriad yn le duy, yn cysegru'r bara a'r guin?*

*A. Yn uir ymae'ntuy'n guaithio ag yn Peri druy hol aluaug rinued Crist druy'r gairiau yma i'r bara droi yn gorph, ag i'r guin droi'n uaed yr Arglwyd yn disyfyd ag meun modyuch lau helynt naturiaeth a'r rhy fedaul, gyfneuidiad yma a aluodd y tadau a'r Senedd santaid, nid heb achos, transubstantiatio S. Troead ne gyfneuydiad sylued a naturiaeth y bara a'r guin guedi i troi yn gorph a guaed Iesu Iesu Grist, ne fal y dyuad S. Ierenneus, uedi i gyfneuidio i'rhain: Canys os galauegair Elias ueithio a bod cymeint i alu a galu tan i laur o'r nefoed, oni algair Crist neuidio naturiaeth y'r Elefenau, fal y mae S. Ambros yn ymresumu, Ond oes nid dim eglurach nag air Crist sy'n dyuaedyd hun yu fynghorph hun yu fynguaedi, Am hyny na thybied neb dim, fod yn rhinued yr alor fara a guin Pen darpho i cysegru.*

*Amb. li. 4. de Sacramer.*

*Theophilact. in 26. Matth.*

*Synod. Veron.*

*Ambr. etiam de Sacram.*

*Matt. 28. Marc. 18.*

### *D. a ḍylem ni aḍoli ag anrhydeḍu y rhinụed yma?*

A. *Dylem yn faụr ganfod yn crefyḍni yn rhoi arnom hyn o dasc, daluo honom ni Anrhydeḍ dyledus megis creaụduriaid i'n creaụdụr, megis guaision i'n Arglụyḍ a'n prynụr goruchaf yrhun yrydym yn credu i fod in Bresenol yn yr opherth, ynghylch hụn ymae'r Scruthur lan yn tracthuyn y moḍ yma, gunaed hol angelion duụ aḍoliant iḍo, a hefyd pob brenin ar y ḍaear ai aḍolaf ef, a phob cenedlaeth a unaf iḍo ụasanaeth, am hyny yrydym yn canmol y gụyr doethion a lạuer oi cyphelib yn efengl am roḍi iḍo ef anrhydeḍ duụiaụl pen oeḍ meụn cnaụd maruaụl, dan syrthio arri gliniau gar i from aiaḍoli: A'run Crist syḍ i ninau yn yr opherth nid yn faruoụl ond yn ḍifaruaụi ag yn rhifeḍaụl ymhob moḍ druy bob ogoniant arhinụed a'r phyḍ hon yrydym ini yn testiolaethu nid heb achos druy deisyaụl ụasanaeth yn corph an meḍul, urchḍ ingos yn ufuḍdod, a'n dyledys gredigruyd gar bron yr erchynedig a'r anrhydeḍus yn draguydaụl farselaeth duụ.*

*Aug. in Psal. 98.*
*Apoc. 14*
*Psal. 94.*
*Amb. in oratione ante Missam.*

D. *Beth y syd yu gredu ynghylch opherthu'r y rhinued yma?*

A. *Hyn yn diamau darfod ordeinio y rhinued yr Alor nid yn unic fal y galae Gristnogion i chymeryd, yn ymborth iachaul, ag o achos hyn y geluir yn fuyd yn diod, yn fara buuiaul ag yn fara'r bouyd: ond hefyd megis y gelir, ophrumu hi megis yn Aberh benaf a phridaul i'r testafen neuyd, ag am hyny er ys laker o Amser y cafod hi yr henu yma, Hostia, Sacrificium, victima oblatio seu aberth, guithifen ophrum, aberth losc, yr ydys yn i Aberthu igophai yn uastadaul diodefaint yr Arglwyd, ag y roi diolch, a hefyd fal y galae brophidio i'r Phydlaun i ochel drygoni y bouyd hun, ag i gael daioni: nid yu hi yn unig yn brophidiaul i'r buu, ond hefyd i'r meiru i gael madauaint oi pechodau megis y mae'r puylaug dadau yn i urantu druy 'r Scruthur lan, a thradydiadau'r yr Apostolion, hon yu'r ophrun uastadaul y mae Daniel y prophuyd yn testiolaetha y doe'r Amser oi ophrumu, At hyn y mae'n perthyn y yr opheiriadaeth ynol grad ag order Melchisadeg yr hon a brophuydod Dauid brophuyd y*

Cor. 10. & 11.

Aug. ep. 12. & lib. 17. de Ciuit. Dei.

Dan. 12.

Malac. 1.

*bydae ynghriſt, Hon yu'r aberth lan ſy'n dy-
fod yn unic yn ol hol Aberthoed cyfraith fo-
eſen, a ophrymir ag a abethir i anrhydedu e-
nu duu, a'n prynur ni, y myſc y genedlaethau
ymhob le, megis ag y darleir yn y prophuyd
Malachias, hon yu'r opherth yr opheren ag a
cluir ſacrificium, lyturgia, yrhon y mae rheo-
lau'r Apoſtolion, y ſantaid Senedi, druy faur
gytundeb a guaſtadaul arfer druy hol Egluys
Roeg a'r ladin yn y duyrain a'r gorleuin, yn
duyn teſtiolaeth yn gymeint na elir moi i ly-
ſu, Os puyſun y Peth yma yn gyfiaun, ni a
gaun ueled fod opherth yr opheren yn adbre
ſennu'n fuuia ul ag yn ſantaidiaul diodefaint
yr Argluyd, a'r opherth greulon uaedlyd a
ophrymuyd ar y groes droſomi, a hefyd bod
y hi yn opherth diuaedlyd a nerthaul urth
hyn y cyphroir yn cofni yn phyd a'n caredi-
gruyd ynfyuiaul ty ag at yn prynur, ag a ſi-
creir yn ol hyn. Guneuch hyn yma i'm copha
fi, ef a' fu'r Egluys mor yſtig ag mor dyfal yn
duyn ar dealt y gairiau yma megis idi orde-
nio a threfnu pob harduch i'r opherth yma
yngolug dyn, S. guiſcoed benedigedig, dodren,
a dedfau ne Cæremonia a pbob guaſanaeth a-
ral, megis na fytho dim garbron i gaid yrhai
a fythont o diamgylch y Santaidiaul gophad
yma, a thruy hyn y dyſcun phruythyr Aber-*

*Malac. 1.*

*Miſſæ nomen legis apud Clemen. Alex.*

*Aug. aduerſus legẽ & Prophetas, vide de Miſſa S. Baſilij, & Chryſ. Ambr. & Gregorij.*

tha ophrumod Crist ar y groes, a phruyth yn pryniant ni, a hefyd in baub a credo, yn gystadl i'r maru ag i'r buu, o'r achos yma y testiolaethod. S. Syprian yn i bregeth o supper y'r Argluyd, fod y rhinued yma yn bysegu- riaeth i iachau cluyfau, ag yn ophrum i lan- hau enuired. A marsialis discybl peder Apostol a yscrifenod fe lyn y, peth a ophrumod yr Iudeuon o genfigen, gan dybied i bod yn tynn i enu ef odiar diaear, hunu ydydym i e'rmuyn iechydui yn i aberthu ar y fendigedig alor gan uybod mae hun yu'r unig gymorth syd i ynil bouyd ag i ochel angau, ni adaun heb gyfri e- vail o'r tadau testion o'r un Phyd, ai barn, fal i galomni gadu'r dosparth yn fyr megis a de- chreuasom, urth yrhain ymae'n digon eglur, y geluir Crist, ai fod yn aberth ini meun dau fod S. yn aberth uaedlyd ag yn diuaedlyd. Canys ar y groes ef a ophrumod i hun drosomi yn aberth uaedlyd, megis y galai ef yn uir oen difaglatteb i ragrith i'r Oen pascaul hun oedyd yn i ophrumu ymysc yr Iudeuon megis guirioned y rhagrith. ag yn y supper hefyd e fa ryn- god bod ido aberthu'r un megis ar yr Alor meun mod a guasanaeth diuaedlyd, Canys felly y mae. S. Syrilus yn galu yn i'n erbyn Nestorius yr heretig, megis a galau Aberth Melchisedech yr hon a ophrunuyd dan Phurf bara

De Cer. Mist. vide in Dionys. Celestis Hier cap. 7.

Epiphan. cōtra Arrium.

Aug. cōtra Faustū li. 22.

Eph. 5. Heb. 10.

*aguin, gael i pherphaithruyd, a bodyn ua-stadyn uir opheiriad yn ol urde a grad Mel-*
Heb. 7. *chisedech, agyn opheiriad traguydaul, fal na doe neb fyth yn i le, ef a ophrumod i hun unu-aithyn uaedlyd ag meun man yngulad Iudea:*
Hieron. c. 26. in Matth. *ynghylch hyn y mae dosparth. S. Paul at yr hebraiuid. Ondyn diuaedlyd ef ai ophrumir efyn fynych, agymhob le druy'r hol Egluys, fal y mae'r prophuyd Malachias yn i siccrau'n*
Malac. 1. *uir: yno yr ophrumuyd ef i faufolaeth, yma i r ophrumir ef i gopha yn oystadaul y faruolaeth hono, ag ermuyn yr iachaul gyfraniadi sy'n tardu o dyno megis o phynon i'r goferyd ne o'r pei'r aelodau.*

---

*D. A dylemni gymeryd y rhinued y'r Alor meun un Phurf yn unig. S. y bara, ne ymhob un o'r duy Phurf S. y bara ar guin.*

A. *Eglur yu fod yn rhaid i'r opheiriaid megis y rhai sy'n aberthu, gymeryd y duy Phurf Canys heb y rhain ni alant huy na*
Ac Conser. dist. 2. & a relatum. *chysecru nag aberthu rhinued y'r Alor yn dedfol, nid rhaid i niau yma dangos mo achos hyn: yrhon achos syd oblegyd syd o na-o naturiaeth yr Aberth, tuag atomi y Cri-*

*sti ogion*

*ſtiogion erail nid ydynt yn a berthu, hyn ſyd raid, iadef, fod yr Egluys yn guaſaethu rhain uathie dan un phurf. uerthie dan y duy phurf. megis hefyd y mae'r Scruthur lan (urth draethu ynghylch y rhinued yma) yn copha, ueithie'n brra a'r Caregluethie y bara i hun, ag y mae'n barod ini Siamyl Criſt yrhun pen doeth i Emmaus gida dau oi diſcibhon ar oes rinuedyr Alor udynthuy meun un Phurf, ag yn unig, a chuedi hyny yn ymdan ef a golod odiurthynt, megis ag y mae'r tadau yn deelt yn y fan yma o'r ſengil, Am hyny i dilid barnu arnyutuy ſyu an fodlon yr aurhon i un pharf, ag y ſy'n peidio ag arfer y Caregl. Ag yrydys yn darlain beidio a honynt er ys lauer o fluinydoed nachuaith y rheini a dhe genthynt y duy phurf, druy arfer gyphredin gynt, pen oed y'r Egluys yn igynuys. Ond arfer (meiſtir pob peth) a dyſoc dob ycheyig ag y chedig y gelid bob ermuyn les i'r bobla lai o nerigl, o heruyd lauer o achoſion, gymeryd y Cymun meun un phurf yn unig, a pheidio ag arfer y Caregl ag y lyn i'r ordeiniaud yr Egluys er ys talm a amſer ai uneythyr heb urthod dim ordinhad a gorchymyn i phriod (canys y hi yu colofu a ſylfaen y guirioned) ag yn trino yn phydlaun dirgelion duu) ond truy'r galu a'r audurdod a gafod hi gen i phriod i ly-*

De Conſ. diſt. 2.

Ioan. 6.

ad Cor. 1. ca. 10. 11.

Theoph. Beda Chryſoſt. in Matth. Aug. li. 6. de conſenſu Euang.

V

uadrocthu i dirgelion efi adailad ag y brophidio Cristnogion yn gyphrædinaul fal y bo braint yr Amserod a'r dynion yn i ofyn. Etto fal y gelir dealt hyn yn uel, mae gairiau'r efengyl yn yn marega rodi o grist heini yroed yn ymdidan a huynt ar supper, audurdod nid yn unig i gymeryd y rhinued yma, ond hefyd yu chysegru ai haberthu, ag i lyuodraethu'r hol Egluys ai threfn ef adauod y'marn, ymhuyl, ag audyrdod yrhain, alu a mediant i ordonio o threfnu rhag lau, ag i lyuodraethu'n iaunynol braint yr Amser ynghylch pob peth aral gan muyaf ar y sy'n perthyny at rad Cristnogaul, a hefyd ynglylch y mod a'r order y uasanaethu rhinued yr Alor y mySc y Cristriogion, i hyn y mae S. Austin yn duyn profedigaeth alan o S. Paul, ag y mae'n i brufio druy aml ordinhad y Apostolion, Ag nid oes achos i dybied fod yn gunethyr Camar lygion, er nas rhoir udynt tuy hyn o beth (megis meun lauer o bethau erail) yn yrun rad a'r opheriaid. Canys y mae'n olau ibaub nad ydys yn torri Crist yn duy ran urth y dau aruyd o'rhinued yma Ond bod yn rhoi Crist ag yn cymeryd Christ yn gubul ag yn holaul, sef y u i gig aiuaed ai duuiolaeth yn gystal dan un phurf, a than y duy, ie yn y gronyn leiaf o'r aberth, fendigedig ni al n'a bo yno hol phru-

*Euseb. li. 6. Ecclesia. Hist.*

*Cypr. Ser. de lapsis.*

*1. Tit. 2.*

*Cypr. de simplicit. Prælat.*

*Mat. 26.*

*Marc. 14*

*Luc. 22.*

yth, a hol ras, y faur rinued yma le i cymerir Crist i gyd. Amhyny nid ydys yn Sommi mor lygion am brophyt yn y byd, wrth hyn o waith, nag am y peth i hun sy'n y rhinued. S. yn Crist duw a dyn, Nag am y phrwyth a'r gras a rodir i'r saul a gymero r' aberth er iechyd henaidiau, ond y mae 'n tuy n' cael yn yr un phurf gymaint ag a lauerail a (dylent yno yn deilung) i gael yn y duy phurf. Belach yn hyn o beth, nid oes le muy i amau nag i margio guedi i'r ysbryd glan, yrhun drwy adewid Crist, sy'n dyscu ag yn lywodraethu'r Egluys, rodi ini farn siccr, a chuedi, i'r hodi i chadarnhau drwy audurdod y santaidiaul Senedi uchar i thori gairiau y farn hon, os chuennych neb i cael sy'n fyr, yn y mod yma. Y lygion Plwydlaun a gymuno heb udynt cysecru, iarad y dynt ruymedig drwy orchymynyyr Arglwydd y gymeryd sacraid rinued yr Alor yn y duy Phurf, S. phurf y bara'r guin, Ond yr Egluys yrhon yrydys yn i lywaedraethu drwy ysbryd y guirioned ag sy'n aros gidahi yn dragwyd. wlachyda hon y mae Crist hefyd yn aros hyd yn niued y byd, megis ag y maer' Scruthur lan yn dywaedyd, a al ordeinio pa fod y mae guasnaethu ar yrhai ni chysegrant i hunain, megis ag y guelo e yn iawn er anrhyded y rhinued, ag er iechyd Cristnogion Ahefyd meụn Sened aral. Gen ſod rhyụ deſod a hon, ar gymuno'r lygion meụn

Conc. Baſil. Seſſ. 13.

unPhurf guedi duyn i meụn yn rheſumol druy 'r Egluys a'r ſantaid dadaụ: achuedi i chadụ yn hir o amſer, rhaid yụ chymeryd, hi yn ḷe

Ioan. 14.

cyfruth, fal na elir moi gurthodli na i neụydio urthbyn ymḍuyn ni ni hun, heb aụdurdod

Timot. 4.

yr Egluys, hon yụ athrauaeth y ſantaidiaụl Senedi ai cyfraith a roduyd alan nid heb ſaur yſtyriaeth, yrhon y mae hol gred yn chydnabod ag yn i chymeryd, ag yn idal druy ſaur gytụndeb y bobl, ag a fuuyd yn i harfer hon cymaint o flyydodd, ag na elir dangos dechreụad y cymmun hun. Amhyny ma'en yn rhyfeḍ gueled rhai etto druy hụ duụoldeb aiḷduauyn barnu'n amgen: ag yn hyn o beth y mae guedi cydfradychu gida neuyd diyſtyruyr yr Egluys yn erbyn anrhydedus aụdurdod yr Egluys gatholig, ef a dylae'rhain ofni yn faụr rhag colị o honyntuy y phruyth ysbrydaul, ag urth hyny Criſt i hun yn holl ul trefythontuy

Aug. contr. Creſcond. li. 1. ca. 35. & contra literas Petr. & li. de Ciuitate Dei.

'n teuru mor diguid nad oes yn rhinụed yr Alor ond aruydion guledig. O heruyd na auna da phyd na rhinuedau'r Egluys yn y byd dim les, ond i'rhai a arhoſant yn oyſtadaụl yn undeb yr Egluys: o'r hun undeb nid oes aruyd benach na rhinued yr Alor yrhon ni ryḍ na Phruyth yn y byd na les i'r heretigiaid nag *ir Scismatigiaid am udynt dori yr undeb yma.*

---

*D. Para phruyth a ryd rhinued yr Alor ond i chymeryd yn dedfaul?*

A. *Y mae hi yn rhodi lauer iaun, ag yn dirfaur: Canys hon yu'r santaidiaul uvlied yn yr hon y cymerir Crist, y copheir i dio-defaint, i cyst unir y galon agras, y rhoir ini uystyl y 'r gogoniant. sy'n calyn, ag y mae'r Egluys uedi chyphroi urth glyued y phruythau yma, yn canu yn odidaug. Hun yu'r bara adoeth o'r nef, ag sy'n rhoi byuyd i'r byd, ag y syd yn cynal ag yn cryfau yn calonau ni meun buyd ysbrydaul, y cyfraniad ne'r Cymun bendigedig yma syd yn aruydocau, ag yn peri i gristnogion ym gysultu yn yr unle megis aelodau o'r un corph a bod yn gyfranog o haudianau'r hol Saint, a phob dyn duyfaul uedi hyny Peth syd odidog ag y mae'n i guneythyr huyntyn un a Christ yn Pen, megis y galantuy aros ynthoef, ag ef ynthynt huythau ag fel y cael bouyd traguydaul, hun yu taith fuyd yn perinaethni tre fythom yn yr ynialuch a rhyfel y byd a'r bouyd yma, Agurth siurneio odiyma tua'chaersalem nefaul (me-*

*Ioan. 6. c. Theophilact. Cyrillus.*

*Orig. in c. 26. Mat.*

1. *Cor. 10.*

*Hilarium l. de Trinitate.*

*Chrys. hom. 9. & 10. ad Populum.*

*Ioan. 6.*

gis agyroed gynt manna i'n tadau ni i duyn ini diarfur didanuch, lyuenyd, rhinued a
Exod. 6. gras nerthaul hun yu corph Crist, megis ag y mae S. Bernard yn dyscuyn uych Physuguria-
Deuter. 9. eth i'r claf, phord i'r perierin: yr hun sy'n cry-
Sap. 16. fhau'r guan, yn felys i'r iach yn iachaul i'r dolur, druy hun iguneir dyn yn uely ortho urth i gerydu, yn glettach i lafurio, yn uresocach i garu, yn galach i'mgadu, yn barotach i ufuddod ag yn dedfolach i diolch.

---

D. Pa bethau syd angenrhaidiauli, gymeryd y rhinued yma yndeilung ag i ynil i phruyth hi?

A. Parod yu atteb yr Apostol. Profed
Corint. 1. dyn ef i hun, ag fely buytaed o'r bara yma: Ag megis y dyuaedod S. Austin yn bo-
Aug. Ser. de Aduẽtu Domini. uyd ni sy'n sefyl ynghorph Crist, amhyny y neb a fyno gael i fouyd, neuidied i fouyd y profedigaeth yma arno ef i hun, i'r neuidiad a buched yn sefyl yn benaf, meun pedu ir peth, S. yu phyd, penyd, gofal y medul n'r galu ag ymdygiad guedaid i Gristion. Ymae phyd yn erchi hyn, nad Ammauech dim ynghylch y pethau a dyudasoni, a chyfryu bethau ar y syd

*yn perthynu at i yr rhinued yma, a hyn gyflaunir os gorphouys dyn yn holaul yn phyd a barn yr Egluys, Penyd, ynghylch yr hon y dyuaedun fuy yn leiges, fod yn myny genymi y difeiruch, a gymurthod a'n pechodau, a chyphes o lau ystaen opheiriad, a chael o honomi olyngdod ne rhydhad o'n pechodau. Guedi ymae'n angerhaidiaul i'r medul fod yn barod yu droi i hun druy fefyriau a guediau duyfaul, at rinued moruerthfaur, yn diuaethaf ymdygiad guedaid Cristion urth gymeryd y sacraid gymun, a hefyd bod ar i gythlung, yn gymhesyr yn ostungar yn dedfaul ag yn lan ymhob phord. A'r saul a gymero yn anheilung sacraid rynued yr Alor, sy'n i chymeryd, nid yu fouyd, ond yu farn, ag y mae'ntuy'n euog o gorph a guaed yr Arglwyd, megis ag ymae'r Apostol yn testiolaethu.*

*1. Timoth. Origen. li. de Periar. Chrysost. Hom. 3. in Matth. Ambr. in orat. ante Miss. Corinth. 1. & 11. ca.*

---

*Ynghylch rhinued yr Egluys a eluir Penyd?*

*D. Peth yu Penyd.*

*A. Rhinued yr Egluyd druy'r hon y'r hoir golyngdod a rhydhad gan opheiriad am bechodau, i dyn druy i Phiaidio, a i cyphesyn dedfaul, ef a unaeth duu yr adeuid yma*

*Matt. 18.*

*i'r opheriad, y cae'n yn ſicir audurdod i'n rhydhau odiſeun y'r Egluys eymeruch med ef yr ysbryd glan, puy bynag a rydheuch chui a rydheir udynt, a phechodau puy bynag a ruymoch chui rhuymedig fydant, a thra chefn, yryduy ſi yn dyuaedyd yn uir, med yr Arglyd. Pa bethau bynag a ruymoch i ar y daear, yn tuy a fydant ruymedig hefyd yny nefoed, urth yrhain y gelir gueled fod yn uir iaun y pethey mae S. Chryſoſtom yn i deſtiolaethu 'n olau, ſef yu cenadhau ini'r opheiriaid nid yn unig i dangos fod yn lan, Eythr hefyd i lanhau yn gubl, nid y corph odiurth y cluy guahnol, ond hefyd yr enaid odiurth frunti pechodau. A S. Auſtin ſyn'n ymreſamu yn yr mod, gan dyuaedyd beth y mae'r Egluys yn auncythyr urth yrhon y dyuaeduyd y pethau yma, A rydheuch chui a fydant rhyd: Ond hyny a dyuad yr Arglyd urth i diſcyblion rhydheuch ef a geduch ido fyneb ymaith.*

*Chryſ. li. 3. de Sacerdot.*

*Aug. de verb. Domini.*

*Ioan. 11.*

*D. Iba*

*D. I. Ba bech y mae rhaid urth rhinued Penyd?*

A. I. gymodi dyn ai argluyd pan ail syrthio uedi i fedyd a myned yn elyn i duu, ag yn ol cael madeuaint o i Bechodau druy 'rhinued yma a i helpu ef i ail godi, ag i fuu meun bouyd ysbrydaul. O heruyd hyn ymae'r tadau (ag nid heb achos) yn galu hon yr ail furd yn ol torriad y long: druy 'rhun y gal paub i duyn i hun alan o gorbul pechod maruual, megis guedi torriad y long ai furu megis ar dir, yn gras a chariad duu, er i fod guedi i luytho a maur ag aml bechodau. *Ambr. li. de pœnit. 1. & 2. Tertul.*

*D. Pa bryd y cymerir hon yn dedfaul ag y guaithiaf hi yn Phruythlaun?*

A. Pen uelo hunu sy'n ceisio madeuaint am i bechodau y tair rhan ne'r tair guaithred y Penyd S. Y difeiruch, cyphes ag iaun ynghyd, yr hain sy'n cynuys hol droyad dyn at duu, ai adneuydiad, Ynghylch yrhain y dyuad S. Chrysostom fal hyn: penyd perphaith a una y difeiruch Pechadyr fod yn laun fodlon i *Cōc. Flor ēt. Chry. Hom. 29. ad populum.*

R

bob Peth Sefyụy i galon, cyphes yn i Enau, ag uſuḍdod yn i holụaithredoed. Y mae S. Chryſoſt. yn dyụaedyd mae phrụythlaụn yụ'r penyd yma fal i galom gymodi a duụ yn yr un moḍ ag i gụnaethom mi yn erbyn ef, ny ni aụnaethom yn i erbyn ef a'n calon a'n genau ag an gụaithredoed rhaid ini ụrth hyny, geiſio gymodi duụ a'n calonau drụy y deſeiruch, a'n genau drụy gyphes 'n gụaithredoeḍ drụy ụneythyr iaụn. At y diſeirụch y maen Perthynu aḍyụaeḍod Daſyd Brophụyd ysbryd triſt ſyḍ ophrụn iduụ, a gni diyſtyra duụ galon gyſtudiedig a goſtyngar, y mae S. Lucas yn dangos

Act. 19. cyphes a'r gairiau yma, laụer o'rhain a oeḍynt yn credu (meḍ ef aḍoethant dan gypheſu ag

Iacob. 5. aḍef i gụaithredeoḍ, Ag Iacob Apoſtol ſy'n dyſcu fal hyn. Cypheſuch ych pechodau y naiḷ 'ir ḷal. Ag yn ḍiụaethaf, At ụneythyr teilụng Phrụyth penyd, y rhaini y mae Ioan ſedy-

Matt. 3. ḍiụr yn i erchi, ymyſc y rhain y mae cerdodau Ag yn gylch hụynt y dyụad y prophụyd rhy-

Lucæ. 3. Pryn dy bechodau a cherḍodau a thanụireḍ ag Eluſenau i'r tylaụd, Rhaid (med S. Ambroſ.) am drụg maụr ụneythyr maụr iaụn, ag at hyny y mae'n tyny y Peth y mae S. Panl yn iḍy-

Dan. 4. Ambr. ad virgine lapsā. uaedyd, Pen i mae'n galaru dros y Corinthiaid am i brunti, i putaindra ai aniụairdeb.

*D. Beth yu ydiſairuch?*

*A. Dolur a chyſtud calon a phiaiddra am i bechodau, am i bod yn erbyn duu, gan roi i launfryd i neuidio i fuched, i gael ydifeiruch yma, rhaid i dyn edrych yn yſtig ag yn dyfal frunted a maint ag amled yui bechodau, a medulio yn ōfalys ynghylch maur daioni duu ai ras a doniau erail a golod druy bechu, a hefyd medulio ſicred yu angau hun ni clir mai ochel, a achaletted adychrynedig yu'r farn ſy'n ol; a'r poenau traguydaul a a'r luyuyd i bechaduriaid, at hyn yma en Perthynyy Peth ymae Ezechia yn i dyuaedyd miſi a fedyliaf am ſyhol ſluynydoed druy chueruder fenaid a'm calon, a hyny a dyuad Dauid fenuired myſi a haduē, a Phob aur ſy'm echob ſy'n ſyngolug a'r un Dauid meun mā aral: ymae arnaf ofn dy farnadigaethau di, A hefyd ef a uediaud gan ochain y mae arnaf ofn dy farnedigaethau di a hefyd y mae lef oenau duu yn dyuaedyd uth bechadur yn Eglur, tydi a'mur thodaiſt arth cariad perpharth cynta, medulurth hyny o ba lei cuym paiſt, a guna benyd, a Chriſt hefyd yn yr un efengl: ofnuch yr hun uedi lad, ſyd a galu gentho i u furu ef i dan uphernaul, ſe-*

*Chryſoſt. in Pſ. 50. & de compūct. cordis.*

*Baſil. in Pſal. 33. Hebræorum 9.*

*Mrt. 25.*

*Eſa. 38.*

*ly yryduy yn dyuaedyd urthych, ofnuch hunu ag fely y gofidyma y ſyd yn dielu o ydifairuch ſy'n ymparatoi ni yn y diuedi gael madauaint o'n pechodau os byd ynghyd a gobaith ar drugared duu ag aduned gentho i gyflauni y pethau perthynaſaul at rhinued penyd.*

---

D. *Aydiu Cyphes yn angenrhaidiaul?*

*Chryſoſt. hom. 42. in Matt.*

A. *Ydiu yn uir, nid yn unig (megis ag y mae rhai yn tybied argã, yr ysbrydaul, hon y ſyd yu guneythyd bob dyd garbron duu urth ſiampl David brophuyd hun ſy'n dyuaedyd, Dyuaedais, canys cypheſaf i'r Argluyd ſanuired yn erbyn fyhun, ond hefyd hono auneir a'r genau urth yr opheiriad ynghylch yr hol bechodau a delont yng hof dyn guedi ido chuilio i gyduybod yn fanul fely i'r y ſcrifenuyd ynghylch guyr a oedynt y'n echreuadyr Egluys lauer o'rhain a oedynt yn credu a doethont dan gypheſſu ag adef i guaihredoed ymae nid yn unig y ſacraid gyfraithiau'r Egluys ag anrhydedys y ſcrifenau'r taduu yn gurantu fod y fath yma ar gyphes yn angenrhendiaul, ond hefyd ymae duuaul airiau Criſt yn cau arhyn ag yn i datcanu gan dyuaedyd, Pechodau Puy bynag a rhydheuch chui, a ryd-*

*Amb. li. 1. de pœnit. Pſal. 31.*

*Aug. li. 2. de viſit. infirmo.*

*Act. 9.*

heir udynt, a phechodau Puy bynag a ruymoch chui, ynt yn rhuymedig. Ond ni al y o pheriad yn y byd yn na rydhau na rhuymo pechodau am fod yrhain yn suydau ustys, nes guybod yn uir, ag adanabod truy do i cuyn hu, nt Ond ni elir guybod yn da mor cuyn fal hyn, nes ido i roi i hun garbron y'r opheiriad megis garbron i ustus ai fedig yu farnu, ag yu rydhau, ie noethi a dangos fel y i ueliau druy i auylyscar gyphes, fal y galor opheiriad ueled yn olau beth a dylae ef i ruymo ne beth a dylae ef i rydhau.

*Leo in epist. 89. & 57.*

*Hieron. in can. 16. Matth.*

---

D. Pa fod y mae'r tadau yn yscrifenu ynglylch cyphes?

A. Y mae'ntuy'nuir yn gorchymyn ag yn ardelui druy faur gyttundeb, nid yn unig les a Phruyth cyphes a fu erioed yn yr Egluys ond hefyd i bod yn gyfyaun ag yn angenrhaidraul, Ag y mysc lauer, i duyn yrhain yn dystion guiu y mae S. Basyl faur, yn gynta y'n dyuaedyd fal hyn y ruy fi'n tybied fod yn angenrhan Cyphesu pechodau urth y rhai y gorchmynuyd udynt lyuaedraethu dirgel rinuedau duu. O heruyd y rhai a oedynt gynta yn y difeiraul, oedynt hefyd yn Cyphesu i pe-

*Clemens ad Iacobū*

*Origin. in Psal. 37.*

*Chrysost. de Sacerd. & in reg. Monac.*

*chrodau gar bron guyr duụiaụl a S. Syprian, y dolụg i chụy ſymrodyr (meḍ ef, cypheſụch bob nn i bechod tre ſytho y neb ſy'n pechu etto yn y byd, tre aḷer cymeryd i Gyphes ef, tre ſytho iaụn aụnel pob un, a rhydit a ụnair ḍrụy'r opheiriad yn rhyngu boḍ gar bron yr Arglụyḍ. Mae Barn S. Auſtin yn neſau at yrhain gan ḍyụaedyd, y mae'rhai yn tybied mae digon uḍyntụy i gael iechyd, os cypheſant i pechodau ụrth ḍuụ yn unig, i'r hụn nid oes dim yn guḍiedig, na chyduụybod neb alan oi olụg ef nyſynantụy, ne y mae arnynt guilịḍ, ne y y mae'n diyſtyr genthynt i ḍangos i hun i'r opheiriad, yrhain a ſafedloḍ ag a ordeinioḍ duụ i hyny drụy'r cyfraithiụr. Moyſen i farnu rhụng clụy a chlụy, Ond ni ſynaf dy Somi di drụy dy opinion dy hyn, gan dybyed fod yn gụraduyḍo gypheſu gar bron Bicar yr Arglụyḍ, naiḷ am dy fod yn toḍi o guilịd ai yn ụegilſyth odiyſtyrụch. Canys ny ni adylem ſyned dan i farn, dan y farn yr hụn a fu ụiụ gen ḍuụ i fod yn ficar iḍo, Oblegyd hyn y dyleit y dolụg i'r opheriad ḍyfod att.it ai ụneythyd yn gubụl gyfranol o'th gyduụybod, Ag y mae'n olaụ y peth a adaụod leo faụr yn yſcrifenedig, aml a lioſog yụ trigareḍ duụi hụn ſyḍ yn helpu fely cụympia dynion fal y gaḷo goụairio a daụgio gobaith boụyd traguyḍaụl, nid*

*Lib. 2. de viſitatione infirm. ca. 4. & 5.*

*Luc. 17.*

*Leuit. 14.*

*Hier. epiſtola ad Theodor.*

*yn unig druy ras bedyd, eythr hefyd druy fe-diginiaeth penyd, megis agy galyrhai a lugrasent ne aduuynasent rod i ail enedigaeth dyfod i gael rhydit oi pechodau gan a barnu i hunain yn euog ag yn goledig oheruyd fod help daioni duu guedi ordanno, fely, megis na elir cael enaid rhyd gen duu ond druy uediau'r opheriad. Camys Iesu Grist tygnefedur rhung duu adyn a roes y galu ar audurdod yma i lyuadraethuyr i Egluys ef, megis y galent rodi ar-yrhai a gyphesent, iaun a Phenyd. Achuedi i Iachau ai glanhau druy'r iachaul iaun hun, druy borth y cymod yma, i gael cyfran o rinuedau'r Egluys.*

---

*D. Beth syd raid i farnu ynghylch y'r Iaun?*

*A. Bod duu fath ar iaun, un priodaul i Iesu Grist, y lal y gyphredin i gristion yu guneythyd, Penyd yr Iaun cynta agyflaunuyd ar unuaith ynghorph crist agroes hoeliuyd: Pen gymrod yr Oen bechodau 'r byd. Megis agy galau yrhain a oedynt o naturiaeth yn y tifedion i lid, gael cymodi aduu. Yr ail iaun yssyd yn Perthynu at y Penyduyr, yrhun yrydys yn iunaethyr beunyd druy aelo-* Heb. 9. Ephes. 6. 1. Ioan. 2. Eph. 2. Corint. 5.

*dau Crist yn yr Egluys, Pen fythont y Peny-*
D. Cypr. *duyr guedi i cyphesu, yn cyflauni y Pethau a*
li.3.epist. *roes yr opheiriad arnynt urth i rhydhau: ne*
8. & 4. *Pen fythont yn dangos Phruyth deledys i*
& Serm. *benyd yr hun beth yu'r iaun druy'r yr hun y*
de pœnit. *rydym yn dial meun rhyu fod, ag yn dawgio*
*baiau a chyflorni yn buched o'r blaen, yr iaun*
*ar dial yma nid yu yn touylu nag yn staenio*
*dim a'r yr iaun aunaeth yn rhybrymur ni Ie-*
*su Grist. eythr ymae'n i o fod alan ag yn i u-*
*neythyr yn disclaer ag yn fuy splenyd Canys*
2.Reg.2. *urth fod yr iaun aunaeth Crist yn myned o'r*
*blaen, ag yn cyduaithio yn benaf, y rydym i yn*
Ionas.3. *guneythyr iaun a chyfiaunder yn ol y Scru-*
*thur lan gan gosbi'n Pechodau yn erbyn ny-*
Iudith.4. *hun, ag yn arloisi gueddod a guedilion Pecho-*
*dau a adauyd ynomi, a hefyd yn ynil ag yn*
*heudu gras i ni yn gyflaunach, a thruy'r mod*
*yma y rydym yn testiolaethu yn bod yn euy-*
*lyscar yn couleidio croes Christ, gan ymurthod*
*a nyni ny hun, a maruychu yn cnaud, a chasau*
*o honom yr hen dyn, a thruy hyny ymegino at*
Ioelis 2. *bethau per Phaithiach Pen fythom ni yn ym-*
*drechu yn urol druy dirfaur serch i orfod y*
*drugionys ympuy yn medul ag yn uir druy'r*
*mod yma, y ydoed Dauid y Ninifaid ag erail*
Daniel 4. *yn rhodi Siampl olau, yr hain a uydir yn sicr*
*uneythyr o honynt benyd meun rhaun a ludu,*

*druy*

druy ridfan a galar, ymprydiau a gofidiau eraill ag o heruyd hyny yr oed duu yn i caru ag yn i hophiyr hun o'r Penydyma ymae'r Scruthur lan yn i ardelui ag yn i gorchymyn ini, gan uadu, trouch ataf, druy hol cuylys ych calon druy ympryd, ag uylofain ag galar ag meun mun aral trouch attaf a'ch hol galonau, a gunech benyd, am ych holenuired, ag ni ymafych enuired dim drug ychui, Ahefyd S. Paul y fyd yn yn dyscu ni, fod tristuch duuiaul yn guaithio dial, ar Peth y mae'r un yn yscrifenu pe i cyfion farnen ni ny hunain, ni chaem ni mo'n barnu gen yr arglyd, Amhyny nid oes achos i resumu ynghylch henu'r iaun yma, a eluir satisfactio, yr hun ynuir fyd digon sathredig ymy Sc y tadau, gan fod y Peth i hun yn y Scruthur lan uedi osod alan yn eglur.

Chrysost. lib. 3. de Sacerd.

Origen. homil. 2.

---

D. dug alan farnau rhai o'r tadau ynghylch yr iaun.

A. S. Syprian y Marthyrur Santaidiaf a duysaf, hun fyd yn testiolaethu hyny ag yn yn dyscu yn y mod yma duu hun megis ag ymae o ran i fod yn dad fy'n drugarog, ag haudgar, fel yn mod hunu oblegyd i faured i dy leid i ofni am hyny rhaid yu goreth hir i archol

Serm. 5. de lapsis.

dysn, ag nabytho'r Penyd yn lai na'r pechod. angenrhaidiaul yu guedio yn diuid ag yn disceulus, gan dreilio'r dyd meun galar, a guario 'r nos heb gyscu dan uylo ag uylo, a buru 'r amser heibio druy alar a dagrau, a rhaid yu gorued meun ludu, ag ymdrolio meun rhaun a budredi yr un, S. Syprian sy'n dyuaedyd drachefn, rhaid ini y dolugi duu, ai dyhudo ef an iaun, a galu'n cof, yn pechodau, ag ystyrio dirgeluch yn guaithredoed a'n medulIau ahaudiauau yn cyduybod, ag ychedig ynol, meduliun lyubrau penyd a orchmynod yr opheiriad, cymerun fediginaeth fuuiaul yr hon a dynod alan o'r yscruthur lan nefaul, a cheisiun gentho ef iachaul fediginiaeth, arol yr archolion cudiedig yrhain 'a darfu ini gyphesu gan dangos trumder yn cyduybod gar i fron ef ag na orphuysun i uneythyr penyd, gan y dolugu trigared yr Arglŭyd, rhag ofni'r Peth a uelir yn ormod urth naturiaeth y pechod gael i chuanegu urth eclusio guneythyr iaun. A S. Austin a dyuad yn eglur nid digon neuidio camdfau, ag ymurthod a'n guaithredoed odigerth guneythyr iaun i duu dros y buai a unaethoed druy alaru meun ufudra, a thruy aphrum calon drist gustudiedig a thruy fod Elusenau yn cyduaithio a'r rhain, ag yr ydym i yn darllun yn S. Hierom. ym mae'n angenrhaidiaul gosbi a

Serm. de lapsis.

Hom. 50. & Eucherid. c. 70.

*chyſtyḍu y corph, oblegyd iḍo ymroi i lauer o ḍintethruyḍ a maſueḍ, rhaid yụ cyſtadlu hir chụerthin, a dyfal ụylofain, ac rhaid yụ cyfneụid ḷynlienau meinion: a ſydan gụerthfaụr, am gryſau rhaụn, y peth y mae S. Ambroſ.* *Amb. homil. 34. in euangel.* *yn i dyụaedyḍ ſy'n tynu at yr un peth, y neb ſyḍ (meḍ ef) yn gụneythyr Penyd y mae'n angenrhaidiaụl iḍo nid unig lanhau i bechodau a dagrau, eythyr hefyd cuḍio a gụaithredoed perffaithiach i baiau aethont o'r blaen megis na roḍir i pechod yn i erbyn, ag y run ſy'n dyụaedyd meụn man araḷ archol maụr a fyn hir greth, pechod maụr a fyn hir fedigini-aeth, pechod maụr ſy'n gofyn iaụn maụr, Ag yn y run moḍ y mae S. Gregor yn dyụaedyd rhaid i'r neb y ſyḍ yn dyfod yn i gof ụneythyr peth anghyfraithlaụn, fod yn diụid i'mụrthod a phethau gyfraithlaụn, y geiſio gụnaethyr iaụn yụ greaụdur.* *Theodoretus in Epitom. diuinorũ.*

---

*D. a oes hefyd fod i ụnaethyr iaụn ụedi iḍo faru.*

A. *i ḍianglu hụn, y mae'n rhaid yſtyrio amryụ yſtad y rhain a fuont feirụ, rhai o honyntụy ſy'n cael gras duụ a guirionḍeb i fuched hyd y diụeḍ, at yr hain in y mae'n Per-* *In orat. Manaſſes pœnitent.*

*thymuy Peth y mae Manasses yn dyuaed; d, nid angenrhaid rhoi penyd, ny byd i'rhai cyfiaun ag ni Phechasont, megis i Abraham, Isaac, ag Iacob, erail adarfu udynt bechu gan fyned odiar y Phord ar gyflorni guedi udynt unuaith derbyn achael gras duu, eythr druy rym a phruyth penyd adarfu udynt lanhau*
2. Reg. ca. 38. *budredi i pechodau, megis y roed Dafid, Ezechias, Peder a Mair magdalen, eythr i'rdau ryu yma, nid yu anghenrhaidiaul iaun uedi*
Psal. 6. *udynt feiru, eythr y mae'ntuy guedi i rhydhau, Ond y mae muy a'r trydyd rhyu yn'meiru sef yu yrhain nid ynt na rhydrug, na rhy da, me-*
Esa. 38. *gis ag y mae S. Austin yn dangos, yrhain ni darfu udynt uneythyr penyd am i pechodau yn y byd yma am hyny y mae'n rhaid udynt gael i salfio druy dan, megis o heruyd na unaethont iaun cymmuys yn y byd yma, y mae'n rhaid udynt arol cyfiaunder duu i dalu yn y byd aral, ag nid eiph dim halogedig ne aflan i*
Matt. 26. *ifeun i'r dinas Santaid, Am hyny yntuy (i atteb i'r cuestiun a proponyduyd) a sythont feiru yn yr stad yma, a orfyd udynt uneythr iaun yn ol i maruolaeth a hyny yn drum digon, yr*
Luc. 7. *hun iaun yn y gyfamser y mae duu druy i dirfaur daioni a i drigared yn arfer i rhydhau ag yn made udynt druy erfyniad a guedi y rhai buu, megis fod i meiru druy uediau i brodyr,*

*yrhain ydynt aelodau o'r un corph yn yr Eglu-
ys yn cael i guaredu ai rhydhau odiurth i hei-
nus aidirfaur bechodau a'r poenau ſyd dele-
dys i'rhain, Ag ot hyn yma ym ae'n Perthynu
y peth y mae audurdod y Scruthur lan ſacraid
yn i oſod alan, Peth ſantaid iachys yu guedio
drios y meiru, megis ag y galant gael madeuaint
oi pechodau, Am hyny canmoladuy oed Iu-
das Machabeus o heruyd ido druy defoſiun
rhagoraul peri yn o ſalys ag yn diuid, nid yn
unig uedio, cythyr hefyd ophrumu yn orcheſtol
dros y meiru, yr hol hyparchys ſenedi a'r hen
dadau ſy'n ardeluthyn, yrhain a dradydodi i guir
dyſceudiaeth yma i'r Egluys, o rhain ni a dygun
ſaint Auſtin megis un teſt ymyſc lauer tyladuy
a guiui goilio, yn lyfrau y Machabeiaid (med
ef) yr ydim yn darlain ophrumu ophrun dros
y meiru a peirhon nadarlainir mo hyn yn yr
hen y ſcruthurau, etto audurdod y'r hol E-
gluys nid yu beth guael, yrhon ſy'n arfer yn
eglur pen fytho'r orpheirad yn guedio ar y'r ar-
gluyd duu urth i alor, gorchmyniad yr enaidiau
ſy'n cael le. a hefyd meun man aral, yr ydys yn
tybied med ef ni byd penau'r hurdan yn para-
au ny ond hyn. Beth a al fod eglurach na'r gai-
riau yma Eythr y meiru ſy'n i cael i cymorth
a guared druy uediau ag iachys ophrum yr E-
gluys fendigedig a'r cerdodau a rydys yn i rha-*

*Beda in ca.11.Prouerb. Cor. ca.3.*

*Mach.li. 21.ca.12.*

*Auguſt.in li. de cura pro mortuis.*

*nu dros yr enaidiau ar fod duu yn fuy trigarog urthynt nag ymae i pechodau yn heudu. Y peth yma a tradydiasont y tadau ag yssyd gaduedig druy'r hol Egluys, fely y mae S. Austin erys daudcgant o flynydoed yn dyuaedyd, megis yn y amser, hefyd ni a wdun or blaen rhai hynach nag ef, Syprianus Origen Dionysius, Clemens y cubul o'rhain yn holaul ynt yn cytuno ag yn cordio yn y dysceidiaeth yma Amhyny ymae S. Chrysost. yn olau yn cynghori i bob un o honom arol i alu helpu yrhai a fuont feiru a hefyd yn cynghori erail i uedio drost yntuy, o heruyd n'yuy nid heb achas med ef y, i'r ordainiasont yr Apostolion ar uncythyr copha o'rhai a fuont feiru, yn yr opheren canys guydont y maur les a'r bud ssyd yn Damuanio udynt o hyny, fely y mae S. Chrysost. yn testiolaethu, ag i duedu fely ma'r Peth y mae'r Egluys, hon ssyd yn deanglu yn Phydlauun yr Scruthur lan, yn athrauy yn erbyn yr heretigiaid a cluir Aerianos, fod purdan, ne dan i lanhau megis y mae S. Austin yn i alu ef, druy'rhun yr ydys yn puro ag yn glanhau y poenau a ordaynuyd am bechondau, yrhai phydlau a fuont feiru yngbrist Iesu, rhai ni darfu moi glanhau yn berphaeth druy benyd yn y byd yma, rhaid udynt i guplau yn y byd aral odigerth ( megis ag y ymae S. Austin yn dyuaedyd ) gael cymorth*

*Chrysost. hom. 3. in epist. ad Philip.*

*Aug. haeresi. 53. & in Psal. & lib 2. in Genese.*

ag esmuythdra druy duuoldeb a defosiun i garedigion syd fuu.

---

D. Beth yu canmoliaeth ne anrhyded Penyd?

A. Penyd yu dechreuad prægethiad yr Efengl, didanuch a lauenyd Angelion yn y nef, phord gyfing ar y daear a'r porth aflydan druy'r hun ymae'n rhaid i'rhai Phydlaun y megnio i fuu, a thruy faur nerth agrym yni teyrnas nef, Penyd sy'n daugio yrhain a cuympod ag y Syrthiod, ag yn iachau y rhai a gluyfuyd, yn cryfhau yrhai gueiniaid, yn guneythyr y meiru i fuu, adrefu yrhai a goluyd ag y fyrhau, Penyd y syd yn perphaithio pob peth a darfu i bechod y lugru ne i halogi, hun y syd yn testiolaethu yn bod yn cassau yn hen fuched, ag y diysteru ny hunain druy hol ostungeidruyd ag ufuddra, hun megis druy help hun y mae yrhain syd meun galar yn cael cyssur a consolydiad, yrhain a gluyfuyd yn cael i iachau, ar gostungedig a'r ufud yn cael i godi ai derchafu, Penyd yu, druy'rhun yrydym yn gorfod ag y gorchfygu'r y cythreliaid a phalaiau guydiau a phechodau, druy'rhun yrydym yn diainc rhag cosbedigaeth a haedusom, ag yn dyhudo digloni

Matt. 3. Marc. 1. Luc. 16. Chrysost. homil. de pœnitent. Matt. 5. Hier. 18.

duu, ag yn ynill gras traguydaul, ag yn cael gogoniant: at hyn y mae'n perthyn y gairiau Criſt yn yr Efengl guneuch benyd, gan fod teyrnas nef yn neſſau attoch: canys ni doethym i aluu'r cyfiaun, ond y pechadiriaid i ydifeiruch, ag i uneythyr penyd, oni byd y difeiruch genych, hui a fyduch goledig yn yr un Phynyd, Eythr idiuedu hyn y gyd, ar ol gairian S. Sy-prian, ef yn unig fyd yn gunaethyr guir benyd a fytho ufud a goſtungar i orchymyn duu a'r opheiriad, ag yn erfyn gras duu druy ufuddra a guaithredoed cyfiaun.

Ynghylch y ſacrafen ne'r hinued a eluir oleu.

---

D. Beth a dylid i gredu ynghylch oleu.

*Concil. Conſt. Petrus Dam. Sermone de dedicatione Eccleſiæ.*

*Beruard. in vita Malach.*

A. Hyn yn uir y mae'r Egluys Gatholig yn i dyſcu yn uaſtadaul. S. Fod y rhinued yma yn aruyd ſantaid guedi i ordainio meun oleu cyſygredig, i dodi druy hunu i'r claifion rinued nefaul er muyn iechyd udunt megis yr ordainiaud duu, i'r hun ſacrafen y mae Iacob Apoſtol yn rhoi teſtiolaeth eglur, ol o'r hinued yma urth y ſcrifena y gairiau hyn, os byd neb yn glafuan yn ych mus clui galued am opheiriadyr Egluys atto ef, a guediant droſto ef, ag enaintiant ef ag oleu yn enu'r Arglugluyd

gluyd a guedi Phyd ai iacha'r claf ar Arglwyd a esmuythaf aruo ef, agos byd meun pechodau, huynt a fadeuir ido.

---

D. Beth ymae'r Apostol yn i dyscu urth y gairiau yma?

A. yngynta ymae ef yn daugos fod elefen yr oel yn defnyd i'rhinued yma, quedi'r escob (megis y mae saint Beda yn dyuaedyd yn da) i cysegra, ymae'n aruydocau lyuenid calō, a chysur ysbrydaul yrhun ymae'r claf yn i gael druy ras duu, urth nerth y rhinued yma, yn yr ail le y mae'r Apostol yn dangos guenidog cymhuys i'rhinued yma S. Opheiriad hun a dylae arfer y sacraid oleu yn uedaid druy uedio ag o heruyd hyn nid heb achos i'r yscrifenuyd ynghylch yr Apostolion: yntuy a enaintiasont lauer o glaifion ag oleu ag huynt a iachauyd, ag heb lau hyn ymae Iacob Apostol yn i galu yntuy sy'n cymeryd i rhinued yma yn gleifion, oblegyd fod yr Egluys yn arfer yr ennamt yma i'rhaiu sy'n drumglaf o gluysau peryglys.

*Beda in can. 6. Marc. Luc. 8. Iacob. 5.*

D. Bethyu Phruyth ag ephaith y Sacrafen yma?

*Bernard in vita Malach. Cõc. Trident.*

*Cyrilus Alex. in oratione de exitu animæ.*

*Greg. lib. 24. Moralium.*

*Iacob. 5.*

*Aug. Ser. de tempore 21. & de visitatione infirmorũ.*

A. Yn gynta y mae'n fudol ag brophidiol y gael madeuaint oi hol bechodau yrhain ni lanhauyd druy bennyd, yn gynta fod enaid y claf yn cael i esmuythau rhag baych, a chlefyd pechodau. Heb lau yma'n prophydio i furu ymaith ne i esmuythau clefydau corphoraul, yn gymaint ag y mae'n Angenrhaidiaul i'r neb syd glaf, yn diuaethaf y mae'n prophidio i roi cyssura goglyd ido, yrhun yn diamau syd angenrhaidiaul yni drangedigaeth diuaethaf, pen fytho'r enaid yn ymadel a'r corph, a'r claf yn ymdrechu ag ymlad yn uraul ag yn rymys a'r doluriau creulonaf, a chythreiliaid echryslaun. fely peirhon nad yu'r neb syd glaf yn cael iechyd yu gorph (canys yr ydym yn gueled yn fynych fod y claf yn maru, guedi cymerydyr oleu) etto yr hyny y mae druy aluy sacrafen yma yn cael gras alutuaul i odef druy faur ymyned tanbaidruyd a chreulondeb i glefyd, ag y derbyn i faru folaeth ei angau, yn hausach ag y esmuythach ag fel dyma'r peth y mae dau druyr Apostol yn ado, os byd nebyn glaf yn ychmysc, galued am opheiriaid yr Egluys, a guediant drosto ef, ag eneintiant ef ag oleu yn enu'r arglwyd.

S. Guedi y phyd a iachafy claf, a'r arglwyd a esmuythaf arno ef, ag os ef aunaeth bechodau, ef ai madeir ido, ag ermuyn aruydocau yr ephaith yma, naturiaeth a rhin oleu sy'n cyttuno ynuych, megis ag y mae Theophilactus yn ecsplicydu, ag o heruyd hyny rhaid yu cadu'n hoLaul y peth y mae. S. Austin yn y rhybydio yn iachysafol, Pa amser bynag y damuyniaf clefyd, cymerydyneb syd glaf, gorph yn Arglwyd Iesu Grist, guedi ennentied i gorph, i gyflauni y peth a scrifenuyd, Os byd neb yn glaf yn ychmysc, galued a'm opheiriaid yr Egluys, a guediant drosto ef, ag enneintiant ef ag oleu yn enu'r Arglwyd, a Guedi'r phyd ai iachafne a Salfia'r claf, a'r Arglwyd a esmuytha arno ef ag os gunaeth bechodau, huynt a fadeir ido. Iacob 5.

---

Ynghylch sacrafen urde.

D. Beth yu sacrafen urde.

A. Sacrafen yu druy 'rhun y rydys yn rhodi i rai ragoraul ras ag audurdod ysbrydaul y duyn suyd yn yr Egluys ar ol y ce- Aug. li. 2. cōtra epistolans parm. ca. 13.

refyd a gymerasont arnynt, lym'r sacrafen druy'r hun, megis druy drus y byd rhaid udyntuy a futhont yn trino yngyfraithlaun dirgelion, a gairiau duu, megis guenidogion i grist ai Egluys fal escobion, opheiriaid, diaconiaid a chimint olar a fythont yn trino ag yn guenidiogi dirgelion yr Egluys yn iaun ag yn gyfraithlaun a thruy audurdod. Nid yu neb (megis ag y mae'r Scruthurlan yn testiolaethu) yn cymeryd, ag ni dylae gymeryd urdas ne anrhyded i'm arfer dirgelion yr Egluys, ond y neb a aluod duu, megis Aron: sef yu ond a fytho guedi i cysegru ai ordeino yn gyfraithlaun druy sacrafen yr urde weledig achuedi'r escob i danfon i uasnaethu rhyu suyd a guasanaeth nodedig, yrhon suyd a dylae i duyn yn yr Egluys yn ol trad, ag urth gyfraithiau a thradodiadau yr Apostolion.

---

D. Ondydiu Pob Cristion yn gystal ai gilid yn opheiriad?

Y Nuir ef a i geluir yntuy yn y mod yma ô heruyd fod y'r opheriaid yn arfer ophrumu ag ni alant ag myd aulyiant ophrumu phethau erail, fel y y Saul a ailanuyd yngrist a al ag a dylae beunyd ophrumu ag arfer yn diuid ophrum ysbrydaul or tu alan, sef yu guediau, moliantau a rhoi diolch, marufolaethu 'rcnaud ag erail o'run rhyu, megis o heruyd hyny fod yn i galu'ntuy yn y'r scruthur lan, yn opheiriaid ysbrydaul gar bron duu am i bod yn ophrumu ophrumau ysbrydaul, Eythr os ny ni a gymerun henu opheiriaid fal y dylem, y mae'n guasnaethu 'n unig i'rhai syd ag audurdod a galu guedi i roi udynt druy ordeinhad Crist, i cysegru ag i opherthu sacrafen yr alor, ag i arfer suydau'r Escobion, ag heb lau hyny i rydhau ag i ruymo Pechodau yn yr Egluys, ag ynghylch yr opheiriaid yma o'r gyfraith neuyd, S. Paul adyuaedod felyn, yr opheiriaid aunelont i Suydau yn da a haedant gael dublu i hurdas, yn bendifade y saul sy'n lafurio yn y gair a ag meun dysceidiaeth, yr hun beth ni al berth, y nu at ferched. gan yr un Apostol sy'n gorchymyn udynt na dyscent yn yr Egluys, ond teui a son: ni al chuaith, meun mod yn y byd hyn berthynu at duu ag at iechyd i enaidiau.

*D. Ymhafan o'r Scruthur lan ymae testiolaeth o'r sacrasen yma?*

*A. Yn y man i darleir ynghylch yr Apostolion, i bod huy urth deuis guenidogion a guasnaethuyr yn yr Egluys, yn arfer rhodi i duylau arnynt, O heruyd druy'r aruyd yma megis un sicir a nerthol o ras presenol, yr hun yr ydys yn i roi, ag yn i gymeryd urth rodi yr urdau a soniasom am danynt. y gorchmynuyd ini y rhinued ne'r sacrafen yma, ag a'm hyny S. Paul urth yscrifenu at Timothei ai gunaeth ef yn escob, ag urth i rybidio ef ynghylch y gras a gouse yn y rhinued yma sy'n dyuaedyd, nag esclusa mor gras syd yno ti, yr hun a roduyd iti druy brofphydoliaeth, urth osod yr opheiriadiaeth, hefyd at yr un gur, yr uyfi yn dy rybidio di (med ef) i nynu gras duu syd druy osod fynuylau arnad ti ag bod yn angenrhaidiaul iaun edrych Pa fath rai a gyfleir ymhob Suyd yn y byd i gael galu a audurdod Egluysig: ond truy y'r sacrafen ne rinued yr Egluys yma, ef a duuaedir urth bob escob, na dod dylau yn rhybryser a'r neb, ag na fyd a phaithiaul o bechodau rhai erail.*

Act. 6.13. 14.

Timot. 4. Tit. 2.

Ambr. li. de dignitate Sacerdotal. Leo epist. 87.

D. *Pesaul grad y syd yn y sacrafen ne rhinued yma?*

A. *Yn gyphredin ymae duy rad. S. yr urdau leiaf a'r urdau muyaf, a'r urdau laiafynt, urdau 'r porthorion, darlainuyr, y benediaid a'r acoletiaid, yrhai muyafynt urdau r Subdiaconiaid, Diaconiaid a'r opheiriaid ond ymysc yr opheiriaid y mae rhai yn uch y mae rhai yn is i grad, guedi i Ghrist i hordeinio, y rad uchaf o'r apheiriaid oed y'r Apostolion a'r escobion i Suofesoriaid huy, cheruyd i bod yn uyr yn blaenori ag meun galu anrhydedys, arhagoriaeth urdas, at yrhain yroed yn Perthyny (megis agymae'r y Scruthur lau yn testiolaethu) uilio arnyn i hunain ai hol fraid, yrhain a rodod yr ysbryd udynt yu coleth ag yu Porthi, ag i reoli'r Egluys, i fendio ag i daugio diphig ai eisiau, gan uneythyr opheiriad rhyd yr hol drefi, a yrhai o'r opheiriaid oedynt dan yr Escobion, megis yroed daudeg a thrigain o dyscibilion dan yr Apostolion yn guasnaethu ynguasaneth yr Egluys, ag yn ophrumu rhodion, ag yn opherthu dros bechodau, ag megis lafyruyr yn cynhafu cynhaiaf yr Arglwyd, yn nesaf at yrhaini, Ond suyd*

*Cōc. Carth. 4. can. 6.*

*Luc. 9.*

*Hierony. ad Marcell. epist. 54.*

*Aug. in Psal. 44.*

y pedair urdau laiaf oed, fod yn barod i uasanaethuyr opheiriaid a'r escobion meun lauer o bethau, i baratoi y bobl yn gymuyrs i gymeryd Sacrafenau sacraid ag bob ychedig ag ychedig o rad i rad yn ymbaratoi i dyscu guasnaethu suydau yn yr Egluys, y tair urdan erail uchod, syd genthynt suy o alu agaudurdod nid yn unig meun Pethau erail, eythr hefyd ynghylch y sacraid dirgelion yr Eucharistien ne sacrafen yr Alor, oherwyd hyny ydiaconiaid a'r Subdiaconiaid a alant fod yn presenol yno, pen fyther yn ministrydu y dirgelion, megis guenidogion nesaf at yr opheiriad pheirhon nad oes ragoriaeth yn y byd rhung yr escobion a'r opheiriaid, ynghylch y sacrafen o urde ag audurdod i ophrumu yr opherth etto yr hyny ymae'r escobion yn rhagori'r opheiriad yn lauer muy, os ystyriun i audurdod i bouer ai alu yn gofernydu' i besci'r enaidiau, i gadarnhau ag consyrfio yrhai a fedydiuyd (a Bedyd Escob, ag i roi urdau, Eythr nid yu yn brydni arhyn o Amser fanegi i nag egori yn holaul pa suydau a pha ordeiniadau syd berthynasaul i bob urde yma aripen i hun, ynuir hyn syd eglur adiamau y dyleid barnu pob urde yn barchys ag yn anrhydedys gan i cadu'n dyfal, Canys ymae sacraid dysceidiaeth tradydiadau'r Apostolion, a defod yr Egluys yrhain a doethont

*Isiodorus li.2.de offic. Ecclesiæ.*

*Rabanus li.1.de institutiones clericorũ.*

*Ambr. in cap. 4. ad Eph.*

*a doethont hyd attomi yn testiolaethu hyny.*

---

D. *Beth y mae'r hendadau yn yscrifenu ynghylch y Sacrafen yma?*

A. S. *Austin yn uir athrau Catholic, ssy'n dangos, farn a'r Egluys ynghylch hyn, ar gairiau yma, Pen darleir, anadlu o'r Argluyd ar i discyblion ofeun ychedig dydiau arol adgodiad, a dyuaedod: cymeruch yr ysbryd glan, yr ydym yn dealt mae yna irhodod udynt audurdod Egluysig, o heruyd pob peth a unaeth yr Argluyd druy dradydiad a uaithiuyd druy'r ysbryd glan, ac am hyny pen roder rheol a gued i'r dysceidiaeth yma udyntuy, ef a dyuaedyr urthynt, Cymeruch yr ysbryd glan, A gamfod hyn yn perthynu at audurdod Egluysig, ef a dyuaedod yn y man yn ol hyny Pechodau puy bynag, a ruymoch, yntuy a ruymir, a phechodau puy bynag a rydhaoch a rydheir ido, fely y mae'r anadl yn rhyu ras, hun truy tradodiad a furir yn yr urdedig druy'r huny dylen fod meun muy o barch, Am hun y dyuad yr Apostol urth Timotheus, na esclusa mor gras syd yn oti druy dodiad d ylau'r opheriaid arnati, fely angenrhaidiaul oed unuaith uneythyr hyn o uaith, regis y gelid*

*Li. quæst. veter, & noui test. quæst. 93. Li. 2. contra epist. Parmen.*

*Ioan. 20.*

*Timot. 1. ca. 4.*

credu fod rhaglaụ nad ydoeḍ y tradyḍiad yma, heb rad yr ysbryd glan, hyḍ yn hyn S. Austin a ḍyụaedoḍ, y mae heb laụ hyn, rheolodygaethau ne ganoniaid yr Apostolion syḍ yụ gụeled, yrhain syn gymeradụy drụy gyphredinaụl farn yr Eglụys, yn yrhain a ordeiniụyd yn y moḍ yma. Ordeiner Escob ne ophieiriad, ne ḍiacon, ne subdeacon, ne ḍarleụr, ne gantor, heb ymprydio y grụys bendigedig, a dydmercher a dydguener dirader ef, o ḍierthi ụendid i gorph irụystro ne lestyr, er ys mụy na thrychant arḍeg o flynyḍoeḍ yr oeḍ pab enụog a merthyr hefyd a elụid Caius: hụn drụy gyfri'r grad iụ yma a'r urḍau urthynt ihụn, a ḍyụaedoeḍ: os haedoḍ neb fod yn escob, cyssegrer ef yn gynta yn borthor, ụedi hyny yn ḍarleụr, ag yn ol yn ecsorsista, ag felly yn Golettur. Ag yn ol hyny yn subdeacon, yn ḍiacon ag yno yn opheiriad, a chụedi hyny os haedaf, gụneler ef yn escob.

Can. Apostol. can. 1. & 2.

Epist. ad fœlicenū. Vide Damasc. in Pontifi.

Epist. 52.

Am hyny y mae S. Sypriam yn canmaụl Cornelius yr Escob ag yn yscrifenu fod efyn ganmauladụ, ymysc yrhai da, yn gystal ymyst yr Eglụyswyr ag ymysc y lygion, am na doeth efyụ escobaeth yn ḍisyfyd, Eythr drụy ḍerchafu drụy bob swyḍ Eglụysig, haeḍu o heno daioni gan ḍuụ, drụy ḍuyfaụl ụasanaeth, ef a ḍerchafoḍ drụy hol raḍau cerefyd hyd uchel frig opheriadaeth, ụedi hyny ef a gafoḍ yr escobaeth i hun nid urth ersyn, nid urth euylys yn ag urth drais : cythr druy lonyduch haudgar yn duuair, yn usud yn couaithas ie yn erbyn i euylys couledio senaul, am hyny ni al yr Egluys presenaul uneythyd lai na chadu ag ymdiphin yrudau y rhain oedynt yn gymeraduy yn yr hen Egluys Apostolig megis ag y mue S. Dionysius, Anacletus ag Ignatius yn Dangos, a'r hol oes adoeth yn olyn'i maurhau ag i couleidio.

De Eccl. Hierarc. can. 5.

---

D. Para urde syd fuy orchestol a muy enuog yn yr Egluys?

A. Opheriadaeth neurde'r opheiriad, ynghylch maured, a'r hybarchys urdas yma, S. Chrysostom. a S. Ambros a yscrifenasont lyfrau cyfa, ynghylch yr hon hefyd y mae Ignatius faur yn dyuaedyd, opheiriadaeth (med ef) yu sum ne grynodeb o hol urdas, yrhain ysyd ymysc dynion, y neb ai amharcha hi y mae ef yn amherchi duu a'n arglwyd ni Iesu Grist, y cynta a anuyd o'r hol greaduriaid ag yn unig urth naturiaeth yn ben, ne arch opheiriad i duu, a fely med ef. Ond hefyd y mae'r. Scruthurlan yn testiolaethu hyn yn o. [illegible] Guesusau'r opheiriaid a geidu'r guyborlaeth, ag yn-

Chrysost. de sacerd. item hom. 4. & 5. de verbis Esaye.

*tuy a gousant ygyfraith oi enau ef, Am i fod*
*efyn angel ne'n genad duu'r bydinoed, A he-*
*fyd ynebdruy falchder a rhydig a'murthyd*
*ufudhau i Orchymyn yr opheriad, yn yr am*
*her i bytho yn y guasnaethu d'Argluyd duu*
Mala. 2. *hunu druy farn yr ustus adyle odef marufa-*
*laeth, a thyn ymaith drug o fyscyr Israel, ar-*
*hol bobl aglouant a ofnant, fal na chuydo*
*neb uedi o falchder, Am hyny y mae'r Apo-*
Deut. 17. *stol yn gorchymyn, nachymer yn erbyn ophei-*
S. Cypriã *riad achuyn heb lai na dau nedri testion, a*
li. 1. Epist. *hyn a yscrifenuyd at Timotheus escob yr Ephe-*
3. & 8. *said, megis hefyd y mae hyn, yr opheiriaid a*
*lyuodraethant yn da a dylent gael dublu i hur-*
Tit. 4. *das yn henuedig yrhain sy'n lafurio yn y gair*
*meun dyscyblaeth.*

---

D. *Beth syd yu dybied am yr opheiriaid drug yonys?*

A. *Yn uir ordeinhad duu yu'r orpheiria-*
*daeth, yr hon ni elir moi dyflanu, ca-*
*nys ef a dylid i anrhydedu yn yr Egluys, nid yu*
Ecccef. 7. *unig yr opheiriaid da, eythr hefyd yr opheriad*
*drug, Canys ef a syn i adanabod, i urando, i*
Mat. 10. *derbyn ai berchi yn i uasnaethu yr yrhun a dy-*
Luc. 10. *uaedoed. yr scribiaid a'r Pharasaiaid a eiste-*

*dant ynghadair Moysen, guneuch erhyny a cheduch bob peth a dyuaetont ichui, ond yn ol i guaithredoed huynt na uneuch Canys ymae'ntuy yn dyuaedyd, ag heb uneythyr, Ondymysc yrhai drug, ymae'n rhaidini fedul a dealt, fod yn rhaid guneythyr rhagoriaeth rhyngthynt. S. yu yn y Peth sy'n Perthyny ati Suyd au, audurdod athrauyaeth i credu ai ufudhau yn unig yrhaini sy duedi i hordemio, yn gyfraith laun, aidanfon o diurth Escobion sy'n cyphesu iachaul dysceudiaeth yr Egluys, eythr rhag erail ymae'n rhaidini ochel, pho yn diuid ag yn dyfal, megis gelynion a thuyluyr heunus, ynghylch yrhain ymae S. Iereneus Marthyr agun o'r athrauyr hynafyn dyuaedyd yndoeth, yn y mod yma, y mae'n rhaid (med ef) ufudhau 'r opheiriaid, yrhain sy'n yr Egluys, ag yn sucsesudu yr Apostolion yrhain gida isucsediad i escobaeth, a derbyniasont y guirioned graslaun : ond y leil yrhain a' murthodasant a'r sugsediaid poena, rhaidini i hamau ymhelebynag y bythont guedim gasclu ynghyd, nail ai megis hereticiaid, ne megis rhai 'n barnu yn drug, ne fal Scysmaticiaid beilchion, Agychedig yn ol hyny, rhaid (med ef) ymurthod a phaub o'r fath yma a gly' u 'urth y rhai syn'cadu dysceidiaeth yr Apostolion, megis ag y dyuaedasom or blaer, ag y syd yn*

Eccles. 7.
Matth. 10.
Chrys. homil. 4. in Ezech. li. de præscr. aduersus hæretic.

cuplau druy urdd ophei riadaeth y madroedd iachaul, ag ymdugiad diniued, i gadarnhau ag i uelau erail, hyn a dyued Ireneus ag a gafodd ido yn athrau Polycarpus, discybl Ioan efengylur, Ahyn a barodd i Tertuilianus dyuaedyd a dannod i'r heretigiaid fod i ordinhad huy yn fyrbuyl, ynyscafu, ag yn auuadal, ueithiau yntuy a urdant rai neuydd dyuod i'r phydd, ueithiau rai a ymroesant i'r byd, ueithiau rhai a urthodasont a'n phydni, fal druy i cannol a i maurhau y gelent i enill oblegyd na's gaient enil druy uirioned, nidi le hausach yn y byd oes fyned rhagdo nag ymhabeliō y rhyfeluyr yma, bod yn unig yn i ymysc huynt a haedaf oruchafiaeth: un a fydd escob, ag y foru un aral, hediu yn deon, y foru yn darleur: hediu yn opheiriad, y foru yn lyg, Canys y maen tuy yn rhodi suydau'r opheiriad ag yn, paintio'n odidaug, gan dyscrifydu yr afrolaeth guraduydys, nid yn unig o'n amserni, Eythr hefyd o'r amser hunu, hyd yma ymae Tertulianus yn dy Scrifedu ag yn dangos yn odidaug arfer a chustum guraduydys yplaiduyr ne'r heretigiaid, nid yn unig yn i Amser ef, eythr hefyd o'n Amser ni, yrhain syn trublio caresydd aunaeth ont yr opheiriaid a guenidogion yn yr Egluys.

*Lib. de præscript. hæreticor.*

*Vide epistolam hæres. 24.*

*D. Para nerth a phruythy sydd i'r rhinued yma?*

*A. Nerth maur yn uir a rhagororaul, ie amryu phruyth Canys y saul a cysegrir yn gyfraitlaun a'r saith urddau yma a dyuaedasomi uchod, ymae'ntuy yn cael gras, a galluysbrydaul yn i Suyddau perthynasaul at bob un o'r urddau, ag y maen'tuy guedi guneythyr, yn uasanaethuyr cymuys, rhung duu ai bobl, Amhyny y dyuaedodd S. Ambros, hun a osoduyd meun gradd Suydd urddau Egluysig, sydd gentho ras: pa fath bynag yu'r dyn, nid yn uir o'r eido i hun, ond o'r urdde, druy nerth yr ysbryd glan, heb lau hynny y mae'gen yrhai urddedig yma destiolaeth sur ag eglur i ganmol, ag i roi erail dan i Suyddau, ag fely y gall Paub o honynt guedi i guneythyr yn cnuog, ai neullduo i uasanaethu'r Egluys druy'r urdde yma, gael i adnabod yn dda a barnu paub yn i radd, ai anrhydeddu yn ddeledys, Ond guae'rhaini nid ynt arol Siampl Aaron, hun a alluodd duu, yn i gyrru, ond chuant a chuydd, balchder calon yn i deynu megis ozias frenin i draisio ag y d l ymhob modd suyddau urddasaul yr ophairiaid, yn erbyn yr hain ymae'n perthyny' ymadroydd*

Cōc. Floren.

Aug. contra litteras Parmon.

in 12. can. 1. Cor.

Act. 6. 13. 14.

Tit. 4.

yma, danfonais i prophuydi agyn tuy adoedassont y peth ni dyuaedais urthynt, ag yntuy a brophuydant, Eythr pa fod i pregethant onis danfonir? megis ag ydyuad S. Paul hun a deuisod duu yu uasanaethu i egluys. ynuir, duu guedi i ni gymyscu 'r gradau, a buru ymaith yr o- phetriadaeth ni elir adanabod guasanaethuyr couyr a chyfraithlaun yr Egluys: a hefyd yn i Suyd ni dyleit cyfri 'rhain megis guenedigion yr Egluys, Eythr ymae'r scruthurlan yn yu rhybydio i gochel megis ladron: luynogod, Cun a bleidiaid, canys ni doethant i meun druy 'r drus, eythr nail ai druy i brysyrdeb i hunaim, ne yn unig druy Phafr y Suydogion bydaul, ne'r bobl gyphredin ymae'ntuy yn cael suydau yn yr Egluys heb i galuyn gyfraith laun, nag i ordeinio yn sacraid.

Hier. 23.

Rom. 10. ex leone & Gregorio qui citantum etiam distinct. 61. & 89.

YNGHYLCH

## YNGHYLCH SACRAFEN
*ne' rinued yr Egluys a eluir Priodas.*

*D. Beth yu Priodas.*

A. *Priodas yu cysuldiad cyfraithlaun rhung mab a merch, hun sy'n cynal cymdeithas bouyd diuahanaul rhungthynt, yruy'n dyuaedyd cyfraithlaun, megis y dylae fod cyttundeb diuahanaul rhung y dau berson, ag etto y mae gradau (megis y dyuaedant) o grenyd achyfathrach rhung y partiau yn guahard ne'ndirymu Priodas megis na alant fyned thagthynt, O byd neb a'r ofyn puy yu'r audur cyntaf o'r cysultiad yma, guybuduch mae'r penaf a'r goruchaf duu, yrhun a gypplysod ynghyd ymbarduys yrhain a dechreasont amlhau cenedl dyn, druy i anrhydedu ai fendith. Os myuuch uybod paham i'r ordeinuyd priodas, yr achos yu hyn, i amlhau cenedlaeth dyn, a hefyd ermuyn gochel godineb o heruyd guan a luguredig yu naturiaeth dyn.*

*Aug. li. de fide & operib. ca. 7. li. 1. de Nuptiis & concupisc. c. 10. & 21. li. de bono coniugali. ca. 24. Petrus Damia. serm. 1. de dedicat. Tob. 7. Ambro. de institution. virg. Genes. 2. ca. Basil. de virginit. Aug. li. 9. Genes. ad litteram.*

D. druy bara reſum y mae priodas yn ſacrafen ne rhinued yr Egluys?

A. Am od y cyſult yma hun ſyd rhung gur a i uraig yn diuahanaul, uedi: duu i ordeinio yn aruyd adas, a ſantaidiaul aruyd, ermuyn ſantaidio a chadarnhau y cyſult y ſyd rhung Criſt ai Egluys i briod, y peth yma ſyd fudaul i Griſtnogion i gael ag iderbyn gras duu urth dechreyn dedfaul i priodas, S. ar fod a thrigo y l dau yn un cnaud, ynol y rad y galuyd yn tuy, fal y guneler ynthynt hyny y mae'r Apoſtol yn i athrauy. Priodas ſyd Anrhydedys ymyſc Paub, a guely, difagl heb i Stainio, Amhyny yr un S. Paul urth doſparthu a d'Anglu dirgeluch y cyſultiad yma, a dyuad yn olau, maur yur Sacrafen yma (med fe) ynghriſt ag yn i Egluys. S. Auguſt ſy'n dyuaedyd, i chuu Criſtnogion priodaul y rydys yn gorchymyn nid yn unig Phruythlaundeb, y rhun ſy'n ſeſyl urth ynil plant, nachuaith diuairdeb yn unig, rhuymyn y'rhun yu i gred ne'i adeuid: eythr hefyd rhyu dirgel rinued ne ſacrafen y rhai a Brioduyd yn Phydlaun Amhyny y dyuaid yr Apoſtol, y guyr ceruch ych guraged, megis ag y carod duu i Egluys, ag meun man aral,

Chryſoſt. in Pſ. 43. & hom. 3. de verbis Eſai. vide dominum.

Cōc. Trident. ſeſſionem in doctrina de Sacramēto, matrimonij.

Tob. 3.

Ad Eph. 5.

Aug. de bono coniugal.

*meun priodas, y Sacrafen syd santaidiach, na phruythlondeb y bru, ag y mae guedi syluedu, megis na elir moi yscar, naidattod y rhuymyn yma.*

---

*D. a elir dirymu nag yscar Priodas.*

*A. Ni elir na dattod na dirymu Priodas a gairiau'r y dyn cynta, sy'n ardelui fod y rnuymyn hunu yn diuahanaul, rhaid i dyn ymurthod a thad a mam, a glyny urth i uraig, ag ef a fydāt meun un cnaud, y mae'n Argluyd ni Iesu Grist yn testiolaethu yn diymgel na elir dattod Priodas druy dyuaedyd: Puy bynag a amadl ai uraig, ag a briotto un aral, y mae'n guneythyr godineb: hefyd meun man aral y Peth gyssyltod duu, ni al dyn moi dattod. A S. Paul yn dactan y gyfraith duu a'r ordinhad yma guhardedig yu dorri sy'n dyuaedyd, y ruy'n gorchymyn nid fyfi, eythr yr Argluyd, yrhai a gysyltuyd meun priodas, na'm adaued y uraig ai gur, ag os ymedu triged heb priodi y ne gymoded ai gur drachefn, ag na roed y gur moi uraig ymaith A chuedi hyny ef a dyuad, y mae'r uraig yn rhuymedig i'r gyfraith ... e fytho i gur fyu: agam hyny er na chaer mor plant, ag er bod maur a fluydiant tru..hineb a thra-* Luc.6. Matth.5. Cor.7. Aug. de adulterinis coniugij. Ephes.5.

*pherth a damuyniant, ymae'r briodas yn sicir os cyslaunir hi unuaith, megis na elir moi thorri tre fython suu: Amhyny ni al yrun a*
Cantic. 3. *briodod ymadel y nail a'r lal, odigerth cyn bod achos cnaudaul rhyngthynt, amyned i gyrefyd: Eythr pen damuynio a chosion megis y bytho rhaid i guahanu, ni e lir rhydhau rhuym Prio-*
Genes. 2. *das, eythr guahard udynt gyphredinruyd burd a guely a fiasau'r o'r blaen, A Christ i hun yu'r*
Marc. 10 *achos ohyn, yrhun a gyssultod ag a gupplusod i hun yr Egluys i unig Briod, a'r hopha gentho'n draguydaul, meun maur draguydaul a diuahanaul undeb, ag nid oes, gen y cyssult syd rhung gur a guraig yn unig gulum sicir, Eythr hefyd ymae'n guahard yn holaul gael lauer ne liosogruyd o uraged, yr hun a eluir yn y tafod groeg Polygamia. S. na Phriotto un lauer o uraged, Am hyny ymae Crist yn cadarnhau priodas yn sicrach ai duyn drachefn i rad buraid argynt a i bu, gandyuaedyd yn olau agyn eglur, yntuy a fydant dauyn yr un cnaud, ag fely nid ydynt dau, ond un yn y cnaud.*

*D. a ydiu Priodas yn rhyd i baub?*

A. *Nag ydiu dim. Canys yr Apostolion benedigedig a dradydiasont ( megis ag y dyuad Ephiphanius) fod unyn pechu os try (guedi ido uneythyr aduned o foruyndod) i briodi drachefn, Ag y mae S. Hieromy yn gurantu i fod yn y fath bechod, ag yn gymaint, os priodant y guerydon guedi udynt uneythyr adunet a i cysegru i duu Grist, nid ydynt yn unig yn pechu meun godineb, eythr yn hytrach meun in Sestruyd, Y mae S. Austin yn dyuaedyd, y foruyn uyryd ne' foruyn sengl a briodaf nid yu'n pechu: Eythr os y uyryd a cysegruyd (S. yu monaches) a briodaf ef ai barnir fal adultres S. Guedi torri i phriodas am na chaduod yr adeuid aunaeth a Christ, adyfod yn i gurthgefn, o'r le'r aeth. Amhyny le mae'r yr Apostol yn dyuaedyd, guel yu priodi nag ymlosci, sy'n perthyny, at y neb ni unaeth aduned, ag ni chymerth gerefyd arno, Megis ag y mae S. Ambros yn dyuaedyd yn eglur: Eythr hon a amgredod a duu, ag a gymerod y uisc fantaidiaul, a brioduyd ensus, ag y sydyn briod a gur anfar oledig, Ag os myn hi briodi arol y fraith gyphredin y mae hi yn adultres, ne'n gu-*

*Epiph. cōtra sect. Angeliū.*

*S. Hier. lib. 1. contra Iouinianum.*

*in Psal. 83. & Ps. 75.*

*Corint. 7.*

*Lib. ad Corrupt. virginū.*

*neythyr godineb, ag yn altudes i angau, fal lyn y dyuaed S. Ambros. Amhyny canmoladuy oed ordinhad yr emerod Iofinian yr hun a'r-oes yr emerodr Iustinian yn lyfr o'r gyfraith yn y modyma. Os byd neb mor lefasys (ni dyuae-dafi a thraisio) ondyn unig amcanu ar uyryd cysygredig, ar fedr i phriodi coledi hoydl, yrun*
*Leo epist. 92.* *rhesum, a'r un farnedigaeth sydyngbylch me-nych a'rhai a gymaarasont urde sacraid ne'n o-pheiriaid, Canys coledig ydynt os golyngan y*
*Apoc. 26.* *phruyn yn rhyd i anladruyd a masued a thor-ri'r y gredne'r adeuid gynta a rodasont i duu a'r*
*Eccl. 5.* *Egluys, ne fal y dyuaedod yr Apostol i guney-thyr yn oferyrhain yn euylscar a' murthoda-sant a phriodas gan uneythyr adeuid siccir i gadu'n draguydaul ueddod, neil a druy gyme-ryd arnynt adunedyn olau, ne or hyn leia yn*
*Deut. 33.* *dirgel urth gymered urdau sacraidiaul, gua-randauant gen hyn air duu, Guneuch aduned, a theluch ych argluyd duu chui, Ag heb lau*
*Luc. 9.* *hyn, Os gunaethost aduned yn y byd i duu, nag oedai chyflauni, a'r peth y mae Crist i hun yn i athrauy, nid oes neb a rodod i lau ar yr aratr, ag a edrych yn ol i gefn yn adas i deyr-nas nef.*

*D. aydiu'r Egluys yn peri ineb oi banfod fuu heb briodi?*

A. *Yn uir nid yu'r fam ysbrydaul hono yn gyrru neb yn erbyn i euylys, nag yn gorchymyn i neb fuu heb priodi, Ond y hi a fyn i rheini a gymerasont arnynt y braint hunu (meg[illegible] ag y dyuaedasom uchod na datodau moi ceresfyd, ne'n a thorrant mor Amod a unaethont yn duuiaul a Christ ag ai Egluys, Am hyny iaun yu beri uduntuy gadu i hadeuid, a glynu urth gyngor yr Euengl, i'rhuny buont fodlaun ido, yrhun beth a dyuaedod. S. Paul, y neb a gysulto i foruyn ne i uyryd meun Priodas, ymae'n gunaethyr yn da (guir yu tre fytho heb i chysegru i duu) ar neb ni chysulto, sy'n gunaethyr yn uel, Athrachesn. Da i ur na chysyrdo a merch. Am hyny y camolod Christ, yr esnuchiaid yr Efengb ag'a fuont eioed yn cael i clod fauri yn yr Egluys: yrhain y mae Tertulian yn i galu yn Esnuchiaid ne guedi i dispadu oi euylys i hunain, ne coi euylys i hun, ermuyn teyrnas nef, megis ag i galent fod yn santaid yn i cyrph, ai enaid yn rhyfela i duu yn i cnaud hel gnaud, yn [illegible] le yma yrydym yn rhuymedig i ochel [illegible]ndiuid dau*

Leo epist. 92.
Conc. Cõstant. sub Iustiniano. ca. 13. & . 46.
Corint. 7.
Ambro. de virg. & viduis.
Hiero. li. cont. Iouinianũ.
Matt. 19.
Epiph. cõtra Angalu.
1. Cor. 7.

gyflorni : un o'rheini sy'n glodfauri Priodas gida Iofinian etto ymae'n tuy'n cyfri Priodas yn gystal ne 'n rhagori guyrydondeb ne virginiti, y mae S. Paul a'r cubl o'r hen dadau, yn olau yn dyuaedyd yn i herbyn: y cyflorni ne'r error aral yu o'rthaind ynt yn teuru ar gam, fod yn agos yn anhaud i Griflnogion gadu ne gynal i diuairdeb ai guyrydiondeb, ag o heruyd hyny y mae'ntuy'n yn dal na dyle neb gymeryd arno ef nag aduneduy cyfryu betn yn santaidiaul, nid yu y'rheini yn dealt helaethruyd a Phruythlondeb gras yr Efengl, yrhuu a rodod Crist gymaint o oesod mor helaeth ag mor diandlaud, ag y mae beunyd yn i rodi yrhain sy'n credu, yn i erfyn, yn i gaisio, ag y yn cnocio am dano ef, megis ag y galont brofi druy ecsperiaeth mor esmuyth ag mor dirion yu aruain Iau'r Arglueyd, ag nad yu phord diuairdeb lai cymuys udynt nag iachys, ymysc yrhain S. Paul oed un, gan dyuaedyd yn olau, ag yn cadarnhau fod duu yn Phydlaun, hun ni odeych temptio chui, yuch lau ych galu, eythr gida'r temptiad i guna fe odiangfa, megis y galoch ymdaro, o hyny y mae S. Austin yn yscrifenu.le i mae'n yn diangluy man hunu, Guneuch aduned a chyflaunuch y hi ych arglueyd duu, hefyd na fyduch diog i uneythyd aduned canys nid ydych yn abl yu chyflauni o'ch grym

Haeres. 82. Concil. Trid. 24. ca. 10.

ach

*ach galuchun , ond chuchui a Phaeliuch os chuychi a bresumia o honoch ychunain : Os chuychui a bresumia o hono efy'rhun i'rydych yn guneynthyd adnned, chui a cyflaunuch yn fur, ag meun man aral, Happys yu'r angen, y rhun sy'n cympel i uneythryn uel.* *Aug.li.d. confess. 6. & 8.*

---

*D. mae yn gryno Sum yr hol adysc uchod ?*

A. *Y mae'n rhaid cyfeirio hyny a dyuaedasom mi hyd yn hyn yn fyr, fal i'r amcanasom at hyn o benod, fal y galo'r ancysedigueled dysc gatholig diamheus ynghylch saith rimued yr Egluys : yrhain a ranuyd yn duy ryuogaeth. Canys rhai o honynt megis y pumb cynta sy'n rhoi cynyd, ag yn helpu iechyd pob Cristion ol, Ond erail sef y duy dyuaethaf sy'n guasnaethu i amlhau pobl duu a guasnaethuyr yr Egluys, ag y mae'nt yn duyn i ben y dau beth yma druy ordinhad duu sy'n augenrhaidiaul Canys druy fedyd ef an ailenir ni y fouyd ysbrydaul syn Iesu Grist, a'r Bedyd escob sy'n rhoi muy o nerth a chryfdur idyn uedi i aileni Rhinuedyr Alor syd fuyd a diod, a tharthfuyd i dyn, yn i berindotaeth yn y byd yma. Penyd syd fediginiaeth yn erbyn pob Clefyd yr* *Ioan. 3. Tit. 3.*

Y

enaid, ag a agyfydḍyn ụedi iḍo ſyrthio ag ai
*Act.* 8. hiachafụedi i friụo. Mae'r Oleu yn calyn, yr-
hụn yn yr ymdreḍh dyụaethaf yn erbyn augau
*Ioan.* 6. ſy'n cadụ ag yn cyſegru dyn ụrth fudo odiyma,
ụedi y mae'r urḍe yn rhoi guaſnaethụyr i'r E-
gluys, i fod yn bena ar y pethau ſacraiḍ i arluy,
*Ioan.* 28. i lyụadraethu, i gadụ, i arfer yngyfraithlaụn
bob peth a dyụaedaſom i uchod, Ag yn diụae-
thaf y mae priodas yn Amlhau Criſtnogion
ag yn fediginiaeth rhag anrụairdeb, fel y yr-
*Ezec.* 16. hain ydynt yr eliau ag mediginiaethau duụiaul
a ordeiniaụd y Samaritan a oeḍ yn laụn truga-
red, ag a orchmynod i benaethiaid yr Egluys,
i lyụodraethu ag i iachau Cleifion, S. Pob
Pechadur yn'yr Egluys fal y galant huy os my-
*Tit.* 1. nant gael guir a Pherphaith iechyd, ag nid
ydiụ yn bụnc celfyḍyd dyn, Ond o ḍocthineb
*Iacob.* 5. Criſtnogaụl, y adenabod yn iaụn cymeryd yr
iachaiḍ, a rhanu i eraiḷ yn Phydlaụn yr eliau
yma, gan dyụaedyd o hommi digon hyd yn hyn,
*Ephes.* 5. ynghylch doethineb Criſtionogaụl, megis yr o-
eḍ naturiaeth y doſparth yn gofyn, madụs yn
belach fyned at yr han araḷ i'r dosbarth yma
ſy'n egluro cyfiaụnder Criſtinogaụl.

## ECCLESIASTICI IIII.

DOethineb sy'n Anadlu bouydyu i Plât, agyn croesafu y Saul sy'n guilio am dani hi, ag a gerd oblaen huynt rhyd Phord gyfiaunder, a'r neb sy'n i charu hi, sy'n caruye i fouyd. 1. Cor. 1. Luc. 12.

---

## DOSPARTH AR GYFIAUNder Cristionagaul.

D. Pa rhyu bethau sy'n perthyny a gyfiaunder Cristionogaul:

A. fodyn syr. Dau beth a rhain a gynuy sir yn y gairiau yma: Gochel drug a guna da? megis ac ymae Esaias yn dyscu, Gorphouys yn guneythyr drug a dyscuch uneythyr da, yn gynta sy'n sefyl urth adanabod, a gochelyd pechodau. Canys yntuy yu'r drug muyaf a al damuain i dynion yr ail a gyflaunir urth chuenychu a dylyn guaithredoed da, Ond cyn galu o honomi gyflouni'r duy ran yma o gyfiaunder, rhaid ini bob amser urth y gras a enilod ag aduuod Crist ini: pen el y gras huau o'r blaen a helpu, ef a cuppleir hyny a dyuad Ifan, y neb au- Psal. 36. Esa. 1. Rom. 7.

Ephes. 1. Matt. 11. Ioan. 15. 1. Ioan. 3.

nel gyfiaunder sẏd gyflaun, megis hefyd ymae'ntuy'n gyfiaun a thrachefn y neb a unel pechod ysẏd o ḍiaul.

---

Beth yụ pechod?

Aug. li. 1. retracta. Lib. de Paradiso.

PEchod (meḍ S. Aust.) yụ euylys i ḍal ne i gael y peth y mae cyfiaunder yn iuahard, ag y sẏd fal i gelir, ymgadu rhagdo. A S. Ambros sy'n dyuaedyd Pechod yụ toriad cyfraith duụ n' anufuddod i gyfraith nefaul.

---

D. Pesaul rhyuogaeth o bechodau y sẏd?

Aug. in Eucher. cap. 64. Cōc. Tri-pent. Ses-sion. 5.

A. Tri Cynyrchaul, Maruaul a Maḍaul, yn gynta yrydym yn galụ pechod cynhyrchaul, y pechod hunụ a doualtuyd ynomi drụy Aḍa yn hen dad, y cynta o genedl dyn Pen y cyngaphuyd ni. yrhụn aydys yn i lanhau drụy fedyd ynghrist, o hụn yma y mae S. Paul yn yscrifenu fel yn Drụy dyn (med ef) i'r entriod pechod i'r byd, ag angau drụy bechod, ag fel y yraeth angau dros hob dyn, o herụyd pechu o haub ol, A thrachefn urth dyuaedyd urth yrhain a ḍarfasau i Bedyḍio i dangos udynt fod grym Bedyd Cristionogaul uedi i eslyn *ag yn credyd i lanhau y pechod yma megis, ag y mae'n testiolanthu y olau, ef ach golchuyd, ef ach santaiduyd, ef ag ach gyfiaunuyd yn enu n' Argluyd ni ag a chen ysbryd duu.*

*Pechod maruaul yu (megis y dyuaedant) guaithred i didymu dyn o fuuyd ysbrydaul, ag yn Angau i'r neb a becho: yrhun Angau sy'n* 1. Cor. 6.
*didoli dyn odiurth duu ai deyrnas, ag yn peri ido haudu pœnau traguydaul, y mae'n yscrifenedig, gobruy Pechod yu angau, a'rhain enuyrys, druy lau a gairiau, ydynt yn i alu athuynt. Pechod madeuaul hefyd yu guaithred, hon nid yu yn guneythyr duu yn Elyn ini, am hony mae'n haud i'rhai Phydlaun gael madeuaint* Ad Gal.
*gan duu, ynghyleh hun yrydys yn ymuyl, Os* 5.
*dyuaedun nad ydym yn pechu yrydym yn tuylony hunain, ag nid oes mor guirioned ynomi.* Apoc. 21.
*Canys Iagob sy'n cyphessuyn olau, meun lauer* Sapient. 1.
*o bethau yrydym i yn cuympo, ag os tybiun, y-* Aug. lib.
*gur doeth cyfiaun, sy'n Cuympo saithuaith yn* 3. con. onas
*y dyd ag yn ailgod, Canys y mae'n eglur, fod un* epist. Pe-
*pechod yn fuy na'r lal. hefyd y mae'n Adas i* lagij.
*gyfiaunder dyn, eythr hefyd i gyfiaunder duu* Ioan. 19.
*am hyny y mae Crist yn guneythr rhagoriaeth* Aug. lib.
*rhung y neb sy'n pechu druy uybod, a'r neb sy'n* 21. de ci-
*Pechu drouy anuybod arguas hun (rhed ef) a* uitate &
*uybyd euylys i Argluyd ag ni'm baratodi una-* serm. 18.
*ethyr i euylys ef a faedir a lauer o uialenotau:* de verbis

 Apost.

*Eythr hun nis guyl u ag aunueth y pethau a* Mat. 5. *oedynt yn heudu guialenotau, ag a faedir ag y chedig uialentau, yrun hefyd (pen y mae'n* Greg. 21. *cymuyl ynghylch pechod airadau, sy'n barnu* Moral. *felyn, puy bynag a digia urth i fraud a fyd euog* ca. 5. *o farn, a phuy bynag a dyuaeto urth i fraud* Aug. in *Racha, a fyd euog o gyngor, a phuy bynag a* li. 1. de ser- *dyuaeto ha ynfyd, a fyd euogodan uphern, a-* mone do- *rol grad pechod, gan dyuaedyd arol gairiau* mini in *S. Gregori, fod trefn ag order Barnadigaeth* monte ca. *yn i'muanegu, megis fod digofaint heb lafe-* 12. *ryd gairiau, uedi i ordeinio i farnedigaeth, a di- gofaint druy laferyd, uedi i farnu eusus, Ond digofaint druy laferyd ymadrod, a farnuyd i dan uphernaul.*

---

D. *Paham y mae rhaid gochel pechod?*

A. *Yn gynta o heruyd na orchmynod duu i neb uneythyr drug ag ni rodod i- neb amser i bechu, Eythr cassau'r cubul y syd yn guneythyr enuired, megis ag y mae'r Scru-* Ecclef. 15. *thur lan yn testiolaethu yn olau, ag nid oes dim* Psalm. 5. *gasach genduu na phechod, hun sy'n caru pob* Sapiēt. 14 *peth ar y syd, ag nid yu yn erlid nag yn Cassau dim oni .. pechod, ag nid yu yn peidio ai gasau ef yn y nef ar dacar. Pechod megis ag y mae'n hennys ag yn ag phiaid a fu achos i Grist yn arglwyd hun i rioed ni unaeth bechod gael i groeshoelio a godef marfolaeth chuerwaf ol, Canys ef ai archolwyd am yn camuedau, ag ai dryliwyd am yn enwiredau ni Cosbidigaeth yw'n h'educhni, a roduyd arno ef i athruy i glaïsiau ef yr iachauydni, ag ef a rodod yr Arglwyd yn hol enuired ni arno ef ag efyw r' iaun dros yn pechodau, ag nid tros yr eidomi yn unig, cythr dros bechodau'r hol fyd, ag o heruyd hyn ef a lanhad yn pechodau ni ai uaedhun, puy bynag druy fedyd a gydgladuyd gidag ef hyd faruolaeth ag o heruyd i maru i bechod, ymae'n tuy n' buu i gyfiaunder druy fuu yn uastadaul druy i ras ef meun neuyddra buched Ond y rhain a derbyniasont ras Iesu Grist, unuaith druy fedyd ag a bechanb drachefn yn euylyscar, y mae'ntuy yn pechu yn erbyn Crist, yn erlid Crist, yn croeshoelio Crist ailuaith, ag agant i cosbi gen Grist yr ustus cyfiaun, dim lai n'ar anphydloniaid drugionys, ne'r paganiaid, Canys fel y ymae S. Paul yn dyscu, os o'rguaith diodef y pechu yn ol derbyn guybodaeth y guirioned, nid oes muy aberth uedi dros bechodau, aruthiad dysguyiliad barn, ynghylch yrhain y mae peder Apostol yn cymuyl Canys guel a fasau udym na uybiasent phord y cyfiaunder, na guedi i guybod,*

*Bernard. Ser. 3. de natiuitate domini.*

*Esa. 53.*

*Rom. 6.*

*1. Petr. 2.*

*cilio odiurth y gorchymyn santaid a roduyd u-*
*dynt, am hyny yr hun sy'n tybied i fod yn sefyl,*
*edryched na syrthio, Canys druy syrthio, y*
*dyuaethaf syd uaeth na'r cynta, heb lau hyny*
*yrhain sy'n pechu ag yn guanethyr enuired ynt*
*elymion yu enaidiau i hunain, o choeliun i Ra-*
*phael: dyn druy drugioni a lad i enaid i hunan,*
*ar enaid a becho huny a syd maru Ag yn uir*
*nid oes dim muy afluydianys na'r farufolaeth*
*yma, pen fythodyn uedi oyscaru yn draguy-*
*daul odiurth gymdaithas yr hol saintiau, o-*
*diurth lauenyd a didanuch yr angelion ar hol*
*greaduriaid nefaul, Ag yn y dined o diurth i*
*daioni pena a thraguydaul, druy uybodaeth a*
*muynhad yr hun y mae hol, iechyd apher-*
*phaith deduyduch dyn yn sefyl, heb lau hyn y*
*mae naturiaeth a malingdra pechod y cyfryu*
*beth, megis nad yu yn unig yn guahnu yrhai*
*cyfaun odiurth duu ag odiurth ras duu ai ogo-*
*niant cythr hefyd y mae'n guneythyr yn sufie-*
*dig i dirfaur a thragouydaul ofidiau yn gystal*
*i'r corph ag y'r enaid ag nid yn unig yn i guney-*
*thr yn afluydianys yn y byd yma, cythr hefyd*
*yn y byd sy'n dyfod, fal guedi udynt dyfod dan*
*iau a chaethiuaed y cythreliaid, sy'n cael i bar-*
*nu i boenau tostyraf ag i bob drugioni yn dra-*
*guydaul o heruyd hyny y mae'n rhaid marcio*
Exod. 14. *yn yr scruth.r lan samplau'r y pechaduriaid*

*yrhain*

*yrhain a gosbụyd ag a gerydụyd am i Pecho-
dau, megis Cain, Pharo, a Nabuchodonoſor,
y Sodomithiaid yr Iphtiaid, ar Iſraelitiaid ag
erail, drugioni yrhain, duụ gyfiaun druy lauer* Dan. 4.
*ag amryụ fodịon, ai cosboḍ yn drụmyn yr phy-* Exod. 7.
*nyd ymae'n rhaid ini nodi y Sentenſiau yn y* Ioan. 8.
*Scruthur lan yrhain ſy'n aḍyſcuni i ocheḷ ag i* Sap. 14.
*Phiaiḍio brụnti a phla pechod, megis y neb a* Pſal. 5.
*becho ſyḍ aḷtud i bechod, Cas gen ḍuụ yr enụir* Tob. 4.
*ag enụireḍ pechod aụnaf y bobl yn drapherthys
ag yn druanaiḍ, pho rhag pechod megiss rhag
Sarph, o herụyd nad yụ ḍuụ yn euylyſio enụi-* Pſal. 3.
*reḍ, y drug nithrig gyda thi, arhai anghy-
fiaụn in ſafant yn dy olug, y neb pechu meụn un* Aug. li. 1.
*peth, a gyḷ lauer o ḍaioni, meḍulani d'arglụyd* de ſerm.
*duụ yn dy hoḷ dydiau, a gochel fyth gyttuno a* Domiui-
*phechod, ag nag ſcluſa i orchmynion yn duụ ni,* ca. 13. li.
*y Siamplau a'r ymadroḍion yma ſy'n tynu, i* 12. de Tri-
*berii ḍyn gydnabod, fod duụ yn ḍialụr, ag yn* nitate.
*gosbụr, cyfiaụn ar bechodau, a chan gydnabod,* Gregor.
*yn peri iḍo ofin, a thrụy i ofui, fod yn ḍyfal oi* Hom. 16.
*ſalfadigaeth, a thrụy fod yn ofalys ḍiaint rhag* in Euang.
*erchiynedig gosbdigaeth pechod, aml yụ phre-* lib. 4. mo-
*uiḷau y pechad uraid.* ralium c.
27.

## D. Pa Phord ſy'n touys dyn i Sybul Pechod?

*Aug. de Serm. domini in monte & li. 12. de Trinitat. & ca. ſicut de Penitentia. Diſt. 2.*

*Greg. homil. 16. in Euangel.*

*Iacob. 1. Rom. 6. Mat. 5.*

*Vide Gregor. magn. li. 4. moralium.*

*AR hyd tri gris yn benaf, y doir i bechod, S. yu lythiant, dileithuch, a ſyniad, lythiant yu pen ynomi fedul drug, druy brofedigaeth y byd y Cnaud, a'r cythrel, dileithuch yu pen ſytho hyny a anogod profedigaeth drug yn Bodloni gormodar yn medul, ne'n cnaud ni, yn diuaethaf, Cydſyniad yu, pen fo'r cuylys a denuyd druy lithiant a dilaethuch yn cydſynio a'r pechod yn diamryſys, druy'r cyttundeb y cyflaunir pechod, ag y guneyr dyn yn euog gar bron duu o dan uphernaul, er na uneler bob amſer, mo'r uaithred, O achos ſynhuyrol y dyuoeduyd fod had pechod yn y lithiant, i borthiant yn i dyleithuch, ai gyflaunruyd yn y cydſyniad: ne os mynun chuilio yn fanylach hyn o beth, ymae lithiant i fedul yn duyn alan aphaith, o'r aphaith dileithuch, o'r dileithuch, cydſyniad, o'r cydſyniad guaithred, o'r uaithred arfer, o'r arfer anobaith o anobaith mayntimiaeth pechod, o ſantimiaeth pechod phroſt, o phroſt barnadigaeth diogel, fel dyma yr gaduyn ne geſyuau a'rhain ymae'r cythrel yn rhuymo dyn a huynt ag yn i ſuru yngu rſc.*

*ben, nid yn unig i bob rhyu bechod, eythr he- fyd i Eigiaun uphernag o heruyd hyn y mae'n brophidiaul ag yn fudaul adanabod, a guilio yn dyfal, y cyfryu radau a'r cainciau yma i bechodau: rhag yn Somi ni, a'n bod meun perigl i n damnio ag yn coli.* *Et Isiodorus de summo bono.*

---

*D. Pa fod y gelir gochel pechod?*

A. *Yn gynta os guelun y gofidiau, a'r perigl sy'n calyn pechod: yn ail os gurthebun yn y man yn dyfal ag yn diuid druy nerth Iesu Grist i dechreuad huynt, ag os gurthladun chuantau drugionys, druy rhain y lithir'ni yn haud i bechu, yn diuaethaf, os ny ni a lafyriun ag am canum i arfer rhinuedau gurthnebys i bechod druy fod Crist yn yncymorth, Amhyny ymae'r pregethur yn Rybidio, na does arol dy chuantau, eythyr ymattal odiurth d'auyd, os rhodi ith enaid i eulys, yna ygunai lauenid ith elynion, am yrhun beth y mae duu i hun yn dyuaedyd: os yn da y gunei, onichai orchfiaeth, ag onis gunei yn da, dy bechod syd oflaen y drus, ond dy chuant i hyny a fyd yn dy lau di athydi a gai fod yn arglyyd arno ag y man yma y mae'r arfau ysbrydaul a'rhain ymae S. Paul yn dymyno i filuyr Crist, i'm* *Bernardus serm. 5. de quadrag.* *Rom. 12. Ephes. 4.* *Eccles. 18. Genes. 4.* *Ephes. 6. Hebr. 12.*

*arfer i'm diphin yn erbyn pechod o hol dichelion y cythrel, megis i galont urthlad pechod yn y dyd drug, a diphodyd dardau tanlyd y muy muy drugionis.*

---

*Dosparth ar ysaith brifbech.*

*D. Pa bechodau syd raid, i ystyrio yn benaf?*

*A. Yrheini a eluir prif bechodau, am i bod bob vn or dau, yn phynoniau ne'n ben i'r hefyd am fod phruythoed guenuynig yn tyfu o honynt, a phob cyfryu uyd, baiau, Scandalau, coledau, lugrau a phob haint sy'n cuympo ardyn sy'n dielu o honynt megis o uraidfon hir.*

---

*D. Pesaul prif bechod y syd?*

Greg. li. 11. *Mora.*

Collos. 3.

*A. Saith, a rifir y lyn: Balchder, Culydra, godineb, Cynfigen, Glothmeb, lid a diogi, Ond megis ydylem mi fyth gasau yn faur, a gochel yrhain: fely y mae'n rhaid ini (os mynun i fouyd i'r enaid) dylyn druy faur diuidruyd a dyfalruyd a serch y saith rinued y sydurthuyneb i'r saith bechod yma, difalchder* y' sydd urthuyneb i falchder, hueliocꝫ i Gubydd-dra, diuyrdeb i Odineb, cariad perphaith, i gynfigen, vn'prydi lothineb, hynausedi lid, diuidruydd duuiaul sy'n erbin diogi. Corint. 9. Eccles.31. Cor.13. Hebr. 10.

---

D. Beth yu balchder a pha eppil sydd ido?

A. Balchder yu chuant afrolus i ragoriaeth, pa un bynag i bo ai o feun i galon yngudiedig, ai o dialan yn Ambug fal dyma fam tuysoges hol faiau, ond yn henuedig a genedlod yr afluydianys eppil yma Anufudelod Phrost rhagrithiad ne hipocrisi, ymryson, cynen, cyndynruydd guamalrhuydd, Belach megis y geler gochel y dirfaur bechod rhaid yu fyth gophau y peth a dyuad Tobias, na olung, fyth (medd ef) dros gof falchder i gael bodloni dy Synuyr, ne i lyuaedraeth d'air di, Canys o falchder y mae pob scelerdra yn cael i dechreuad, A hefyd athrauaeth yr Apostolion sy'n gurthebu'r balch, ag yn rhoi gras i'r difalch, o choeliun y prægethur, casnorys yu balchder gan bron duu a dynion, yr argluyd a diflanoedd uraid y rhai beilchion, ag a blanodd y rhai gostungedig yn i lle meun gogoniant Am hyny paham y ruyti sydd dust a ludu yn balchio? Deut. 17. Sapient.5. Mat.13. Gene. 49. Eccl. 10. Iacob.4. 1.Petr.5.

D. Beth yu cubuddra a pha blant syd idi?

A. Cubuddra yu chuant afrolys i gael ne i fedu, efe a elir i farnu yn gubud, hun nid yn unic, yn raistio, Ond hefyd hunu a-
2. Tim. 3. chuenycho da aral, ne a gatuo i dai hun yn rhy
Cor. 6.
Matt. 9. galed, merched y fam drugioys yma yu rhain,
Prou. 22. S. yu traeturiaeth, dichel, tuyl, anydon, aflonyduch, trais: anrhigared, angouaithdra a chleduch calon, y mae'r Apostol yn barnu ar y pechod yma yrhain ynt yn chuanychu ymgouaethogi sy'n cuympo meun profedigaeth a magul y cythrel, ag ymrafel chuantau anphrophiaul, a drug ar les dyn: yrhain sy'n bodi dynion yu marfolaeth a dystrouiad, ag yn i lad ai difetha. Cubuddra yu guraidin pob drugioni, ag y mae'n yscrifenedig meun man aral, nid dim oes muy sceler na'r dyn cubud, nid oes dim fuy enuirys na charu couaeth, hun sy'n guerthu i enaid, Crist sy'n testiolathau, ni eluch uasnaeth duu a chouaeth, hefyd na fyduch ofalys y foru S. Paul sy'n rhoi hyny alan yn eglurach gan dyuaedyd: Byded ych ymurediad yn diserch igybudd druy fod yn fodlaun orhyn syd genych
Mat. 6. yn bresenol Canys efa dyuaedod ni phalaf iti, ag nil gadauaf di o chuaith: megis y galom dy-

*uaed yd yn hyf, yr argluyd yu fynglymorth, amhyny ochauin ymborth adilad, yrydym yn fodlaun o hyny.*

---

*D. Beth yu godineb, a pha eppil fydido?*

*A. Godineb yu chuant afrolys i fpledach, amhuraid anladys, ag ymae'n yn cenedlu n'en yn generu'r rhain dalineb medul, didarbedruyd, anuadalruyd penchuibanruyd, traserch arno i hun, cas i duu, gormod chuant i'r bouyd hun, ofn angau, a'r farn a a dau, ag anabauthio yr deduyduch tragouydaul yn erbyn y pechod yma yr hun fy'n guneythyr y doeth yn phol, a dynion yn anifailiaid yr Apoftol fy'n yfcrifenu felyn, ymae pob pechod a uuelo dyn alan oi gorph i hun: Ond y neb a unelo odineb, fy'n pechu yn erbyn i gorph i hun. Ag ymae'r un meun man aral yn teftiolaethu yn y mod yma, neduch grybuyl yn ychmyfc chui am Odineb, na brunti aral yny byd, na chubuddra, megis i guede i faintiau, nai ferthed na phol Siarad, na guag digrifuch, nag anfedryfruyd amherthynafaul, cythr ofaen pob peth rhoi diolch i duu, a pheth rhyfed a chuilydys yu bod Cryfnogion garbron duu ai angelion yn i halogi hunain druyfafued* Prou. 13. Snpien. 4. Pfal. 51. Iacob. 4. Ephef. 5. 1. Cor. 6.

*budyr, yn gynient ·g udynt gysegru i cyrph ai*
Hebr. 13. *haelodau yn i Bedyd megis templau puraid i'r ysbryd glan, ag i Grist yn arglwyd, am hyny ymae S. Paul meun aral, Oni uydochi mae teml duu ydychi a bod ysbryd duu yn aros y-*
Galat. 5. *noch? hun a gousoch gen duu ag nid ydych yn eido chui ych hunain? athrachefn, oni uydochui fod ych cyrph yn aelodau Crist: a gymera si ai gunaethyr yn aelodau putain, ag yn y diued ymaen gorphen, canys ef ach prynuyd chui amaur uerth am hyny gogoneduch, ag aruaineduch duu yn ych cyrph, godinebuyr a phutamuyr a farn duu.*

---

D. *Beth yn cynfigen, a Pha cppil ymae hi yn i genedlu?*

A. *Cynfigen yu tristuch am daioni a chyfnyu aral, a gofid urth deduyduch un araltu ag oit i Orucha, am na byd gystal: ag y rhai syd is rhag na bydent gystal ag ef ty ag at i gyphelib, am i bod yn gystal ag yntau megis ag y dyuaedid S. Austin, ag ymae hyn o fer-*
Eccl. 28. *ched genthi hi: Cas, absen, difenui, dirmig, la-*
Genes. 4. *uenyd o draphert a hylbul un aral, a gofid o olud u.. aral, yryd ym yn darlain gynfigenu o*
1. Reg. 18. *Gain urth Abel uirion i fraud i hun, ag ir bre-*
*nin*

*yn Saul gynfigenu urth Dafyd i fab yn gyfraith, a darfiasau i darparu'n frenym y pechod* *Sap. 7.*
*phiaid yma, hun heb l. u i fod ef yn olau yn erbyn naturiaeth a chariad perphaith ymae hefyd y a guanaethyd dynion yn gyphelib* *Galat. 5.*
*ag yn debig i'r Cythraliaid: druy gynfigen y cythrei y doeth augau i'r byd: arhain ydynt ar i du ef, ai calyn ef: Ag urth hyn da y mae'r Apostol yn rhybydio na fydun chuanog i glodorus ig, druy gyphroi paub i gilid, a chynfigenu o baub ureh y lal.*

---

*D. Beth yu glotineb a pha rai yu i ferched ef?*

A. *Glothineb yu auyd anlyuadraethys, i fuyd a diod, ag y mae hyn o ferched ido,* *Exod. 32.* *Iob. 21.*
*panuedaiddra, lauenyd, dadurd anfedrysruyd,* *Prou. 10.*
*buscled pulder synuyr a dealt eythr bethaal fod* *Ecclef. 10*
*uaelach na bruntach na bod megis Anifailiaid yrhain sy'n fodlaun i'm borthi yn gynil, arol naturiaeth, ag etto ymae dyn yn i rhagori, pen y mae'n yn ymroi i hun yn ailtud yu fol ne yu rymen, i uttres, i ormoded, ag i feddod, druy draulio ag uastio y cubul ar a fedo, y mae'n* *Luc. 21.*
*guneythyr yn erbyn i echyd, ag yn syrthio me* *Prou. 20.*
*un clefydau, ag yn ydiued yn byrhau i hoedyl? Canys guir a diogel yu'r gair hunu lauer a fuont*

feirụ drụy uttres a gormodeḍ, ar neb syḍ gynil
a sober a estyn i einioes: o lauer o fụyd y daụ clefy
dau, Crist syn gorchymyn guailụch rnoch ych
2. Cor. 6. hunain, rhag gorchfygụch calonau a glothineb
a meddod, eithr S. Paul i'n deuny ni o ḍurth
Osee. 4. feḍdod syn dyụaedyd, na feḍuer cluigenuin,
yn yrhun ymae godnieb: yrhai a feḍụant ni
Eccle. 19. chant fedianu teyrnas nef: o herụyḍ hyny pro-
phụyd duụ syn yn bygụth yn erbyn ysfuyr, guae
yrhai cryfion syn yfed guin, a'r dynion ner-
thaụl syn gymyscu diod gadarn.

---

D. Beth yụ ḷid a pha ephil a enir iḍo ef?

A. Ḷid yụ chụant i gosbi un araḷ a debygo dyn gael drug ar i ḷaụ. Ag ymae'n geni o hụn ferchef mieḷdigedig ymsertu Balchder ne Rysig, dystyruch ḷefain, cynfigen dirmig, ne
Prou. 19. rhegu, ne tygnedu: hụn syḍ uenuyn meḍụl
hụn syn ḷugru grym a gaḷu barnadigaeth a
Iob. 15. dœthineb, ag yn dynystrio yn fynychiechyḍ
yr enaid a'r corph, o herụyḍ hyny y prege-
thur a'n rhybyḍiod: na syḍ gyflym yn dy ysbryd
Eccle. 19. i digio: Oblegyd dig syn gorphụys yn mynụes
pholiaid, hefyd ymae Athrau y cenedloeḍ,
Eph. 4. yn gorchymyn tyner ymaith o'ch myse, bob
Eccles. 7. chụerụder, a ḷid, a chynfigen, a ḷefain, ag ab-

*ſen anuyaụl, a chabledgida phob drugioni, a* Col. 1.
*byduch heſyd gymuynaſcar, a thrigarog gan*
*fadau baụb yụ gilid, megis agym aḍauoḍ duụ i*
*chụithau drụy Griſt, ag nid heb achos y dy-*
*ụaedodyr uſtus penaf, y neb ar a ḍigio ụrth* Matth. 5.
*i frauḍi hun, ſyḍ euog o'rfarn, a'r neb a dy-*
*ụaedo ụrthi frauḍi hun Racha, (yrhụn ſyḍ* Bern. Ser.
*arụyḍ o lid) ſyḍ euog o'r cyngor, a'r neb a dy-* 3. & 6. de
*ụaedo ụrthi frauḍ, phụl, ſyḍ euog o dan uphern-* Aſcenſ.
*naụl.* Domini.

---

D. *Beth yụ diogi a pha ferched ſyḍ ido?*

A. *Diogi yụ diphrụythdra a leſced calon* Greg. li.
*dyphigiaụl i ụneythyd yn ḍa, ond yn a-* 31. Mor.
*nụedig ymae diogi yn driſtụch pethau yſbry-*
*daụl, arhain yụ i ferched, malais, ſtyfnigrụyḍ,* Eccleſ. 33.
*guendid calon, anobaith, aneſcudrụyd yn-*
*ghylch gorchymynion angenrhaidiaụl, anụa-* Prou. 6.
*dal urbiad meḍụl ynghylch laụer o bethau, a'r*
*perigl trụm ſy'n dielu alan o'r pechod hụn a* Pſal. 118.
*dangoſir drụy airiau Criſt yn yr Efengl pob* Mat. 20
*pren ar na ḍuco phrụyth da, a dorrir, ag a fụ-*
*rir yn y tan, ag meun man aral, Burụch y* Ioan. 13.
*guas anfuḍaụl i'r toụylụch eithaf, ag ni chafoḍ* Rom. 13.
*dyụaedyd o chụaneg, beth a fynaụ ini ụneythr* 2. Cor. 7.
*rhag bod yn ſụrth ag yn ſegur edrychụch,* Galat. 3.

*guiliuch, a guediuch, canys ni uydoch pa bryd y byd yr amser, ymdrechuch fyned i'r porch cyfing, canys lauer medafi i chui a gaisiant entrio i meun ag ni alant.*

Apoc. 2. Luc. 13.

*Hyn a dyuaedasom arol y dospart a amcanasom mi urth dechre, megis y galo ysaul, sy'n chuanychu Cyfiaunder Gristnogaid, nid yn unig i adanabod ai nodi, ond hefyd ochel, a guthio odiurthynt (arol gorchymyn duu) y doluriau yma: yrhain syd beryclafi genedl dyn, ar meldigedig haint yma a dangosasom uchod.*

Rom. 12. Bern. Ser. 35. de paruis sermonibus.

---

*Ynghylch pechodau rhai erail, yrhain yrydym ini yn aphaithiaul o honynt.*

*D. Pa bechodau a eluir pechodau rhai erail.*

*A. Yrhémi auneir a duylau rhai erail, ag etto er hyny efai cyfrir ag ai burir (nid heb achos) at omi, ag auna cyduybod yn euog gar bron duu, O heruyd hyn, yn i cylch huynt y gelir cymeryd hyny y mae'r scruthurlan yn i orchymyn, gan dyuaedyd na syd gyfranog o bechodau erail a hyny y mae'r prophuyd breninhaul yn iuedio fal hyn, Glanafi farglUyd odiurth fymechodau dirgel, ag arbed dy uas odiurth bechodau rhai erail. At hyn o beth y mae Saint Basil faur yn tuedu hyn at*

1. Tim. 5. Vide Basiliũ li. de vero dignitat. Aug. li. 3. de lib. arbitr.

crifeniad Saint Paul at yr Ephesiaid, na fyduch gyfranog a guaithredoed diphruyth touyllug, ond baiuch arnynt yn hytrach, a hefyd y dyuedyad yma o'r un Apostol, ymadeuch a phob Cristion fraud, ar y sydd yn rhodio yn anlyuadraethys, ag nid yn ol y tradydiad a gousoch i genym i. Ephes. 5. 2. Thess. 3.

---

D. Meun pesaul mod yr ydym yn aphaithiaul o bechodau rhai erail?

A. Meun nau mod, S. druy gyngor, gorchymyn, cydsyniad cyphroiad, canmoliad, ne uenithiad celu bai aral ai lochi, bod yn gyfranog o'r bai druy 'mdiphin?

---

D. Pa bryd y rydyyn aphaithiaul o bechod rhai erail druy gyngor?

A. Pen fythom mi yn achos, ag yn rhodi cyngor drug, yr hun ymae erail yn i galyn ne'n galu i galyn. Cayphas a al fod yn siampl o hyn, hun druy a gyngor a anogod ag a yrod gyngorihaid yr Iudeuon i roi Crist yu farufolaeth: Ond yngurthuyneb i hyny Canmolir Ioseph ab Aramuthia, ag ai geluir yn ur Eccl. 27. Esai. 19. Psalm. 7. Ioan. 11. Mat. 25. Act. 9.

*Marc.6.* da cyfiaun, am na chytunod ai cyngor nag ai gueithredoed huynt, S. ag esgobion yr Iudeuon, ag ar pharasaiaid uedi udynt ymroi yn anuiaul i uneythyd brad Iesu Grist yu farusolaeth o'r hyu yma yr ydoed Demetrius, yr hun gida chyfelion erail dichelys, ermuyn i fud ai elu i hunan aunaeth tersysc maur ofeun Dinas Ephesus a hyny yn erbyn Saint Paul ai dysceidiaeth, yn yr un mod Herodias yn diguilid hon oed Herod frenin yn i chadu'n yn orderch, o he-
*Mat.14.* ruyd druy i chyngor hi, i merch a oed yn dansio, a barod, yn greulon dorri pen Ifan fedydiur santaidiaf ol.

---

D. Pa bryd ymae un yn aphaithaul o bechod un aral druy orchymyn?

A. Pen del cam i gymydog, ne pen unelcr
*1.Reg.22.* drug yn y byd, druy archiad, barn, ne'n gorchymyn ni, megis ag i lladod i bremin Da-
*Hester.3.* fyd vrias uirion, nid ailau i hun, nag a duylau
*Daniel.3.* yr eido, ond urth lythyr gueiniaithur, a gorchymyn i lad ef yn y fruydr. A Philatus yr
*Luc.23.* rhaglau oed euog o farusolaeth Crist, am ido i farnu, ai dodi ef druy audurdod er bodloni'r
*Exod.1.* Iudeuon yu groesgoelio, peirhon ido agunaythyr hyn gen muyaf yn erbyn i euylys, yn yr-
*Leuit.20.*

*mod Herod a Pharo a becha sont yn dirfaur ag yn heunys, pen unaethont gyfraith Tyrranaid i lad plant yr Hebraiaid, Guae y rhai sy'n guneythyd cyfraithiau anghyfiauen.* Luc. 11.

---

D. *Pa bryd y mae cytundeb yn guneythyr ni yn euog o bechodau un aral.*

A. *Pen fytho y Peth aunelo aral ar gam yn cael yn gair daionis ne or leia yn cael gynuys ai lochi genym mi yn dirgel fal hyn y pechaud Saul pen i cytunod i farufalaeth Stephan y marthyr cyntaf, ag felyny y pechasont muy na daugain o'r Iudeuon am uneythyr aduned a dyfod yn arfog ar feder lad S. Paul, yn diuaethaf y pechasont dinasuyr Caersselem, pen y cytunasont ar suydogion i rodi Crist yu farufolaeth, Am hyny, y mae peder yu dannod udynt gan dyuaedyd, chui a ladasoch y byuyd, am hyny ni a dylem dal selu ar hyn a dyuaedod S. Paul, nid yn unig y rhai sy'n guneythyr drug sy'n haudu marufolaeth, cythr hefyd y rhai sy'n yn cydsynio a'r gunaethyruyr. A thun y mae'n tynu i Peth y rydym yn i darlain yn S. Sypr. nid yu ef yn aneuog o bechod, hun yn syd yn gorchymyn i uneythyr: nag yn disai hun y*

Ireneus 4. ca. 45. Act. 7. Marc. 15. Act. 3. Rom. 1. Li. 31. quae est cleri Romani ad Cypr.

*ſyd ynyngyhoed yn cydſynio, peirhon na una-eth ef mor bai.*

---

*D. Pa amſer y bydunni euog o bechod un aral, urth gyphroi?*

1. Reg. 1. A. *Pen rodomi achos i un aral, druy uy-*
Pſal. 105. *bod, i digio, i dial, i dyrmygu duu, i greu-*
Mach. 4. *loni ne'r cyphelib feiau, pa fod bynag i gune lo-*
*ni hyny, ai ar air, ai ar ueithred, ne mod*
Ephes. 6. *aral yn byd: Ni bu uraig Iob oludaug chuai-*
*thpel odiurth y bai yma, hon yn dirmygys ag*
*yn diguilid oed y annos i gur, yr hun oed yn di-*
Tob. 2. *diciaf ol ag yn laun o myned, i tygnedu ne i re-*
*gu duu, hefyd guraig Tobias oed mor drug a-*
*nuydys, megis idi hi yn fynych druy 'mſerthu*
*gythrydo i gur, ag y roed yn gunaethyd hyny.*
*O heruydi fod, megis gur gofalys druy ache-*
*neidiau, dagrau, a guediau hyd at duu, yn ga-*
Eccl. 28. *laru y maurgam yrydoed yn gode ar lau iuraig,*
Prou. 15. *Eythyr Eccleſiaſticus y ſyd yn yn rhybydio,*
*ymgeduch rhag cynnen meun mod aral, ag di*
*aunai dy bechodau ynlai, gur diglon a cnynna*
Prou. 17. *gynnen a gur pechadurus a dralodafi gyfeilon,*
*ag a furu gas ymyſc rhai heduchaul fely y*
*dyuad Salamon, ydyn terfyſcys ſyd fyth ai fryd*
*ar-*

*ardrug yn unig, a chenadgreulon a'danfonir yn i erbyn.* Esa. 33.

---

*D. Pa fod i'r staenir ni a phechod un arail druy ganmol a gueiniaith?*

*A. Pan ganmolhom un yn guneythyr drug, ne am i drugioni: ne pan fythom ni megis yn i sumbulio un i redeg ar gam, yn yr un mod a phei i bai ef yn guneythyr yn da, fal y rel ef rhagdo yn y dechreuad, Guae y guniady dasau a unelont glystogau tan bob elinoed duylau fy'mhobl, a'rhai a ueithiant gobenydau dan ben pob oedram i fagelu i enaidiau, megis ag y ma y prophuyd yn yscrifenu, mynych y mae'r pregethuyr egluysig ne'r Suydogion bydaul pen fythont yn dyuaedyd gueiniaith urth y bobl, druy i lochi ai meithrino yn gyhoed yn i Rhydit ai duugioni, Da y mae'r y Prophuyd Esaynodi ar gairiau yma fymbobl i y neb sy'n dyuaedyd dy fod di yn deduyd sy'n dy Somi di, ag yndynistro luybr dy draed di, hefyd y mae Sainct Paul yn gynghori ni ochel yr athrauyr, yrhain druy airiau teg agueiniaith yn tuylo calonau yrhai didrug, disalaiscanys o heruyd bodyn camnol pechadur yn chuantau i galon, ag adyuaed am yr anghyfiaun, ef a somgaraf yr argluyd y pechadur,*

Prou. 24.
Psal. 140.
Thren. 2.
Esa. 39. & 130.
Rom. 6.
Petr. 2.
Psalm. 9.

*megis, ag y mae i prophuyd breninhaul yn testiolaethu.*

---

D. *Pa amser y dau pechod un aral arnom mi druy gelu a theui ason?*

Bernard. de S. Ioã. Bapt.

A. *Pan del y niued in deiliaid ni, ne i un aral am deui honõ a son, yn y mod yma. O bydyn suyd ni i dyscu, ag i rybydio, ne i gerydu yn brodyr ne'r bobl, os peidiun ine yn y cyfamser pen elem uneythyr maurles, o bodyn lonyd heb dyuaedyd un gair y mae'n saur yn baini,*

Aug. epi. 119.

*O heruyd hyny y mae'r argluyd yn testiolaethu i bob pregethur, lefain na oprhouys, derchafa yn uchel dy lais fel udcorn a managa i'm pobl i Scelerdra, ag i deulu Iacob i Pechodau, ond guarãdo pa berigl syd i'r hain a eluir cun mudiõ heb alu cyfarth, pen dyuaiduy fi urth yr anuiaul (med yr Argluyd) dydi a syd i faru onis dangosi di ido ef ag onis dyuaedi urtho ef, megis y galo droi o diar i phord anuiaul, a huu, yr anumul hunu a syd maru yn i anuoldeb, amyne a ofynaf y uaed ef ar dy laudi.*

Hiere. 23.

*Y mae mor angenrhaidiaul cadu hyny a dyuad S. Paul ag a dyuayedod druy faur ersyn, pregetha'r gair, byd daer meun amser ag alan o amser: argyoeda, ceryda, anog druy bob ymyned agathra-*

1. Cor. 9.

*uiaeth, hefyd yr un Apostol meun man aral, cerydu i gerbron paub i saul a becho, megis y bytho ofn ar erail.*

---

*D. Pa amser druy 'n teneruch ni y bydun yn enog o bechodau erail?*

*A. Pen odefom i i 'r pechod a elid, ag adylid i gueirio ai gyrydu, druy 'n galu, a'n audurdod ni dient, er hyny yn digeryd amyned uaethuaeth yn y bechod yma, y Suydogion sy'n syrthio, yr hain sy'n duyn i clede yn ofer, ag nid ynt u i snaethuyr iduu, a lonyduch fal i geluir huynt, dialuyr yn cosbi yr hai aunelont sceler-dra, yn y pechod yma y Syrthiod y brenin Saul pen ido yn erbyn gorchymyn duu fod yn rhy dirion ag yn rhy dyner yn arbed y Malacei-thaid i elynion, Brenin Achab a bechod yn yr pechod am cymodi a brenni Syria, ai safrio: am hyny ni diengod rhag sarrig farnadigaeth y prophuyd, gan i fyguth yn y mod yma, hyn y mae'r Arglùyd yn i dyuaedyd, o heruyd odef o honeti y neboed euog o faru folaeth diainc heb i gosbi dy eimoes di a fyd dros i enioes ef ath bobl di dros i bobl ef, at yr un peth y gal hyny a dyuad S. Paul, ag a orchmynod i'r Corin-thiaid berthynu. Chunuch y dyn drug o'ch myst, Oni uydoch y sura y chedig le fain yr hol does? Certhuch alan yr hen surdoes, Guedi hyny y mae'r tadau a'r mamau, meistred ag athrauion yn pechu yn y pechod yma, Am i bod huy yn diuyno y saul y syd dan i duylau, druy gymeryd arnynt, na uelont moi baiau, a thruy ormod tyneruch yn i duyn huynt i fynu, a hefyd yn godef i'rheini druy i esclustra ai diogi fyned i ormod perigl, fel y rydym yn darlain diuyno yn gubul blant Eli druy ormod teneruch y tad yrhun a gosbuyd yn dost am fod yn rhy esmuyth urthynt, at hun hefyd i gelir ardodi y pechod a eluuir diphig cerydu a rhybydio ne duyn i phord iaun yn braud, gan fod Crist hefyd yn yn rhybydio, fod yn rhaid cerydu'n braud, unuoith, a duyuaith, a thair, fal y galoni i cnil ef urth i dyny alan oi bechod er bod rhai y'n rhoi rhagor rhung y cyfryu ahun a'r esclusdra na'r teneruch a dyuaedasom uchod, fal i gunant fath aral ar bechod o honynt.*

---

*D. Beth yu bod meun pechod un aral druy fod yn gyfranog?*

Tob. 2. Prou. 29. *A. Hyny a fydyn benaf pen delomi i gael rhan o'r Scar a'r Butti gida'r ladron ne'r treisuyr : hefyd pen daliom gidag erail, druy uybod da a gad ar gam ne yn anghyfiaun ne meun mod yn y byd heb berthynu attomi, heb lau hyny pen fythomi yn ymgouaethogi druy espeilio erail at hyn y gal berthynu hyny a dyuad Dauid brophuyd rhedeg gidar ladron, a bod ar han gida'r godinebus megis y mae E-saias yn rhoi bobl yr Iudeuon, dy duysogion di syd an phydlon, yn gymdeithion i ladron,* Psal. 49. *i gyd yn caru rhodion, ag yn calyn gobruyion, trymach hefyd na hyny y mae'ntuy'n pechu yr-* Deut. 29. *hain yn olau ag yn gyhoed sy'n ceiso elu udynt druy anonestruyd erail, megis lattaion, ag y dynion a uydir i bod yn diphaith, ag yn anonesti fal y galont dyfod i hunan ne yrry yno.*

---

*D. Pa fod y burir arnomi bechod rhai erail druy sentimiant?*

A. *Pen fythomi yn maentimio rhai yn guneythyr drug, ne'n mantimio ag yn hau ar led dyscediaeith un aral, bod yn drug ag yn anuiaul, hefyd pen lafuriomi i roi rhagdo ag idiphin druy'n gofal a'n guaithni beth a ordeiniuyd yn erbyn cyfraith duu, megis ta-* Esay. 5. *ranau yn torri a lan, Gue chui (med Esay y prophuyd, sy'n galu y drug yn da a'r da yn drug, ag yn rhoi y tywyllug yn oleuad a'r goleuad yn dywyllug, yn rhoi'r melys yn chueru a'r chueru yn felys: A hefyd guae chuchui ſid yn cyfiaunhau r annuuiol am i rodion, ag yn duyn cyfiaunder y cyfiaun o diarno. Digon yu hyn yng hylch y pechodau a eluir pechodau rhai erail yrhain yn uir ſyd yr aurhon uedi tanu yn hir ag yn lydan; ag yr ydys yn i guneythyr beunyd druy faur ryfig ymyſc y guyr maur yn anuedig, Ag y mae'rnan fuya cyn beled odiurth i gochel, megis i bod yn tybied na ydynt bechodau, ag fely yn i rhoi meun pris bychan, er i bod yn lygru i cyduybod druy frunti'rhain, an yn coli i henaidiau Ond ef a elir buru'r hol bechodau a dyuyeduyd uchod gan muya meun tri rhyuogaeth yn gynuys yn ag fyr, megis ag y mae S. Baſil faur yn dangos Canys pen ſyrthiomi meun aphaith, ne gyfran o fai ne bechod un arall, hyny a fyd nail ai yn y peth, i hun, ar uaithred, ai meun euylys, ne ryu fryd a medul yn unig ai urth eſceulyſruyd didarbod pen dylyt i rhybydio, ne i mendio, i ſiomi huynt am na dylem uneythyr. Ond o'r hol bechodau y ſcumunaf o lauer yu hunu a unair yn erbyn yr ysbryd glan.*

## *Ynghylch pechodau yn erbyn yr ysbryd glan.*

*D. Beth yụ pechod yn erbyn yr ysbryd glan:*

*A. hụnụ yụ gurthod yn ḍiystyr oụir fa-
lais) faụr ḍaioni a gras duụ ụedi gynig
yr hụny bydir yn arfer i roi ne i farnu i'r ys-
brydglan, megis i Phynon hoḷ ḍaioni, A hyn
yụ Pechu yn difaḍeuaụl, fal na eḷir cael made-
uaint am y cyfriụ bechod, ag un cymeint a hụ-
nụ, nag yn y byd yma, nag yn y byd araḷ sy'n
dyfod, urthi air ihun: Am fod duụ ụrth y'r
Amod yma, yn yn trino ni fal na rodo duụ* Matt.13.
*ras ar y ḍaear, ne ogoniant yn y ne foeḍ i neb,* Marc. 3.
*ond i'r saụl a phiaiḍiant y peth a uypent i fod* Aug. de
*yn pechod: ag heb laụ hyny, a roḍort i bryd* verbis.
*ar ḍaioni, ag a deụisant phord gyfraith laụn i
fuụ, ond y Pechod yma a ụneir yn erbyn ysbr-
yd yr glan, nid oes na phiaiḍra pechod, na bryd
i galyn daioni fal y dylid: ag heb laụ hyny y-
rydys yn bụru ymaeth y peth druy'r hụn y ma-* Aug.lib.
*e'r ysbryd glan oi ras i hun yn arfer galụ dyn o* 38. Quæst.
*ḍiụrth i bechod, Am hyny ni aḷanthụy a fa-* Mat.26.
*gler yn y cyfryu bechodau yma, gael gras duụ
y ny byd, Canys y rydys yma yn pechu yn erbyn
tad, nid o ụendid a braụder dyn, hụn a elụir*

*pechu'n erbyn tad, a galu'r tad, megis ag y gunaeth peder pen uadod Grist, na chuaitho anuybodaeth, yr hyn yu pechu (megis y dyuaedant) yn erbyn y mab, a doethineb y mab, fal y damuyniaud i S. Paul, pen oed yn erlidur creulaun yn erbyn Egluys Grist, ond yrydys yma yn fuy o lauer, cuir drugioni a chyndynruyd calon, fal y mae'r Pharasaiaid y dynion dy phaithiaf a'r cyndynaf yn rhoi Siampl.*

---

*D. Pesaul pechod sy'n erbyn yr ysbryd glan?*

*A. Chuech o'r pechodau hyny a gifrir, megis y mae i henuae huynt yn gymraduy i baub.*

1\. *Trahyder, ar drigared duu, ag ar diennc yn digosb am bechod: Anobaith gurthnebu guir, uedi uybod, cynfigen urth gariad perphaithi Gyd gristion, Cyndynruyd ag anydifeiruch, ond haus a fyde i dealt os cyfrir huynt yn ymod yma.*

1\. *Camarfer yn rhy hyf drugaredd duu.*

2\. *Cubul anobaitho gras duu ai iechyd i hun.*

3\. *Bod yn elyn iuirionedd y phydd gatholig a hyny yn*

uy yn erbyn i gyduybod i hun.

4. Bod cynfgen yfiyfnig, agofid arno am luydiant, iechyd a rhinuadau i fraud Phyd.

5. Trigo druy uybod a medul cyndyn meun pechod?

6. Bod heb fryd ar y difairuch, nag ymadel ai fuched drug.

---

D. Para drahyder auneiph bechod yn erbyn yr y sbryd glan?

A. hunu aunelo i dyn roi cymaint o goel ar trugared duu yn unig, ag y byd hyf iuneythyr pechod heb yftyriaeth o gyfiaunder yn y byd, nag ofn duu, y mae lauer hediu yn pechu yny modyma, yrhain fydyn bodloni ag unig Phyd yng hrift, ag yn pydru fal anifailiaid ynghanol budredi pechodau, ag yn ado yn hyf, nid yn unig udynt i hunain, eythr hefyd i erail ficruch a diofalruyd o goeldruy haedianau Crift. ag i ras duu, yrhun y maentuy yn i gyrhedud druy Phyd, ag ni dangofant yn y cyfamfer dim o phruyth penyd, mae S. Paul athrau y cenedlod meun Phyd a guirioned yn crio ar bob un o'rhain, Auyti (med ef) yn diyftyru couaeth daioni duu i diodefgaruch i ymyned ai ortho? oni uydofti fod daioni duu

Greg. in ca 3. lib. 1. Regum.
Bern. Ser. 38. ex parnis Serm.
Hieron. in can. 4. Osee.
1. Cor. 13. Psalm. 2. Rom. 11. 1. Gal. 5.

*yn dy douys di i dyseiruch urth dygleduch di ath calon anydisairiol, yruyti yn darparu yti*
Iacob.2. *dig erbyn dydy digosaint, pen anirgeler cyfiaun*
*farn duuyr hun a ryd i bob dyn yn ol i uaithre-*
Ecclef.9. *doed. Amhyny y mae'r un S. Paul meun man*
*aral yn dyscu na dylid phrostio yn unig phyd, ond guaithio yn iechyd ni druy ofnag arsuyd ag ymae'n canmol ag yn gorchymyn ini phyd nid phyd faru a segur (megis ag ymae Iacob yn i galu) Eythr y phyd syuiaul hon druygariad perphaith syd y guaithio yn gyfiaun yn erbyn y pechod afrolys y mae Ecclesiasticus yn crio, gan dyuaedyd, ynghylch mandeuamt dy be-chodau n i fyd diofn, ag na furu un pechod ar y lal, ag na dyuaid maur yu trugared yr ar-gluyd, ef a gymer drugared ar fami bechodau i Canys trugared a dig a ddesant odiurtho ef yn*
Psal.100. *fuan, a digosaint os edrych ar bechaduriaid. Amhyny y prophuyd syn dyuaedyd yn da, Dadganaf yti f'argluyd Drugared a barn, ag meun man aral aarhyded y brenin yu caru barn.*

D. Pa fod y guneir pechod yn erbyn yr ysbryd glan druy Anobaith.

A. Pen del bai gurthuyneb i'r trahyder a dyuaeduyd o'r blaen, fal y burio dyn i phord bob gobaith i gael madeuaint gar bron duu i yni lliechyd traguydaul, hun oed bechod Cain megis ag y testiolaethod ai air i hun, muy heb ef, yu f'anuired i nag y dylun gael madeuaint fal hyny hefyd yu pechod Iudas Bradur Crist pen diuedod ef i hoedel a chebyst yn aneduyd, ond nid yu y difeiruch yn y byd ryhuyr, i dyn, megis ag y mae y lleidr ar y groes yn testiolaethu, yr hun pen y difarod ar y groes a gafod gen Grist ras maur a gogoniant nefaul.

Aug. Ser. de temp. Hom. 21. & 50.

Mat. 27. Act. 1. 1. Ioan. 1.

Luc. 23.

D. Pa amser y byd gurthnebur y guir yn Pechu yn erbyn yr ysbryd glan?

A. Pen eler ynghylch punciau'r phyd a chyrefyd a dal yn gyndyn gidar celuyd yn erbyn y guir, nid druy obaith ond, druy falais, o'r guirguaithode, fal druy hyn i gelir guneythyr niued i buraid ruyd guirioned catholig, y pharasaiaid oedynt yn euog o'r pechod

Leo epist. 10. ad flamanum.

*yma, yrhain oedynt yn bena peth, yngosalu i dyrmygu Crist, nid yn unig yn falaisus, eythr*
*Mat.* 11. *hefyd ar gam, ag i erlid athrauiaeth yr efengli orthrymu testiolaeth yr Apostolion, a hyny*
*Ioan.* 7. *yn erbyn i cyduybod i hun, nid anhebig i'rhain yu'r guyr y mae'r prophuyd yn son am danynt, i bod yn eisted ynghadair y guatuaruyr. A phe-*
2. *Petri* 2. *der yr Apostol sy'n i galu huyyn athrauyr celuydog yrhain sy'n yn dyscu disceidiaeth goledig,*
*Tit.* 3. *A'g yn diuaetha S. Paul sy'n i galuyntuy yn hereticiaid, yn dynion luguredig, ag yn go-*
*Timot.* 3. *ledig ynghylch y phyd, gan urando gormod ar ysbrydion cystornys siomantus, ag druy i barn*
*Act.* 13. *i hunyn goledig ag yn damnedig. Ymysc yrhain y gelir cyfri Elymas y Suynur y'rhun y mae S. Paul yn serthu yn gyhoed gan dyuaedyd O un launo dichel a phob druguioni mab diaul, a gelyn pob cyfiaunder oni phaidi a guyro iaun Phyd yr argluyd.*

*Mat.* 12 *At hyny mae'n perthynu cabliad yn erbyn yr ysbryd: yrhun y mae Crist yn i danod yn helaeth i'r Iudeuon ag yn i uneythyd yn uaeth ag yn fuy heunys na Phechodau erail, ag oduu na*
*apud Gratianum* 25. *Quest.* 1. *bydent yn pechuyr aurhon yn y pechod hun Cinys yma entay'n cablu'r ysbryd glan megis ag y mae. Damasus yn yscrifenu, yrhain y syd yn rhy hyderys yn gurthnebu ordeinadau yr hen dadau a darfu i gosod alan druy'r ys-*

*brydglan, arhain sy'n guneythyr dim yn i herbyn nag yn cytuno arhain sy'n gunaethyr y cyfryu rysig a guarhydri sed rhyu gablideagaeth yn erbyn yr ysbryd glan.*

---

*D. Pa fod y mae cynfigen urth ras i gydgristion, yn bechod yn erbyn ysysbryd glan?*

A. *Pen fythomi yn brud ag yn drist iaun urth ueled yn braudyn folianys, druy egluruch a phrisiant rhinuedau a rhodion duu yrhun bechod nid yu mor briodaul y dyn, ag yu i diaul yrhun syd gasaf peth gentho ueled gras duu yn guraidio ag yn cynydu meun dyn. ag o herruyd hyny nid yn unig yn achuyrur yn erbyn i frodyr: eythyr hefyd yn bena gelyn i duu ag i i holuyr da, hun megis leo rhyedig yn rhodio o diangyl ... gan geisio y neb a allo i difa, yr oed ymys yr Iudeuon blant Satan, yn cynfigenu fod rhad yr efengl yn tyfu ag yn cynydu dim ymysc y genealethau megis y mae yu ueled yn actau'r Apostolion.*

*Aug. de Serm. domini in monte.*

*Sap. 2.*

*Act. 11. & 15.*

*D. Para gyndynrụyḍ aụna Pechod, yn erbyn yr ysbryd glan?*

*A. Y' cyndynrụyḍ hụnụ yn ụir aụnelo y medụl ne'r galon mor anyſtuythgar er-byn y neb a ryḍ gyngor da, ſal na dioḍeſa i un druy reſụmau yn y byd, idroi oḍiurth i fryd ai*
Exod. 7. *amcan coḷedig, Brenin Pharao oed ụedi i'nyntu*
Exod. 14. *yn faur n'y pechod yma, yrhụn ec cael o hono ef i rybyḍio cyn fynyched gen Voyſes, a chael dia-*
Hiere. 5. *leḍ yn fynych druy doſt a phyrnig gosbydigaeth duụ: Etto ef agoḷed druy ſefyḷ yn i ſedụl creu-lon, ai gyndynrụyd: hefyd angorchfygus*
Act. 7. *cyndyn rụydyr iụdeụon yrhain y mae Stephan y marthyr yn i paintio megis yn i lyụ i hun un oeḍynt bobl ụegilſith heb anụaedu i calonau a'ch clyſtiau (meḍ ef) chuy chụi erioed a fuoch yn gurthnebu'r ysbryd glan ag nid anhebig yn yr amſer yma yụ rheini ſyḍ ụedi mroi i dyſcei-diaeth neụyḍ, ag ni alant ụrando ar un yn dyſ-ſcu yn gatholig, megis peibai i clustiau guedi ſtopio: yn yr phunud ar asbis ne'r lyndaſen rhag guarando melyſdra paroriaeth iachaul athrauiaeth yr Eglụys, ef a dybygid i bod yn-tuy yn dyụaedyd, Cilia oḍiurthym ni fynun i uybod mo'th phyrḍ di, yrhụn beth nid yụ dim*

*Amgen nag y mae S. Paul yn dyuaedyd, eythr yn ol caledruyd dy galon diedifeiriaul, uyt yn tyrru yti dyhun digofaint, a dadcudiad cyfiaun farn duu, Canys hefyd megis ag y mae Salomom yn dyscu gur a geryder yn fynych ag a galeda i uarr, a drylir yn disymuth fal na bytho medeginiaeth ido.* Rom. 2.

---

*D. pa bryd i gunair pechod o any difeiruch?*

*A. Pen fytho dyn heb uneythyr na Phen na mesur ar bechodau adylae i glanhau* Aug. de fide ad Petrum.
*druy iachaid ydifeiruch, ag ai fryd na bytho ydifeiriaul fyth, yn uir marufolaeth y cyfryu rai yma (a ydynt uir bechaduyr ag a fynant drigo fely, syd uaethaf ol, gan i bod huynt urth i guaithred, er nadydynt urth i gair, yn dyuaedyd, ef a darfu imi ymruymo agangau ag aunae thym amod ag uphern ag ynghylch y pechodau yma y gelir cymeryd y peth ymae S. Ioan yn i Destiolaethu, ymae Pechod i faruolaeth dros hunu ni al neb erfyn, hyn a dyuaedasom ynghylch pechodau yn erbyn yr ysbryd glan, yrhai muyaf yn uir alant fod, a'rhain nail, ainifade duu i dyn byth, ne'n anod iaun, Agam hyny nyni a dylem uisco nyhunain ag arfau yn i herbyn, a hefyd cadarnhau erail yn erbyn,* Psalm. 33. Esa. 28. Ephes. 4. Psal. 93.

yr hain, fal i caduer hyny, na thristeuch ag na diphoduch ysbryd duu, Hediu os gurandeuch ar i l[...]feryd, nachaleduch ych calonau: neduch i neb fod uedi, druy dichel pechod, calon galed a gaiph drug yn y diued, ; naur ni aun o'n blaen i gymuyl[...]ngh[...]lch y Pechodau syd mor heunys ag yn lefain hyd y nef.

Hebræ. 2.

Ecclef. 3.

---

Dosparth y pechodau sy'n lefain hyd y nef.

D. Pa bechodau yu rheini eluir pechodau yn lefain hyd y nef.

A. Yrhai a uydir i bod yn gyhoedd ag yn Amlug yn[...] lau erail, ag yn peri dig a dial duu yn arythyrlaun : Yrhai ai gunelont, o'r cyfryu bechodau a'rhain y cyfrir peduar yn yr Scruthur lan, S. murdur ne lyasiad euyllyscar, pechod y Sodomitiaid, guascu ne orthrymu ar y tylodion, a Somi guaithuyr am i cyflog.

Aug. in Euchri. & li. annotation in Iob.

---

D. Para fod y mae'r Scruthurlan yn dial lyasiad ne ladiad dyn yn euyllscar?

A. Yndrum iaun megis ag y mae duu yn dangos yn y gairiau a dyuaedodd urth gyrydu

Genes. 4.

ryuu Cain y'lyasur cyntaf, beth aunaethost, i (med ef) y mae lef guaed dy fraud ti syn lefain o'r daiar ataf, heruyd hyny meldigedig a fidi ar y daiar, a hefyd meun man aral, y mae gair duu yn testielaethu, puy bynag a golouaed dyn ef a golir y uaed ynte Canys ef aunaed dyn ar lun duu, y mae Dafyd brophuyd yn caru ni dau guyr guaelyd i haner i dydiaiu Canys y Pechod yma syd fuyaf heunis ag yn guneythyr cam creulonaf ai gymydog pen fytho'n duyn i enioes adiarno ef heb audurdod cyfraithlaun Am hyny y dyuaedod. Crist paub a gymeront y clede a difethir a'r Clede. Psal. 2. Aug. l. 22. contra Faust. Apoc. 13.

---

D. Beth y syd yscrifenedig ynghlch pechod y Sodometiaid ai gosb ne i dialed?

A. Guyr y sodamitaid (med Scruthurlā) oedynt uaethaf ol, phechadyried arythlungar bron yr Arglüyd, yr heunys a'rdir faur bechod yma y mae Peder o phaul yni guepi yn i erbyn, ag y mae natur i hun yn philedio hefyd, y ma'er scruthur lan yn dangos mantiole Pechod yma guaedi Sodomitiaid argumoriaid a sty'n liogi: am hyny y dyuaeda sont pechod huy a drumhad yn ormod, Am hyny y dyuaeda sont yr Angellyon urth loth gy- Gen. 13. Rom. 1. Ephes. 5. 2. Petr. 2 Gen. 19.

fiaun, ag oed yn dirfaur yn phiaidio guaithre-
doed y Sodomitiaid felyn y dyuaedasont yr an-
gelion, canys ni a dinistruyn y le hun, am fod
i guaed huynt yn faur gar bron yr argluyd: yr-
hun a yn anfonodni yu dystryuio huy yn dar-
lain a'r argluyd a lauiod ar Sodom a Gomorra
frumston, athan odiurth yr Argluyd o'r nef
ag ef a dinystroed y dinasoed hyny ar hol ua-
staded o diamgylch, Ag nid yu'r y Scruthur
lan yn celuyr achosion, yrhain agymelasont y
Deuteronomum. Sodomitiaid i'r dirfaur bechod yma, a hefyd
a al beri i erail bechuyn y cyfryu felyn yrydym
yn darlain yn Ezechiel, ueled'yma enuired dy
Leuit. 18. chuaer di Sodoma. S. Balchder, digoned o fa-
ra, a golud, ai ysmuythdra hi ai merched, ag ni
Deut. 27. estynant moi lau i'r anghenus, a'r tylaud, y-
mae'ntuy hefyd yn euog or pechod heunys y-
ma: yrhain nid ynt yn ofni, dorri ne halogi cy-
fraith duu, ne gyfraith naturiaul hon sy'n ys-
Chrysost. hom. 4. in epist. ad Romanos. crifenedig yn lyfr lef, tico, hon syd yn y mod
yma, na orued gida'r guryu, megis gidar fa-
nyu, canys phiaiddra yu, ag na orued ynghyd
gida' gun Anifail, i'th halogi ag ef, yrhon uai-
thred os arferir yn yr un man, y mae'n dy ry-
bydio di, fod y dear uedi i halogi druy'r ma-
1. Cor. 6. sued anifailiaid yma, a digofaint duu uedi i ny-
nuy'n fuy yn erbyn y bobl, a bod y pechod yma
Galat. 5. yn haedu maru'folaeth: O heruyd hyny S. Paul

*ſy'n yſcrifenu, nid unuaith yn erbyn yrhain ſy'n ymgydio a'r guyryu, ag y mae ef heb lau hyny yn cyrudu yrhain ſy'n arfer brunti a choegni gidantuy i hunain, ymyſc yrhain, yroed Onam mab Iuda, yrhun nid alod ochel preſenol dial duu, o heruyd ido doualt i natur ar y daear, ynuaith ag yn Anifeliaid, oblsgyd ido dori guedaiddra natur.* *Hieronymus in c. ad Rom.*

---

*D. Beth y mae'r ſcruthurlan yn i proponydu ynghylch gorthrymu a guaſcu ar y tylodion.*

*A. Na Thriſtha, med yr Argluyd, mor dyn diethr, ag na orthruma dim honof Canys chuithau a fuoch diethraid yn hir yr Eipht, nauna niued i'r uraig uedu, a'r ymdifad, os guneuch udynt niued, yntuy a leſant arna fi, a mine a urandauaf ar i leſam huy, ag a liddigiaf, ag ach ladaf chui ar clede, ag a ſyd ych guraged chui uedu on, ach plant yn ymdifaid, Ag amhyny y gorthrumuyd yr Eiphtiaid ag aml dialed ag yn y diued ef ai boduyd gida Pharo i brenin y tyrant creulon: Am i bod yn greulonach na neb, yn erbyn plant yr Iſrael, mi a uelais, med yr Argluyd flinder a gorthrumder: ſy'm hobl yngulad y Eipth, ag a urandeuais* *Exod.22.* *Deut.35.* *Mal.3.* *Exod.7.*

ar i ḷefain, gan gletted oeḍynt i meiſtred ụrth
yntuy yrhain oeḍyntyn olugụyr ar y gụaith,
Exod. 3. ag ụrth ụybod i gofid, deſcynais i laụr yu rhyd-
hau o dụylaụ'r Eiphtiaid Ambyny y mae'n
Arglụyḍ ni yn byguth drụy Eſaias, Gụae'n
tụy aụnelont gyfraithiau anghyfiaụn, ag ụrth
Eſa. 10. y ſcrifenn ayſgrifenant anghyfiaụnder i or-
thrymu y tylaudion meụn barn, ag i draiſio
Iob. 24. ar achụyn y gụeniaid o'm pobl i, fal y byḍau'r
Ierem. 3. ụraig ụeḍụ yn yſclyph uḍynt, ag i geḷent ſpelio
yr ymḍifad, ai trethụyr a ſpeilia fym hobl, Ag
Zach. 7. nid oes dim amau nad yụ'r ſụydogion yn dụyn
Eſa. 3. y Dinaſoed ar Ardalau yn fynych i ḍirfaụr be-
rigl, drụy'r pechod meḷtigedig yma.

---

D. Beḷach yn ḍiụaethaf beth y ma'er y Scru-
thurlan yn i ḍyſcu ynghylch attal ne lai-
hau cyflog ḷafurụyr?

A. Yr ydys yn darḷain yn lythyr Iagob
Apoſtol, mor doſt y mae ef yn danod
Iacob. 5. i'r coụaethogion i creulon gleḍụch, ai cyneſin
enụireḍ tuag at y gụaithụyr, ụele (meḍ ef)
Exod. 34. y mae cyflog y gụaithụyr a fedaſont ych tirroed
ụedi i chụi i ſomi yntụy am dano, yn ḷefain, ai
ḷeſain hụynt aḍoeth i glyſt yr Arglụyḍ Saba-
oth, Ag yn yr un moḍ y dyụaedoḍ y pregethur,

*yn y mod yma, byuyd y tylodion yu bara 'r anghenys, a dynguaedlyd yu'r hun druy duyl ai dygo ef, a lad i gymydog y mae hun a dygo i liniaeth ef, a thyuali guaed y mae'r hun a duyloyguas cyflog am i gyflog, o heruyd hyny y mae cyfraith duu yn gorafyn, na omed dalu i gyfloc i'r anghenys a'r tylaud, pa un bynag yu ai dieithr, ai trigo gida thi ar dy dir, ai'n dy duy: on tal'ido ef i gyflog am i boen cyn myned yr haul i laur, yn yr un dyd, am i fod yn dylaud, ag urth hyny yn cynal i enaid, rhag le fain o honof yn derbyn di at yr argluyd, ag y cyfrir yn bechod yn derbyn di.*

Deut. 24. Leuit. 19. Mat. 3.

---

*D. At bara beth ymae'r hol dosparth yma, ar bechodau, yn tynu a phara leshad y syd o honynt?*

A. *Y mae'r dosparth yma yn* Perthynu *at y rhan gynta o gyfiaunder* Cristnogaul, *eythr y les a'r phruyth o'r hol dosparth yma yu adanabod y drugioni penaf a muyaf gurthuyneb i duu, ag sy'n guneythyr yr afles muyaf i nine, a chuedi i adanabod i gochelyd, ag o byd dim o honynt guedi i guneythyd i lanhau'n dyfal, urth hyn hefyd yr ydym yn dyscu pa rogoriaeth y syd rhung y doeth ar anoeth,*

Prou. 14.

rhụng y cyfiaụn ar enụirion, y doeth ſyḍ yn oſ-
ni ag yn troi o ḍiụrth ḍrụg, y phol y ſyḍ yn ne-
idio dros y phorḍ ag yn rhy hyf, ni ḍerbyn Phol
airiau doethineb, o ḍigerth yti ḍyụaedyd y peth
y mae ef yn i fedụl yn i galon, fal y mae Salo-
mon yn teſtiolaethu, hụn yſyḍ yn yſcrifenu fe-
ḷyn, ḷuybyr y cyfiaụn a leụyrchaf, fel ḷeụyrch
yrhụn a leụyrchaf fụyfụy hyd canol ḍyḍ phorḍ
*Prou.19.* y drụgyonis ſyḍ fal tyụyḷụch, ni ụyḍant p!e i
ſyrthiant, diamaụ yụ fod laụer, a hyny yụ maụr
guiliḍ, nid ydynt yn Adanabod, pechodau yr-
hain ſyḍ haintiau ne blaiau'r i enaiḍiau, eraiḷ
*Bern.epi-* er i bod yn i gụybod, etto nid ydynt yn i go-
*ſtol.77.ad* chel, a nag yn i phiaiḍio, yrhụm ſyḍ ụaethaf
*Hugonẽ.* oḷ, a ḍarfu udynt gledu i calonau drụy arfer pe-
chu, am yrhain y may rydys yn dyụaedyd y dru-
gionys pen ḍel i ḍyfndụr Pechodau a diyſtyra.
*Rom. 3.* Eythr gụraduyḍ a chụilid ſy'n i dyliḍ, ond yn
enuedig efe ſy'n diyſtyru y pethau ſy'n agenr-
haidiaụl i gyfiaụnder Criſtnogaụl nid yn unig
*Cõc.Tri-* i adanubod pechodau: Eythr hefyd yụ gochel
*dent.Seſſ.* ag yụ glanhau.
*5.ca.3.*
*Ioan.2.*

## Ynghylch glanhau pechodau.

D. druy bara fodau y glanhair Pechodau?

A. Yn gynta diamau yu mae Crist yu 'r guir Iaunur ne tyg ne defedur, yr oen duu hunu a ddeleodd bechodau'r yr holl fyd, a hunu alodd heudu ini fadeuaint o'n pehodau gan i glanhau huynt. Ioan. 1. Mat. 1. 1. Cor. 1.

Guedi diogelyu fod duu yn glanhau'n calonau druy Phyd, megis ag y mae peder yn dyuaedyd, megis heb phydhon yu'r drus a fylned falfadigaeth, nid oes gobaith gael madeuaint, na glanhau i pechodau, yntuy (yrhain nid ynt yn cyttuno a phydd yr Egluys) fydd heb phydd, gan druy ged ne ryu ofergoel yn addau udynt i hunain agi eraill fadeuaint oi pechodau a gras cyfiaunder, druy Grist. Act. 15.

Eythr y Scruthur lan fydd yn gosod allan udynthuy (yrhain fy'n aros yn yr Egluys ag yn i unoldeb, ag yn dymyno i rhydhau) lauer o fodion i lanhau i Pechodau, y mysc yrhain y Sacrafen penyd, yur penaf, os hun a didystyrir aga esclusir, ofer ini fon am roi mediginiaetharall onda ordeiniaudd hun, megis yn Eli presenaul fel y hefyd yn augenrhaidiaul yn Leo Sermo 4. de Natiuic. Domini.

erbyn pob haint pechod, agai gorchmynod gan
Ioan. 20. dyuaedyd urth yr opheiriaid: pechodau puy bynag a rydhaoch, a rydheir udynt. Yr ail mod
Iacob. 5. i garthu ag i lanhau pechodau, yu Elusen, cinys y mae'n yscrifenedig, Elusen sy'n guared
Luc. 7. rhag angau, ag a leistr i'r enaid dyfod i'r touylug, o heruyd hyny y mae'r prophyudyn rhybydio: Rhybryna dy bechodau ag elusen, a'th en-
1. Petr. 1. uiredau druy drugarhau urth druaniaid.

Mat. 6. Y trydyd y madeuir pechodau, peirhon a chael o honom drug, yrydymyn made, Am
Marc. 11. fodyr Arglwyd yn dyuaedyd, os madeuuchi dynion i pechodau, ef a fade yr Tad or nef ichui-
Iacob. 5. thau ych baiau.

Y peduaryd a damu ynaf pen enilom yn braudsy'n Pechu druy i gerydio, pensyth'on pechu, megis, ag y mae'n yscrifenedig, y nebaunelo i bechadur droi o diurth i gam phord, ag
Prou. 10. salfia i enaid rhag marufolaeth, a gudia lauer o bechodau.

Y Pumed y mae'n perthynu helaethruyd cariad perph aith puraid, ynghylchyr huny dyuaeduyd urth fair, fagdalen, Ef a fadeuuyd
Psalm. 13. idi lauer o bechodau o heruyd idi garu'n faur, canys cariad perphaith a gudiaf liosogruyd Pechodau.

Y chuechedy syd or un fath S. yu ophrumu Calon ydifairiaul, yr hon ni diystyraf duu un

Amser,

*Amser, a hefyd i adanabod i hun yn ufud gar ag yn ostungedig gan gyphesu i bechodau, Ca- nys y mae'r Argluyd yn edrych ar i gicediau, ag nid yu yn diystyru i orfynau, ag o hyny mae Dafyd y testiolaethu O bono ef i hun, dy- uaedais, cydnabydaf fymbechod urthyt am anuyred ni chudiais: dyuedais, cyphesaf yn er- byn fyhun fanuiredau i'r Argluyd, a thi a fa- deuaist i mi boen fymhechod. Ag Ioan sy'n ado y gras yma yn gyphredin i'r saul sy'n cyphe- su i pechodau, ga dyuaedyd, Os mynif (med ef) a gyphesa fy bechodau, phydlaun yu ef, a chyfiaun hefyd, fal y madc ym yn pecoarit, ag a'nglanha ni o diurth yn hol enuired, O he- ruyd hyny y Ninifiaid pen unaethont benyd druy ostungudruyd, a dehydasont digofaint duu, ag a di anghasont rhag y dynystriad a oed yn crogi yu ch ben i dinas ai ai gulad. Ca- nys fe lyn i'r yscrifcnuyd yn i cylch huy, Canys ef a uelod duu i guaithredoed huynt, ag udynt droi odiurth i phyrd drugionys, ag a drugara- hod duu urth y drug a dyuaedad y gunae ef u- dynt ag nis gunaeth, fely yrydym yn dyscu urth destiolaeth yr Scruthur lan druy'r modau yma a guaithredoed dedfaul erail, yrhain sy'n dielu oras Crist, fod yn glanhau pechodau yr'hain sy'n yr Egluys, yn credu ag yn ydifeiriaul, ago heruyd hyny yr Apostol syd yn yn rhybydio,*

Luc.18.
Eccl.21.
Psalm.30.
Ioan. 3.
Mat. 12.
1.Cor.7.

*fynghredigion gen fod ini yr adeuidion yma,*
Iacob.4. *ymlanhaun odiurth bob halogruyd cnaud ag ysbryd gan berphaithio santaidruyd, druy ofn duu: Iacof hefyd sy'n dyuaedyd dim lai na hy-*
Ezech.18. *ny, Chuychui bechaduriaid glanheuch ych duylo. purheuch ych calonau ach medul dau-dyblig, ymgosbuch, galeruch, ag uyluch, troucb ych chuerthin i alar, a'ch lauenyd i dri-stuch, ymdarostynguch gar bron yr argluyd, ag ef ach derchafa chui Canys nid digon neuydio i gynedfau ai arferau drug yn uel, ag ymadel ai uaithredoed drug, gan dyuaedyd ailuaith arol gairiau S. Austin odigethr gunaethyd iaun i duu am y guaithredoed a aethont heibio, druy ofd penyd, druy alar ag ufuddra, gan opherum calon y difeiriaul, druy help elusenauu. Ond puy bynag auypo fod yr un o'r pochodau ma-ruol, yn rheoli yntho (ag y mae'r un S. Austin*
Aug. mē- *dy uaedyd) onis mendiaf ef yn hun yn deilung,*
cheridiū. *gor caiph enyd guneythyr peynid dros hir am-*
ca.78. *ser, gan rôi cirdodau yn helaeth ag ymgadu rhag pechodau rhag lau ni al gael i lanhau yn y purdan, yr hun y mae'r Apostol yn son am da-no eythr y Phlam draguydau a gofidiaf ag ai pœnaf heb uared yn y byd canys nid prif becho-dau a gerthyr ag a lanheir guedir i'r byuyd yma erthr y rhai man.*

D. Beth sydd yw dybied ynghylch man bechodau yrhain r elwyr pechodau madauawl?

A. Hyn yn wir sydd yw dybied, fod y cyfriw bechodau y scafn yma gwybiad medwl gair ofer, chwerthin Anfesurawl a'r cyphelib o'r hain ueluyr pechodau madeuaul heb yr hain niall y bywyd i fod yma cannys yrydym i gyd yn pechu mewn llauer megis ag y dywaedasom o'r blaen ernad y dynt yn faruaul ond ef ai guelir mew golug yn y fan, etto ni dylid mo i escluso. O herwydd y maen twy yn anfodloni duw nemegis ag y mae S, Puul yn dywaedyd i bod yn tristau'r yr ysbryd glan, yn toulu cydwybod, yn llahau gwres carriad perphaith, ag yn rhwistro cynyddiad rhinwedau, ag yn fynych yn deunu dyn i drugioni ag y beryglau, megis ag y mae'n y bod ichedig ag ychedig yn cwympo, y neb sy'n caru perigl, sy'n ymgolli yntho, ynneb sy'n pechu mewn un peth sy'n coli llauer o ddaioni o herwydd hyny rhaid yw gochel y lychuniau a'r budredi yma o'r enaid, canys megis yrydym yn darllain nid eiph i mewn i Gaer Selem nefaul dim aflan, lugurdig, Ag oni deleir pechodau yn y byuyd yma y mae'ntwy yn drwm arno ef yn y byd arall,

Aug. in Eucher. cap.7.& de ciuit. Dei.27.

Isidorus lib. de summa bona.

Eccles.9.

Apoc.21.

ag ni lanheir byth dim ohonyntuy, heb boenau maruinaul Pyrdan, yrhun dan er nad yu yn
Psal.14. draguydaul: etto o chredun Saint Austin y-mae'n fuy maruinaul na dim a al dyn i odefyn y bydyma.

---

D. Druy bara fod ymae glanhau y pechodau man?

A. yr'hen Egluys a oed yn cydnabod ag yn arfer yrymu aredyma, S. yn ufudgar gyhudiad yn erbyn ny yhun, dyuaedyd guedi'r argluyd, cyro i duyfron, ag arferau desfau erail or un rhyu tu ag duu ai gymadog, gorthrymu i gorph yn euy lyscar ag yn gyrefydaul, y cyfryu ymuaredau yma, ymae'rhai doethion yn i cymeryd yn fuycuylyscar, ag yn fuy dyfal, o heruyd i bod yn y guybod yn uel, ag yn ystyrio yn fuy diuid ystyfnigruyd cyfiaunder duu yn dial ar becbodau, yrhun beth syd eglur urth ystyrio erchynedig farn Crist yruyf y'n dyuaedyd urthych o heruyd am bob gair ofer adyuaetant dynion y rhodant gyfri dyd farn, hefyd or peth o dyuaedod Peder anod i'r cyfiaun fod yn salfiedig, amhyny y dyuad Iob peirhon ai fod yn gyfiaun, ag uirion ol: ofnais fyhol uaithredoed canys yruy n guybod ne arbedi be-

Aug. epi. 109. in Eucherid. ca.71.

Matt.12.

Heb.10.

*chadur: a'r Apostol sy'n dyuaedyd Peth aruthraul yu syrthio yn lau duu buu: pe i bydem i yni aun farnu nyhunain, megis ag y mae'r un Apostol yn rhybydio, yn uir ni fernid dim honomi, amhyny deduydyu'r dyn, syd bob amser yn ofnys: eythr ef sy'dy a chalon galed a syrth i dristuch.* *Prou. 28.*

---

D. *Ai digon yu cadu rhag pechod?*

A. *Ymae cyfiaunder Cristnogaul, ynghylch hon i Soniasomi hyd yn hyn, yn gosod alan duy ran, ag yn gorchymyn i ni mor augenrhaidiaul yu pob un ai y gilid yn y gairiau yma: Gochel drug a guna da fal y mae Sainct Paul hefyd yn dyscu gan gasau'r drug a glynu urth y da, nid digon fely, megis ag y mae S. Austin yn dyoduyd yn olau, ymgadur o rhag gunaithyr drug, onis guneir hyny Syd da, a pheth bychan yu naunelych di niuedi neb, onis lafuri i brophidio lauer, Amhyny gan darfod dosparthu'r rhan gynta o gyfiaunder, sy'n guahard drug, ymae'r urth order, ini dyuaedyd, a thraethu druy help Christ ynghylch y y'rhan aral, y rhon sy'n calyn, ag i iuneytbyr Daioni.*

*Bern. ser. 34. ex paruis sermon.*

*Aug. Ser. 59. de tẽpore.*

## *Dosparth ar ynghylch trhyu, o uaithredoed da*

*D. Ynghylch para ryu daioni y mae cyfiauder gristionogaul yn sefyl.*

*A. Y mae'r cyfiaunder yn faurag yn lydan, megis in fod yn gynuys ofeun i derfynau, ag yn gosod alan ini yu caisio ai calynbobdaioni ar a uneir yn onest, yn gyfiaun ag yn dedfaul, Amhyny y mae'r Apostol yn rhybydio y Cristnogiō, rodiuch yn deilung dan ryngubod ido a duyn phruythmeun gueithredoed da, gan arluy daioni, nid yn unig gar bron duu, cythr hefyd gar bron pob dyn: hun yu'r guir lesad a phriodaul phruyth on galuadigaeth ni, a'r cyfiaunder Cristnogaul druy Grist, druy destiolaeth yr un Apostol, sef yu hyny ar fuu o hononi yn y byd yma yn syber yn gyfiaun, ag dedfaul, druy uadu pob annuuoldeb, a chuantau bydaul, yn yr un dealt y gosoduyd alan hyny yn yr Efengl fal y galomi uedi yn rhydhau o duylau yn gelynion, i uasanaethu efyn di ofn, druy santaidruyd a chyfiaunder gar i fron ef yn yn hol dydiau ni, o heruyd hyny y rhybrynod Crist nyni, fal i gale, yn glanhau ni odiurth*

Chrys. in Psalm. 4.

Colloss. 1.

1. Pet. 2.

*bob enuired, yn bobl gymeraduy ido ef, adylinu guaithredoed da Canys guaith duu ydym iuedi'n creaudu ynghrist, meun guaithredoed* Luc. 1.
*da, yrhain a baratod ag a darparod duu ini i rodio ynthynt, felyny y mae S. Paul yn y scrifenu yn dianuadal, gan rybydio paub, i gadu ag* Tit. 2.
*i arfer yn oystad gyfiauder Gristnogaid, amhyny S. Ioan sy'd yn yn rhybydio ni yn gal ag doeth fm lhant, na siomet neb dim honoch: y neb aunelo gyfiaunder syd gyfiaun megis ag ymae ef yn gyfiaunu: ar neb aunelo pechod syd* 1. Ioan. 3.
*o diaul, ag Iacob Apostol sy'n yscrifenu yn diogel, yrydys yn cyfiauni dyn druy i uaithtedoed, ag nid druy phyd yn unig, megis ag y mae'r corph yn faru heb yr enaid, fely y maer phyd yn faru heb uaithredoed, ag y mae'n dyuaedyd, hefyd y neb sy'n edrych meun cyfraith berphaith rhyddit, os ef a aros ynth i, heb i uneythyr yn urandaur amryfys, yn uaithur y guaith, hun a fyd deduyd yn i uaithred, ag nid oed S. Paul yn medul dimaral pen dyuaedod nid guarandauyr y gyfraith aydynt yn gyfiaun gar bron duu, eythryrhain, sy'n cyflauni y gyfraith, a gyfiaunir.*

*D. Pa phruyth a dug gueithredoed cyfraunder Cristnogaul?*

A. *Ynuir phruyth odidaug, ag aml ryu, yn cystal yn y byd yma, ag yn y byd sy'n dyfod. At hyn ymae'n perthynu y peth ymae S. Paul yn dyuaedyd, duuoldeb syd fudol i bob*
1.Tim.4. *peth, a chenti adeuid o'r byuyd syd agi or byuyd a syd, ag yrydym yn darlain meun le aral, en-*
Prou.11. *uog yu Phruyth lafur da, Canys yn gynta y*
Mat.10. *guaithredod yma y syd yn dielu alan o phyd fyuiaul sef hon sy'n guaithio druy gariad perphaith, yrhain nid ynt yn unig aruydion o aluadigaeth Cristnogaul, eythr ymae'ntuy yn guneythyr*
Hebr.6.
1.Cor.15. *yr un galuadigaeth yn sicr ini: Am hyny peder Apostol yrhun syd fyth yn an g paub at uaithredoed da, ef a dodod hefyd hyn, Am hyny*
2.Petr.1. *(fymrodyr) byduch fuy diuid i uneythyr yn sicir ych galuadigaeth a'ch etholodigaeth druy uaithredoed da. Canys os guneuch felyn ni phechuch chui byth, yn y rail le y mae guaithredoed da yn chuanegu gras i'rhai a gredant, ag yn perphaithio i santaidruyd huynt, test yr A-*
Iacob.1. *postol megis o'r man yma hefyd y mae Iacob yn gurantu fod y Phyd syd yn cyduaithio a guaithredoed yn cael gen yr un guaithredoed i pherphaithio*

*phaithio y trydyd ymae'n yn peri coel meun* Galat. 6.
*cyduybod da, ag yn rhoi muy ogyſuri uedio,*
*ag yn cael gen duu beth bynag a dymynant, ca-* Tob. 4.
*nys ymae'n yſcrifenedig o heruyd ced maur gar*
*bron y goruchaf duu yu cluſen i baub ai rhodo* 1. Ioan. 3.
*a thrachefn fynghredigion odierth i'n calon*
*ny hun faio arnom mi, ef a fyd yn Ced yn nuu,* Aug. in
*a pheth bynag a ragaiſiom, a gaun ni gentho,* præf. in
*am ini gadu i orchmynion ef, a guneythyd y* Pſalm. 31.
*peth ganmoladuy gar i fron ef, ymae ini ſi-*
*ampl i'r brenin Eſechias, y rhun urthr goelio i*
*gyduybod da, ag yn hyn obeth guedi buſio druy*
*air duu a dyuad, f'argluyd yr uyſi yn adolug,* Eſa. 38.
*yr uyſi yn erfyn iti medulia Pa fod i'rhodiais gar*
*dy fron di, meun guirioned ag a chalon ber-*
*phaith, ag a unaethym y peth a oed da yn dolug*
*di, yn diuaethaf y mae'nt yn duyn i ben, megis*
*y galom mi ſy'n lafurio yn guin lan Criſt, gael*
*yn ceiniog am uaith y diurnod S. y galom heu-*
*du cyflog byuyd traguydaul, a choron cyfiaun-*
*der, Am ini gadu gorchmynion duu ofeun i*
*Egluys, ymae'r argluyd am hyny yn dyuaedyd,* Matt. 20
*galu'r guaithuyr a thal udynt i cyflog, ag y ma-*
*e'r prophuyd Dafyd yn dyuaedyd dyuas di ai*
*ceidu (ſef yu d'orchmynion) a thruy i cadu*
*huy ymae gobruy, maur a thrachefn, go-* Mat. 19
*ſtungais fynghalon byth i uneythyr dy dedfau*
*o heruyd y gobruy, S. Paul hefyd, myfi a ymdre-*

Sap. 2. chais ymdrech teg, ag a orephenhais fyngyrfa, ag a geduais fynghred, y mae'n calyn, roi imi Apoc. 1. goron cyfiaunder, yrhon a ryd yr argluyd, uſtus cyfion yn y dyd hunu, nid yn unig i mi Aug. Homil. 14. in Pſal. 50. & in Pſ. 85. eythr hefyd i'rhai a garo i dyfodiad ef, i fyrhau ymae Criſt i hun yn dyuaedyd, os mynidi dyfod i'r byuyd traguydaul caduer gorchmynion, athrachefn yrhain aunelont daioni, adauant alan i adgodiad byuyd: Eythr yrhain aunaethant drugioni, i ailgodiad barnedigaeth, hefyd meun le aral, y neb a unelo euylys fynhad i Apoc. 22. fyd yn y nefoed, ef a entria i deyrnas nefoed, Eccleſ. 18. urth hyn ymae'n eglur faint, ymae'n perthynu attoni i gyd gadu gairiau duu, os dymynun gael byuyd traguydaul, y neb ſyd gyfiaun cyfiauner ef yn fuyc: a i neb ſyd ſantaid ſantaidier ef yn fuy, uele yruy fi yn dyfod yn fuano, a'm taladigaeth gida myfi, i dalu i baub arol i uaithredoed. am hyny na phalun ni fely yn guneythyrd, Canys peu del yr amſer, nymi a gaun dal yn dibal.

*D. Pesaul rhyuogaeth guaithred da yssyd yn yrhain i gelir gueled ag arfer yn bendisad cyfiaunder Cristionogaul?*

*A. Y mae o'r rhyuogaeth, yma dair, megis ag yr ydym yn dealt yn yr scruthur lan, Sef Guedi, unpryd, ag elusen. Canys hol uuthredoed da erail gan muya sy'n dielu alan o phyd fuuiaul, ag yssyd yn hardu, chuanegu, ag yn perphaithio, cyfiaunder Grystnogaul a eliryn esmuyth i duyn alan at y tair Phynon yma, O heruyd hyny y mae gair Raphael y'r Angel yn odidaug, Daionys yu guedi gid' ag unpryd, a cherdod muy na rhoi yn y stor drysor o aur, O heruyd y mae Saint Austin yn dyuaedyd yn eglur, dyma gyfiaunder dyn yn y byd yma, unpryd, cerdod, a guedi, ynghylch yrhain hefyd y mae Crist yn dyscuini, yn nealtuaul yn y efengl Saint Matheu, ag yn addodi o chuaneg obruy teyrnas nef, a dar paruyd udynthuy, i'rhain a' ymprydiont a uediont ag a rodont elusen yn diduyl ag yn diragrith yn yr Egluys, O heruyd hyn yr ydys yn adrodi cynfynyched y phyd laun adeuid yma, dy dad hun sy'n gueled yn dirgel a dalyti, dyma'r pethau*

Petrus Chrysol. Serm. 43.

Aug. de pefection. Iustinæ.

Mat. 6.

o'rhain y myn Crist yn cyfiaundr ni, fod yn laun, megis y galomi fuu yn da ag yn deduyd, oslaen dynion, megis y galont ueled yn guaithredoed a chlodfaurid y Tad sy'n y nefoed

1. Eph. 1. ag ermuyn cyflauni yrhain ynghrist i creaud ag i darparaud duu ny ni, a'r hodio ynthynt: a a thruy gyflauni'rhain meun caraid perphaith

Mat. 25. yrhai gyfiaun a derachefir deyrnas nef, a'r

Ioan. 5. rhai anghyfiaunai esclusont, a deslir ynguysc i penau i dan uphernaul, megis ag y mae'n ofer

Luc. 18. ag yn pharasaied diystyru erail yu gyfiauni i hun, a rhoi goglyd ar i uaithredoed i hun faly

Rom. 10. y mae'n Gristnogaid ag yn gyfraithlaun druy ufuddod a gostungoydruyd yn dyfal ag yn diuid

1. Cor. 1. uneythyd guaithredoed da, ag os byd gentho euylys ryu amser i'm phrostied yn yr argluyd hun sy'n gunaithio ynomi euylys, ai cyflauni fal y mae'r Apostol yn testiolaeth.

---

D. Beth yu unpryd?

Aug. tra. 17 in Io. Hier. contra Iouinianum.

A. Y gair yma a gymerir meun lauer o phyrd unpryd a eilu Saint Austin, un pryd maur cyphredin, Sef yu ymgadu odiurth bob enuired ag anghyfraith l aun didanuch bydaul, aral a eluir, un pryd phylosophaid, druy arbed buyd a diod a sobraidruyd cynydfaul druy *hun y mae'r pagamaid yn buu yn diluth arol iaun resum naturiaul.*

*Y trydyd syd un pryd egluysig, sef yu pen beidom i'a buyta Cid, a b dyn fodlon i un pryd yn unig ar rhyu dydiau arol arfer ag ordyniau yr Egluys, Ag ef a gymerir yr unpryd yma yn duyfaul ag yn Gristnogaul i dofi'r cnaud ag yu darostung i'r ysbryd i duyn phruyth penyd o arfer ufuddod, ag i gael pob gras gen duu yn y diued.* *Cyprian. de Ieiunio & tẽtationibus.*

---

*D. Beth a attebir i'rheini sy'n gurth nebu ag yn guraduyd o'r gyfraith ynghylch unpryd Egluysig?*

*A. Rhaid yn gynta i rhybydio nauraduydont ar gam y guyr catholig, am y peth hun y mae'r Apostol yn i phieidio, a'r Egluys a farnod yn drug bob amser, yn yr Iudeuon yn y manicheiaid ar prisciliani stiaid, sef yu i bod yn ymgadu odiurth ryu fuydyd ar ol cyfraith voysen, druy ofergoel, Canys ymae'r guyr catholig (megis ag y mae Saint Austin yn atteb fastus manicheus) pen fythont yn ymgadu rhag cig, yn guneythr hyny er muyn dofi'r corph i mostung i'r enaid, rhag ympuy a chuantau anrhesumaul: nid o heruyd i bod yn* *Chrysost. hom. 1. & 2. in Gen. & sermon. de Ieiun.* *Aug. li. 30 ca. 5 cont. Faustum de morib. Manic.*

*credu, nad yw'r cig ynlan : ag nid ydynt yn ymgadu yn unig rhag cig : eythr hefyd rhag phrwythyd y dacar, nail a bob amser, fal ymae y chedig o dynion, ai ar dydiau ag amser a ordeiniwyd, megis drwy'r Grawys gen mwyaf ymae agos pawb yn ymgadu, fal hyn y mae Saint August, yn dywaedyd, ag oi flaen ef Epiphanius, sy'n dyscu'r un peth, wrth gonfutio heresiaeth Arius hwn a fyne fod hol unprydau'r Eglwys yn rhyd i bawb, fal na bydeneb rwymedig yw cadu : ag yn yr un phynyd ynghylch guediau cyphredin, a hefyd dydiau gwylion cyphredin, y mae'r Eglwys drwy'r ordinhad cyphredin yn i cadarnhau, ag yn i rhoi alan yn cyhoed, heb law hyny tuag at unpryd altuawl nid oes hauach o dynion a unprydiant oi ewyllys i hunain Canys y mae dynion yn ymwrthod unprydio. o herwyd wrth gwrs natur) i bod yn caru i cnawd ag yn ofalys am i boliau.*

*Aug. haeres. 52. Epiph. Heres. 75.*

*Hefyd heb law hyny y mae'n beth mawr, ag yn haudianus, arfer yn dyfal ag yn anrhydedys yr unprydiau. Sainct Hierom sy'n yscrifenu yn erbyn Iofinian ag yn profi yn olau, megis na dyle neb i hamau wedi, Am hyny rhaid yw rhoi at hyn y pethau a dyscasom uchod yn ghylch cadw gorchmynion yr Egluys, yrhain sy'n Angenrhaidawl i cadw yn dyfal nid yn unig i ochel tramgwydu cydwybod erail ag i gadw*

*Aug. haeres. 82.*

dysceidiaeth gyphredin, arbag ofn cosbadigaeth i penadiriaid, ond hefyd ermuyn i cyduybod i humain, megis y dyuaedod yr Apostol, ymae'n eglur hyny fal y mae yscrifenuyr o bob. Rom. 13.
oes yn gurantu, fod athrauiaeth yr Egluys, y defod, y tradydiad a'r ordeinhad yma yn oystadaul yn gaduedig ag er y dechreuad, bod yn caduyr unpryd egluysig yma, rhyu diurnodiau: Cõc. Car. ca. 35.
ag yn enuedig y Grauys, megis ag y mae rheolodigaethau'r Apostolion yn dyscua'r Senedau sacraid hefyd: Sened Gangrensis sy'n escumyno y neb sy'n diystyru unprydiau cyphredinaul Conc. Agat. can. 12
yr hol Egluys, Sened, Toletain, sy'n erchi na chymunir mo'rheini a fuytathant gig y grauys, heb angen anocheledig, ne dolur Am lug Conc. Toletanum. can. 9.
a pheth altuaul yu gueled dyfalruyd yrhen dadau, yn gorchymyn ag yn erfyn ini unprydi, ag yn enuedig y grauys, yrhun ymae'n tuy'n testiolaethu i'r Apostolion i dyscu ai ordeinio, Am hyny y'rheini yssyd yn rhydhau cyfraith unpridiau udynt i hunain ag i erail, sy'n gurthuebu'r yrysbryd a oed yn y tadau am i bod yn diphin umpuy a chuant y cnaud, yn bytrachna rhydyt yr Esengl, yrhain ni fynant groes hoelio i ympuy i euylys a chuant y cnaud, ai uydiau, nid ydynt yn dealt pethau ysbrydaul ond yn hytrach diphodyd yr ysbryd yn erbyn dyscediaeth yr Apostol, heblau hyny ymae'n tuy

*yn gurthnebu yn olau yr Egluys i mam, a phriod Iesu Grist hefyd, hon sy'n dyuaedyd ag*
*Aug. epi. 88. ad Cassnlanum.* *yngorchymyn: ag yn cyrthu udynt i hunain yn diamau farufolaeth, pen sythont yn gurthnebu ag ynlusu santaid ag iachaid ordemhad unpryd, yrhun erioed a orchmynod yr Egluys.*

---

D. *Bethymae'r scruthur lan yn i draethu ynghylch unpryd?*

*Li. Iudic. 20.* A. *Gair duu druy enau'pyrophuyd Ioel sy'n crio ar bechaduriaid, dymchueluch attafach hol galonau druy unpryd fain, gofyd*
*1. Reg. ca. 7.* *a thosturu ag y chedig yn ol Cenuch udcorn yn Syon, saintaidiuch unpryd geluch ynghyd yt durfa, cynyluch y bobl, ne fal y mae erail yn*
*3. Reg. ca.* *darlain, Santaid.uch unpryd pregethuch fediginiaeth, urth hyn i galun dyscu fod unpryd yn santaidiaul druy uaithredoed da erail, ai fod ef uedi i santaidio, ag yn brophidiaul i iachau pechodau, fal y mae Saint Hierom yn*
*Esdras 9. Ioel 2.* *dealt, Canys y mae'r un Saint Hierom sy'n tynu o'r scruthurlan gael o Daniel a oed ur dedfaul druy unpryd gael guybody pethau a oedynt yn dyfod yn ol. A Guyr Ninise druy unpryd a dehudasont digosaint duu, Ag Elias a*

*Moyses druy unpryd o daugain nihurnod a lauenhychuyd ag a didanuyd urth gydnabod a duu, Ag i f,rhau yr Arglwyd i hun a unprydiod yn yr ynialuch, gymaint o diurnodiau, ermuyn gadel ini dydiau hynodaul i unprydio arnynt, ag hefyd ef a dyuad na elyd gorchfygu y cythreliaid phyrnicaf ne greulonaf, ond druy uedi ag unpryd Ag ymae'r y Apostol yn dyuedyd unprydio o hono ef yn fynych, Ag yn y psalm y mae'r penydiur ydifairiaul yn dyuaedyd, yruyfi yn buyta fy mara megis ludu, ag yn cymyscu fy niod a dagrau, a phen oedynt yn fyngorthrymu ag yn fymlino myfi a uyscais raun ym nesaf ag a dygais fenaid yn ostungedig druy unpryd Ag i uneythyr pen. Beth a al fod eglurach na hyny a dyuad Crist y doer amser (pen dygid yniaith odiurth y dyscyblion i anuylaf briod) i'r unprydiant huyntau, er y bod yn laun o'r ysbryd glan, Am hyny y mae Saint Paul yn lefain ar y Cristnogion dangosunnyni ny hynain megis guasonaethuyr i duu druy faur ortho ag y myned, druy uilio ag unprydio, a thruy diuairdeb, canys neb syd Gristnogion agroeshoeliaf i gnaud i hun rhag guyd a chuantau.*

2. Cor. 11.
Psal. 101.
Luc. ca. 6.
Act. 13.
Mat. 6.
Tob. 3.

*D. Beth yu guedi?*

*A. Tuaidiaid dedfaul calon ty ag at duu, druy'rhun y gofynir yn phydlaun ar lau duu beth bynag a fytho angenrhaidiud ini ne i erail gan roi alan yn Eglur ras a galu duu a thestiolaethu meun pob modyn defosiun an ded fauldeb gar brony goruchaf a thraguydaul faured ef, yma ymac'n perthy ny nid yn unig guedi, eythr hefyd adoliad, ophrumiad, ersyniad, glod fauriad, a rhoidiolch i Crist (megis ag y dyuaedasom uchod) a osodod alan fod a phatrum i uedio yn uir, nid oes dim muy canmoladuy yn yr Scruthur lan na dim muy arferaul ne gartrefig ymysc y guyr dedfaul santaid, na dim a dyleid i arfer yn fynychach nag yn dyfalach gen lauer: na hefyd fuy angenrhaidiaul, na guedi: hyny syd uir, guedi'r gostungedig a eiph druy'r cumulan, hefyd ymae'n rhaid guedio bob Amser, yn oystadaul, o euylys i galon, yn diragrith, nid ermuyn clodfaured fydaul, eythr druy'r ysbryd a guironed.*

Galat. 5. Exod. 35. Damasc. li. 3. de Orthod. Aug. tractat. 73. in Euang. Mat. 6. Act. 10.

*Yn y gyfamser, y rhain sy'n guedio, sy'n arfer yn fynych ymaruedu i cyrph o'r tu alan, druy lauer o dedfau munudiau ceremoniau a hyny*

yn ḍa ag, yn gamnoladụy megis ag ymae ſiam-
plau'r Scrutbur lan yn ḍangos Canys Criſt yn
arglụyḍ ni hefyd, ryụ amſer, a ụeḍioḍ drụy i
ḍerchafu i lygaid i'r nefoeḍ, amſer araḷ gan le-
fain yn uchel, amſer araḷ gan i roi ihun yn i hyd
gyd ar y ḍaear, hefyd gụediau Daniel a'r Nini-
fidiaid cedynt fụy cymeradụy a thy ladụy, ohe-
rụyd i bod guedi muiſeo a ḷian ſach, ag yn go-
rụeḍ meụn ḷuḍụ, heblaụ hyny nid heb achos y-
rydys yn ſon am y publican, am iḍo ophrumu i
ụeḍiau yn yr Egluys, gan oſtung i ben, ag e- Luc. 23.
drych ar y ḍacar, a churo i ḍụyfron; yr hain be-
thau peirhon ai bod yn ụeledig or tu aḷan, ag Dan. 9.
aḷant yr hai drụgionys i guneythyd, ermụyn
phroſt: etto ermụyn achoſion, ymae'n tụy yn-
gamnoladụy, oblegyd i bod yn arfer y corph yn Marc. 14
deḍfauḷ, ag yn i ḍụyn yn ufuḍgar yụ greaụdur,
ag yn anog y meḍul, yn i gryfhau, ag yn i gy-
phroi i defoſiụn or tu meụn heb lau hyny yma-
e'r hain yn teſtiolaethu i phyḍ, i ufuḍdod ai deḍ-
foldeb, am hyny ni dylit moi diyſtyru, o-
blegyd i bod yn duyn buḍ a ḷes nid yn unig yụ
gydgriſtion ſy'n i gụeled, eythr i'r hoḷ Egluys.

### D. Paham y dylem i uẹḍio yn yſtig ag yn oyſtadaụl?

*Iſtod. li. 3. de ſummo bono.*
*Ambroſ. lib. 3. de virginib.*
*Marc. 13.*
*Gregorius hom. 27. in Euangel. in Pſal. 6.*

A. Yn gynta am fod ḷes a bu̇ḋ maụr i'r-hain ſy'n guẹḍio, yn ail am fod guẹḍi yn briodaụl ag yn angenrhaidiaụl i arfer y phyḍ, yn drydyḍ am fod yn gorchymyn yn ḍyfal meụn aml oleoḍyn yr Scruthụr lan ag nid ydyſ yn unig yn i gorchymyn: eythr hefyd y mae duụ am i aḍe-ụidyn ḷaun o gyſſur a melyſdra: yr uy'n dyụaedyd ụrthychi (meḍ Criſt i hun) gofynụch ag ef roir ychụi, beth ar a ofynochi yn ych guẹdi (os creduch, ef a rhoir ychụi) hefyd gofynụch a chụi ai ceụch, ceiſiụch a chụi a ceụch, cnoci-ụch ag ef a egorir ychụi Carys paụb ar ſyn gofyn, ſy'n derbyn, ar neb ſy'n ceiſio ſy'n cael, os me-drụchụi ſyḍ ḍrụg, roi rhoḍion da ych plant, o ba amcan cynt i rhyḍ ych tad chụi ſy'n y ne-foeḍ daioni i'r ſaụl a erfyno arno ef, a'r cyfryụ airiau a'rhain (fal y mae Sainct Chryſoſtom yn cafclu yn ụycb) a thrụy gyfryụ obaith a hon yr oeḍ Arglụyḍ y'r holſyd yn yn cyphroi ni, ag yn anog ni i ụaithio. A guẹḍaid oeḍ ini fod yn ufuḍ i duụ, a threilio'n holfoụyd yn molianu, ag y guẹḍio duụ, a thrụy faụr ſerch gofalu mụy am ụaſanaeth duụ, nag am yn byụyd ny hu-

*nan, Canys felyy damuynaf buu fyth bouyd y dylaedyn, ag felyy dyuaedod Saint Chrisostom.*

---

**D.** *urth ba ryu siamplau ymae ini gynil nerth rhinued a phruyth guedi?*

A. *Ymae Iacob Abostol yn yscrifenu fal hyn, i dangos ini urth siampl rinued guedi Helias med ef, a oed ur diodefys a maru oledig, ag a dymunedyn i uedi na lauiauhi ar y daear, ag ni lauod hi dim, dros dair blyned a chuechmis, a hefyd ef a uediod ag a danfonod yn fyr lau, ag a roes y ear i phruyth, y ma'e sainct Austin yn Sicrhau'r un peth, asuerl o siamlau urth uedio o voyses a Samuel, ef a orchfygasont yr Amraclacitaid, ar Philistiaid, Ieremias pen oed yngharchaurth uedio a gryfhauyd. Daniel urth uedio, a orfoledoed ymysc y leuod y tri bachgen druy uedio adausiasant yn y phurnais danlydyn dini ued y leidyr or y gro- urth uedio o gafod Baradūys, Susana dray i guedi diphinuyd rhag yr hen uyr a chuynasont arni argam, Stephan druy uedy a derbynuyd i'r foed, ag auranduy, arno pen uediod dros Saul a eod ymuysc y labiduyr Druy'r siamplau, ymayrydys yn dangos phruyth gude-* Iacob.5. Luc.4. 1.Reg.7. Hier.32. Luc.23. Act.7.

*di: ond hefydyn gorchymyn serch a dyfalaruyd*
Iac. 5. *y uedio Ambyny y mae'r scruthur lau yn yn*
*anog guediuch heb or phouys ag ymhobpeth*
1. Ioan. 5. *rhouch diolch a guediuch baub dros i gilid, fal y*
*caphochych cadu. Canys lauer a alystig uedi'r*
*cyfiaun hefyd hun yu'r goglyd syd genym ar*
*duu i gurendi arnnomi, bynag ar aofynoni yn*
*ol ieulys i ef heb lau hyny pen uypo bechu oi*
*fraud bechod nid hyd farufalaeth gofyned ag*
*ef a roir byuyd ido euylys ef.*

---

*Ynghylch syluden a guaithrodoed y drugaued.*
*D beth yu elusen.*

Vide Chrysost. hom. 13. in 2. Cor. A. *Elsuen yu turn da ne rod truy'r hon i'r helpir trueniun aral druy drugareidruyd serch yn calon ni. At hyny mae'r yn perthynu y petha dyuadyr angel Raphael yn lyfr Tobias, da ygueди gidag unpryd ag y elusen, galun idea alt megis ag mae S. Syprian yn rhybydio na ayu*
Psalm. 32. *guediau a'n unpridiau ni dim o digouth i helpu*
*druy elusenau, da yu trugared.*
Luc. 6. *(Med S. Ambros) yrhon hefyd sy'n gune-*
Luc. 10. *ythyr rhai yt berphaith am i bod yn calyn tad*
*perphaith nid oes dim yn guneithyr enaid Cri-*
*stion yn fuy camnoladuy, na thrugared, fe-*
*ly y mae'n dyuaedy, Byduch drugarogion ag*

yn megis ag y mae ych dad yn drugarog fal y bythoch blāt ych tad i hun sy'd yn y nefoed, y rhun yn peri i'r haul godi ar y rhai drug a da ag yn glauio ar y rhai cyfiaun ag a'r rhai anghyfiaun, fely y mae Crist yu Salfadid an Samaritan ni hun sy'n laun o rasa thrugared yn dyuaedyd ag urth baissio yn gurneythyr daioin, ag yn iachau paub a'r a oed y cythrel yn i gorthrymu ag yn go sidio.

---

D. Pa fod y mae'r Scruthurlan yn gorchymynyn ini roi elusen?

A. Yn uir urth lauer ag ymrafel, ag eglur, orchmyniō ag a deuidion ag a siamplau nid oes dim a orchmynnuyd muy yn yr Scruthurlan, megis ag y mae S. Cyprian yn dyscu, nad oes dim cyn fynyched yn yr efengl ar na orphuyssommi yn rhoi elusenau, ag na fythoini ry ystig ar fud daearaul eythr ystorio yngynt trysor ne faul, Amhyny y mae gairiau Crist, hyny y syd dros benrcuch yn gerdod, ag uele pob peth syd lan ychui, guerthuch a fedoch a rhouch yn gerdod, guneuch y Scrapanau ni heniđiant a thrysor mi phalant yn y nefoed: Ag meun man aral: guneuch ychui gyfeilon o'r golyd enuirys, megis y galont, pen fytho eisiau arnoch, Deut. 15. Psal. 40. Luc. 16. Luc. 11.

*ych derbyn chui i'r pebyl traguydaul, hefyd yn*
*fyr? rhoduch ag ef rodir i chuithau, Ag am-*
*Matth.* *hyny Daniel y prophuyd sy'n cynghori y brenin*
*anuuiaul, rhydha dy bechodau, a'th anuired ag*
*elusenau i'r tylodion, Ag meun man aral ef*
*a darleir: y dur a diphyd y tan poeth, a thruy*
*Eccles.3.* *elusen y cair madeuaint am bechodau: nid lais*
*dyn yu hun: eythr gair Angel, elusen a uared*
*1. Pet. 4.* *rhag angau, ag a lanha pechodau, ag yn guney-*
*thyr cael trugared a byuyd traguydaul. Ond*
*hefyd y mae Crist i hun yn dyuaedyd puy by-*
*Iacob. 5.* *nag a rodo guppanaid o dur oer yn diod i rhai*
*bychain yma, yn enu discibl yn unig, yn uir yr-*
*uy'n dyuaedyd urthych, ni chyl ef moi gyflog,*
*am hyny guyn fydedig yu'r trugarogion, canys*
*yntuy a gant drugared, yn y gurthuyneb i hyn*
*(fal y mae Iacob Apostol yn guirhau) barn*
*heb drugared a sytho ido ef, ni unel drugared.*

---

*D. druy bara Siamplau i'r eglurir nerth a Phruyth elusen?*

*Genes.18.* A. *Yn uir y mae Abraham a Loth yn yr Scruthur lan yn cael i canmol, am udynt o heruyd i hosbyttaeth sef lettefu o honynt Angelion ryngubod i duu yn faur, Elusenau Tobi a Chornelius y Senturiad ne Canuriad a*

*oedynt*

oedynt meun cymaint obris, megis udynt derchafu yu cophau oflaen duu, ag a gousont angelion bendigedig nidyn unig yn testion, eythyr hefyd yn ganmoluyr udynt, Sacheus uedi i gyphroi druy airiau Crist o duysog ne benadur y publicaniaid, aunaethuyd yn drych, ef a roes haner i da i'r tylodion, ag yn ol hyny Crist i hun ai galuod efyn fab i Abraham, Tabithia ymae Saint Luc yn i chamnol yn faur am bod yn laun o uaithredoed da ag elusenau a roesae hi yn enuedig, i uraged gueduon, yn yrun mod yrydys yn maur camnol lauer o uraged dedfaul yn yr efengl, yrhain gida mair magdalen, a martha a oedynt yn guasanaethu Crist aidyscyblion ai couaeth i hunain, ag o Saint Laurens y marthur yrydym yn canu yn dyladuy, rhaned a rhodod, i'r tylodion, i gyfiaunder ef sydyn parhau byth.

---

*Ynghylch guaithredoed y drugared?*

D. Beth yu tragared?

A. Trugared (megis ag ymae Saint Austin yn dyuaedyd) yu ryu cydystyriad calon ar drueni un aral, yrhun yrydym yn rhuymedig yu helpu gymeint ag y galom, y

Aug. li. 9. de ciuitate Dei.

*Ecclesi.16.* gair yma trugared a arferir i alu ai gymeryd yn fynych am y elusen, pob trugared (megis ag y *Ad Tim.* mae yr scruthur lan yn testiolaethu) a unafi lei *Vide eundem in ca.* bod dyn ar ol haediant i uaithredoed S. Chry- *tertiũ Lucæ.* sostom sy'n fynych yn camnol hon gan dyuaedyd, Trugared yu ceiduad iechyd, harduch phyd, madeuaint pechodau, hon yu hi sy'n prufio'r cyfiaun, yn nerthu'r santaid, ag yn dangos y rhain sy'n adoli duu yn iaun, A hefyd os credun Saint Ambros: holl sum dysceidiaeth Gristnogaul sy'n sefyl meun trugared a dedfoldeb.

---

D. Ai o un rhyuogaeth ymae guaithredoed y drugared?

*Aug. li. 2. de moribus Ecclesiæ Catholicæ.* A. Yrydym yny cael duy ryuogaeth o honynt: am fod rhai yn gorphoraul, a rha yn ysbrydaul: ag huynt a eluir gorphoraul, am fod yn i harfer i helpu trueni corphoraul yn cydgristion, ar lail a eluir yn ysbrydaul, oblegyd yn bod ni druy'r hain yn cymorth salfadigaeth yn cymydog, o'r dirfaur drugared yma Iob drugarocaf ol, sy'n rhoi siampl eglur o'r duy ryu y drugared yma, yr hun sy'n testiolaethu amdano i hun, o'm iefienctid y cynydod gida myfi, ag o groth fymam tosturuch a doeth *alan gida myfi, lygad oedun i'r dal, a throed oedun i'r cloph, tad oedun i'r anghenog, ar cuyn hun nid aduaenun ag ai holrhenais alan yn dyfal, dryliais gildaned yr anghyfiaun: ag yn gunaethyd ido furu'r ysclyph alan oi enau, hefyd ni thrigod y pelenig o dialan o'm tuy, am drus oed yn agored i'r phordolion.* Iob.c.29.

---

D. *Pesaul guaithred y drugared y syd yn ysbrydaul, ag yn gorphoraul?*

A. *Saith a gyfrir ymhob un or dau, ag yn gynta yrhai cophoraul ydynt yn y mod yma, rhoi buyd i'r neuynog a diod i'r sychedig, dilad i'r noeth, rhydhau carchorion, gofuyau cleifion, rhoi lettu i'r pelenig, cladu'r maru, yrhai ysbrydaul hefyd a gyfrir yn y mod yma, Cerydu'r Pechaduriaid, dyscu'r anghyfaruyd, rhoi cyngor i'r petrus, guedio ar duu dros iechyd dygyd gristion rhoi cyssur i'r trum fedul, cymeryd cam yn diodefgar, made aunaed yn i erbyn, Suydau yma i duuoldeb dyn syd mor eglur, yn anuedig i Gristnogion, yrhai nid ydynt farbaraid, megis nad ydiu angenrhaidiaul guneythyd hir draethiad o honynt.* Tob.1.c.2. & 12. Galat.6.

D. Pa fod y dangosir y rhain yn yr scruthur lan?

Ioan.3.c. A. Ynda iaun ag yn lauer o leod, megis yn gynta y mae gairiau esaias, ne hytrach gorchmynion duu yn dangos, Tor (med ef) dy
Iacob.2. fara i'r neuynog, dug i'th tuy y'rhai angenhys a'r cyruydrys: a phen uelech y noeth dylada ef, ag na diystyra dy gnaud dy hun, yrydys hefyd heb lau hyn yn rhodi yma y phruyth maur ysyd i'r Suydau yma; yna (med ef) yr eiph dy gyfiander di oth flaendi, a gogoniant yr Arglu yd athgynuys di, Ag Ioan yr Apostol hun
Roma.12. sy'n gublyn canmol ag yn gorchymyn ini gariad perphaith a thrugared fraudol, ymysc Pethau erail sy'n yn dyscu fal hyn, y neb syd gentho o- lud y byd ag a uelo i fraud meun eisiau ag a gae
Tob.4. igalon odiurtho ef, pa fod y mae cariad perphaith yn aros yntho, fymlhant bychain na charun ar air, nag ar dafod: eythr meun guaithred a guirioned, ag urth hyny guydom yn bod o'r guirioned y rhain yu guaithredoed phydlaun a'r hai guyr gyfiaun, y rhain a gydnebyd Crist, ag a fydant gymeraduy gar i from ef dydfarn ermuyn y rhain ef a ryd deyrnas nef yn o- bruy i'rhai trugarog fal yr adauod, y rhain y mae

*efi hunynigalu: po dedfolaf, po helaethaf a pho haelaf y gunant y guaithredoed yma muy o lyu i maul ai gobruy yn y byuyd traguydaul, yn enuedig os ydys yn i guneythyd ermuyn gogoniant duu a les yu gymydod, ag nid ermuyn ofered, a bodloni euylys dyn: ag o heruyd hyn ymae'n rhaid marcio gairiau'r scruthur lan yrhun a gyfrano, cyfraned meun symlruyd: hun a drugarhao, gunaed yn lauen, na thro dyuyu neb odiurth y tylaud, byd drugarog ar ol dy alu, canys y mae'n hoph gen duu rodur lauen, dangos dyuyneb yn lauen ymhob rhod, gur da ysyd drugarog a chymuynascar, Crist yn Saint Luc: sy'n descrifyduy cyfryu Samaritan hun sy'n rhod ini siampl nodedig o ostungaidruyd a thrugared: nid yn unig tu ag at Gristnogion: eythr hefyd tu ag baganiad peirhon nad ydym yn i adanabod, nag yn heudu dim hun a hauo'n brin, a feda yn brin ( medyr Apostol) a digonyu hyn adyuaedasom, yn enuedig ynghylch guaithredoed corphoraul y drugared.* Psal.111. Luca.10. 2.Cor.9.

*Hh iij*

*D. Beth y mae'r ſcruthur lan yn i deſtiolaethu ynghylch guaithredoed ysbrydaul?*

*A. nyni (medyr Apoſtol) ſyd gryfach a dylem gydduyn gyda guendid yrhain nid ydynt gryfion, ag nid yn bobloni nyhunain*
*Rom. 15.* *am hyny bodhaed paub honom i gymydog yn yrhyn ſyd da i adailad Canys Criſt nis bodhaod i hunan, a threchef n byduch gymuynaſcar yu gilid a thrugarogion gan fadeo baub yu gilid, fal*
*Epheſ. c. 5.* *y madeuod duu i chuithau, ermuyn Criſt, hefyd gan hyny bydun dylynuyr duu, fel plant anuylaf, a rodiuch meun cariad, megis a y carod Criſt ninau, a hefyd guyſcuch amdanoch megis etholodigion, ſantaid anuyledigion perphaith blant duu ymyſcaroed Toſtieriaeth trugared, cyuaithaſruyd, goſtungeidruyd adfuyneidruyd a made obaub yugilid (os byd gen neb gueryl yn erbyn y lal, megis y madeuod Criſt y chuithau fely guneuch chuithau, a trachefn Ceryduch yr hai aflonydys, rhouch gyſur i'r guangalon, derbyniuch y gueniaid, byduch da ych gortho urth baub y mae S. Paul yn gorchymyn meun amlo leod y Pethau yma: a lauer erail o'r un rhyuogaeth, yrhune ymuyn cadu paub ef ai gunaeth*

*i hun yn bob peth i baub megis ymae'n testiolaethu yma, puy syd uan, nid uy inau uan? Puy adramguydir, na loscuyfinau? a thrachefnymae tristuch maur a dolur dibaid imi: canys myfi adymunun fod yn Anathema, odiurth Crist, dros fymrodyr: myfi a lauenaf ol a drauliaf, ag amdrauliaf dros ych enaidiau: er pa fuyaf ich caraf, leiaf i'm cerir.* 2.Cor.11. Rom.9.c.

---

*D. Mae'r cubl or dysc yngryno ynghylch cupplau guaithredoed y drugared?*

*A. Ef adarfu i'r Apostol gynuys y matter igyd, megis yn yr un gair yma, dyguch faychiau y nail y lal, ag fely y cyflaunuch i gyfraith Crist. S. cyfraith cariad perphaith, ynghylch y gyfraith hon, ymae'r un Apostol yn dyuaedyd, o does un gorchymyn, yrydys yn i gyflauni ef yn y gair yma, Car dy gymydog megis ti dy hun, a pheder Abostol sy'n dyuaedyd, ymlaen pob peth byded cariad perphaith yn ychmysc yn oystadaul, canys cariad perphaith a gudia fliaus o bechodau gorchymyn yma ynghylch dangos guaithredoed cariad perphaith a thrugared, megis ag y mae'n cydphyrfio ag yn cutuno a natur agarhesum: fely y mae guedi ystyn tu ag at bob dyn, ag o heruyd hyny yrydym* Galat.6. Rom. 13. Corint. 2. & ca.12.

*yn darllain, fod duu yn gorchymyn i paub garu i gymydog, fely ymae Crist yn deanglu, beth bynag a fynochi dynion i uneythyr i chui, fely guneuchithau ynghylch rhinuedau a eluir rhinuedau cardinaul.*

---

*D. Beth yu dealltyr henu a'r rhesum y prif rinuedau cardinaul?*

*Vide Ambrosium in ca.6. Luc. & lib.2. de officijs ca. 24.*

*A. Ef ai geluyr rhyu rinuedau Cardinaul am i bod yntuy megis phynoniau ag orsingeau'r leil, fal y mae'r drus yn troi ar yr orsing: felyy mae pob gued ar fuchedd honest yn troi ynthynt huythau, a holl adailiadaeth guaithred da, a nelir meun rhyu fodai puys arnynthuy, A'r pedair yma a rifir doethineb, Cyfiaunder, adymeruch a guroldeb, yng hylch yrhain ymae'n yscrifenedig yn y modd hyny: ymae'n dyscu sobraidruydd, Doethineb, cyfiaundr, a rhinued, erail nid oes dim mor brophidiaul i dyn a'rhain yn i fyuyd, yn y fan yma, eglur yu bod Sabraidruydd, yn aruydocau adymeruch, doethineb yn aruydocau Callineb, a rhinued guroldeb, fely yrydys yn golung yrhai yma i gydini fal y gallom i dealltyn sicir, fod y traguydaul doethineb (yrhun yu duu) yn i rhoi yntuy yn benaf, A bod yn i cymeryd huynt ag yn i har-*

*yni haafer, nid hebphruyth mauri iechyd dyn, hefyd ef a eluir yrhinuedau yma suydaul am fod (fal y nodod Saint Ambros) ryuogaethau suydau yn tyfu o honynt, a bod cyfryu suydau yny byuyd cyphredin yma, yn dielu alan yn ol galuadigaeth pob dyn.*

*Lib. 3. de Virgini Sapientia 8.*

---

*D. Mae'r mody terfynir y prif rinuedau?*

A. *Doethineb syd rinued yrhon sy'n dãgos agyn ordeinio i dyn, beth a dylae i chuenych, ne iochel urth naturiaeth gonestruyd Cyfiaunder syd rinued druy'r hon y rhoir i baub yr eido, ardymeruch syd rinued yn dofi pleser cnaudaul, yrhain yrydym i derbyn druy dastio ne deimlo, Gurolded syd rinued druy'r hon y cymerir ag y godefir yn urol ag yn diaruadal lafur a pherigl marufolaeth, fal dyma yr odidaug Siarred o rinuedau ar yr hon y dugir ni i'r nef Dyma'r pedair afon o Baraduys megis ag ymae saint. Austin yn i galu huynt, yrhun heb lau hyn, sy'n dyuaedyd peth tyladuy yu gophau: hon (med ef) yu'r guybodaeth pethau dynaul, sy'n adanabod goleini calineb harduch ardymeriad, grymystra guroldeb, santaidruyd cyfiaunder Canys nyni a lefasun heb ofni phor-*

*Aug. ex definit. li. 1. de libero arbitr.*

*iun alu'r hain yn uir yn eidomi.*

---

*D. Pa fod yr ydys yn gorchymyn calineb ini yn yr scruthurlan?*

A. *Doeth y mae Ecclesiasticus yn yn rhybidio yny mod yma fymab na auna dim heb gyngor, a chuedi uneythyr nag edi-*
*Ecclesia. cap. 3.* *farha, Calon doeth a dealtys a ochel bechu, ag agaiph luydiant meun guaithredoed cyfiaun-der. hefyd Crist phynon pob doethineb, a'r*
*Prou. 14. Iob. 28.* *guir Salamon sy'n dyscu fel hyn: byduch gal, megis Serphod ag mor diniued a chlomenod, fal i g'lom i dealt fod yn rhaid ini doethineb perphaith urth bob un o'r dau, ynghyd. S. Guirionded y glomen yr hun sy'n guneythyr*
*Mat. 12.* *rhai yn diniued ag yn haudgar: A chalineb y Serphod, yr hun a una dynion yn gyfruys ag yn fedulgar, fal na unelont huy, na somi erail,*
*Ephes. c. 5.* *na erail i somi huythau; hyn a fyd os ymroun ar ol dysceidiaeth Saint Paul, guiliuch fymro-*
*Collos. 14* *dyr, ar i chui rodio yn gyfruys ag yn diyscaelys, nid fal anoethion, eythr fal doethion druy ry-brynu'r amser: o heruyd y dydiau syd drug, am-*
*Rom. 12.* *hyny na fyduch amhuylogion, eythr dealtuch beth yu euylys duu, hun syd da urth i fod ag yn berphaith ag at hun ymae dyuaediad Salomon*

*yn tynu: hun a rodio gidar doethion afyd doeth: eythr hun syd gyfail i ynfydion a gystydir, doethineb sy'n ymdangos yn uyneb y dealgar, ag i fod yn fyr, yr un peth y mae ef yn ardelui: calon y puylog a berchnochafuy uybodaeth: a chlust y doethion a gais athrauiaeth.*

---

*D. Beth y mae'r Scruthur lau yn i sod alan ynghylch cyfiaunder?*

*A. Cyfiaunder sy'n derchafu e'r cynhedloed, druy gyfraunder y cardar'nheür i gorsed y brenin: Guel (med hi) yu ychedig druy gyfiaunder, na lauero phruyth druy gam: Ond ymae'r Apostol yn dangos ini beth yu rhan a Suyd cyfraunder yn y gairiau yma Telúch i baub dyledion Teirnged i'r neb y bydo arnoch, deyrnged, tol i'r neb syd arno dol ofn i'r huny bytho iaun fod ofn: parch i'r a dyle barch, anrhyded i'r neb y dyle anrhyded at hyny mae'n yn perthyny suydau gur cyfiaun a deduyd, yrhain a döduyd alan a'r gairiau yma yn y psalmau, yrhun ni unaeth duyl ai dafod, ag ni unaeth drug yu gymydog, ag ni uraduydod i gymydog, y neb a dyngod yu gymydog ag ni som dim a honoef, a'r neb ni roes moi Arian i usuriaeth, ag ni chymerod rodion yn erbyny* Eccles. 4. Aug. lib. 4. de ciuitate ca. 4. Psal. 14.

guirion, urth hyn y mae'n haud dealt fod yn cymeryd yma henu cyfiaundr yn gyfynghach, na phen oedē i yn dosparthu cyfiaunder Cristnogaul yn gyphredin.

---

### Pa fod y mae'r scruthur lan yn dyscu Ardymeruch?

Rom. 13. AY ochel anardymeruch, y mae'r scruthur lan yn gorchymyn ini, na chalynon dim o ym puy'r cnaud, ne na orchfygon ni un amser yn calonau, a glothineb a medudod: he-
Cor. c. 5. fyd y mae'n yn cynghori ini arfer ardymeruch pē y mae'n euylysio ini fod yn sobraid, a guilio, ag ymroi nyhunain i uilio ag i uedio yn Santaid, ag na rothom le yn ybyd i Satan: hefyd y mae Ecclesiasticus yn yn rhybidio arfer y pethau syd o flaen dy [illegible]aid yn ardymerys ag yn gynil, ag na fyd uancus, rhag dy gasau, ag yn yr un man y mae'n dyuaedyd ynghylch gochel, medudod chueruder medulyu guin a yfer lauer o hono a meun dig a thramguyd: heb lau hyny yr un sy'n dyuaedyd, guin a guraged sy'n gyru doethion ar encil sef yu i murthodai phyd, ag am hyny y mae'n rhaid yfed guin yn sober ag yn ardymerys, y mae'n adodi hyn i byuiocau dynion aunaguin od yfi di ef yn gymesur, laue-

*nyd calon, ag hyfryduch medul, yw'r guin a yfer meunpryd yn gymesuraul amhyny yryd, m yn darlain meun man aral guynfydedig yw'r tir, le ymae'r penaethiaid yn buyta ermuy'n i liniaeth ag nid ermuyn agormoded ondyrhun a'm geidu a estyn i hoedl, Etto yrh moed yma o ardymeruch y syd yn cyredhyd ymhelach nag urth y gymeryd buyd a diod, Ifan fedydiur o bu neb aral erioed a rododini Siampl berphaith o ardymeruch a diuairdeb, pen ymurthodod a phob gormodedyn i fuyd ag yni dilad, gan fuu yn syber ag yn gynil.*

---

D. *Beth y mae'r scruthur lan yn yn rhybidio ni ynghylch guroldeb?*

A. *Ymae yn yn anog ni yu hophi ef, o heruyd i fodyn tynu odiurthym ofn drugionys ag yn gorchymyn iniged, lauenyd, a guastadruyd a dirfaur yni medul Cristnogaid yr anuiaul (med Salamon) a phy heb nebyn i erlid: ond y cyfiaun a fyd yn hyf megis leo: Saint peder syd yn yn rhybidio ni yn erbyn gelynion y phyd a dedfauldeb: na ofnuch dim ohonynt, a g na chynyrfuch dim, puy (med ef) a aluneythyr drug i chui, os calynuch daioni? eythr guyn ychbyd os godefuch ermuyn cyfia-*

Mat. 10.

Luc. 12.

Prou. 3.

cap.

Psal. 3.

uuder Saint Paul hefyd pen oed yn anorch-
fygys filur i Crist, yn fynych sy'n anog erail
i'r guir a'r Cristionogaul uroldeb, amhyny (med
ef f'anuyl frodyr) byduch sicir, dysigl ag he-
laeth yn o ystadaul ynguaith yr arglwyd, gan
uybod nadyu ofer ych lafur yn yr argluyd: a
thrachefn f'ymrodyr ymnerthuch yn yr ar-
Hebr. 12. gluyd ag ynghadernid i alu ef: guyscuch ol ar-
fauogaeth duu, fel y galoch sefyl yn erbyn cyn-
luynion diaul, ag y galoch i urthlad yn y dyd
blin, a sefyl guedi gorphen y cubl, yrhain yu
Psal. 13. gairiau priodaul gur grymys gurol, yn nuu y
gobaithiais: nid ofnaf beth auna dyn imi, yr
argluyd yu ymdiphynur fy myuyd, rhag puy i
dechrynaf? Pe guersyle lu i'm erbyn, nid ofnaf
fynghalon a phe i rhodiun arhyd glyn cyscod
angau nid ofna niued, o heruyd dy fod ti gida
mi, puy a'm guahana ni odiurth gariaid Crist
pob dim a alaf truy Grist yrhun syd yn fy ner-
Psal. 13. thu.

Dyma'r peth ymae'r prophuyd dafyd y gur
rol frenin yn dyuaedyd, druy ganu urth hol
Ephes. 6. blant duu ag urth i gyd filuyr, chuareuch y guyr
abid y calon chui rymys cymeint syd honoch,
ai gobaith ar yr argluyd, truy ef gunaf urol-
Esay. 40. deb, ag efe a sathr yn gorthrymuyr fely hon
yu'r fuched syd deilung i dyn, yn yr hon y bydir
buu yn gal, yngyfion, yn ardymeraid, ag yn

urol, urth hyn y mae'r cymhedroldeb auraid ynsefyl, fal nauneler dim gormod na dim rhy-fychan, a hyny ymae'r scruthur lan yn dy-uaedyd na thro a'r y lau dehau, nag a'r y lau assuy. Psal. 30. Esay. 11. cap.

---

*Ynghylch doniau, rhodion a phruythyr ysbrydglan?*

D. Pesaul un syd o doniau yr ysbrydglan?

A. Yrydys yn cael sait o'rhai yma yn y prophuyd Isaias ag ymyscy tadau o'r Egluys. §. yu ysbryd doethineb, ysbryd dealt, ysbryd cyngor, ysbryd guroldeb, ysbryd guybodaeth ne gelfydyd, ysbryd duufoldeb, ag yn diuaethaf ysbryd ofn duu, y doniau yma n'er ysbrydion yma syd ynberphaithiach ynyn arglwyd ni Iesu Grist nag mcun neb aral, Canys cyflaun yu ef o ras a guirioned, ag yntho ef y-mae hol gyflaundeb duuoliaeth yn trigo yn gorphoraul, oi gyflaundeb ef nyni a gymerasom igyd, yr hun hefyd a rodes i ninan oi ysbryd glan ef: ond odoes neb heb ysbryd Crist, nid yu hunu o'r eido ef, os credun i'r Apostol.

Ambr. li. de Spiritu sancto.

Bernardus in lib. de Dono Spiritus-sanctus.

*D. Pesaul phruyth sy'n tyfu o'r ysbryd glan?*

A. ymae'r un Saint Paul yn cyfri dau-deg o honynt, y cynta yu Cariad perphaith bonedigaidafol a guraidin pob daioni erail: heb hon ni al daioni erail gynhydu na phrophidio dim, ag ni elir y gael yntau heb y daioni erail sy'n guneythyr dyn yn da, fal y mae Saint Austin yn dyuaedyd. yr ail phruyth yu lauenid yrhun sy'n rhoi fal y galo dyn ysbrydaul uasnaethu duu yn leu ag yn lauen. y trydyd yu heduch yrhun sy'n perthynu at gadu guastadruyd medul ynghanol rhyferthuy'r byd yma, y peduarydd yu diodefdra, yrhon sy'n sefyl urth ode blinder, y pumed yu y myned ne diodefgaruch yrhun sy'n dangos grymystra calon yn discuyl daioni yn dyfod, y chueched yu daioni yrhun niuna niued i neb, ond dymyno da i baub. Y saithfed yu haudgaruch hun sy'n deunu ag yn guahad i gymedeithas peraid urth ymdidã ag yn dirion i arferan: yr uythfed yu lonyduch hun sy'n gostung ag yn dofi tonau a saud creulondeb, y naued yu phydlondeb i'n cymydog fel y bythomi couir yn cadu amodau ag adeuid, y Degfed yu cymedroldeb, yrhun sy'n buru alan

bob tyb

*bob tyb o draha a balchder, yr unfedardeg yu ymgaduadigaeth: druy'r hun i'r ymgadun i, nid yn unig odiurth fuydyd ond hefyd o diurth bob drugioni: y deudeg fed yu diuairdeb, druy'r hun y ceduir medul diuair meun corph diuair.*

---

*D. Pa fod ymae ini arfer yn iaun yr adysc ynhylch rhodion a phruyth yr ysbryd glan?*

A. *Yn y mod yma. S. yu os cydnabydun a chalonau caredig o ble ymae'rhain yn dyuod, ag os cloun a chadu ynom nerth a phruythyr unrhyu rodion, yn uir ymae'n tuy'n dyfod alan o phynon hol daioni, odiurth dad y goleini, hun sy'n gorchymyn ini i daioni ef, ai anfeidraul ai anfesuraul gariad, pen furiod ef arnoni mor helaeth ag anor diandlaud i ysbryd druy Grist, Canys cariad duu (megis ag ymae'r Apostol yn testiolaethu, a dyaultuyd yn yn calonau ni, druy'r ysbryd glan, yr hun a roduyd ini arol y saithuedras ymi, druy haduant Crist, y neb a gredo (med ef) yn o fi fel ymae'r y scruthur lan yn dyuaedyd, phrudiau o dur buuiaul a phrudiant alan oi fol ef, Ond ef a dyuaedod hyn druy'r ysbryd glan, yr hun a gaent druy gredu yntho ef, megis ag ymae'r efangylur yn* Iacob. 1. Tit. 3. Rom. 5. Ioan. 17. cap. Esay *deanglu, Onide heb Grist megis ag y dyuaedod (Saint Hierom) ni al neb fod yn doeth nag yn dealtus.*

*Na chynghorur, na gurol, na dyscedig, na duyfaul na laun o ofn duu ymae nerth a phruythy y rhodion ysbrydaul yma yn perthyny at hyn (fal y galo'r y rhinuedau duyfaul, a hefyd y prif rinuedau Cardinaul a soniasom*

*Matth.8.* *am danynt uchod) ueithio ynomi, nerth a suyd gyfraithlaun, ag yn dirwystr i berphaithio, ag yn*

*Hieron.in epist. ad Galat.c.5.* *alus galyn y'r ysbryd glan ymhob man yn duysog ag yn uidyd, ag ymaen tuy hefyd yn gunaethyr ini, gwedi'n gyru a'n cadarnhau druy'r ysbryd redeg rhagom heb dyphygio rhyd phord gorchmynion duu Canys para rhai bynag a yrrir druy ysbryd, huynt sy'n blant i duu, test yu'r Apostol, ef a fyd ryhir yr aurhon draethu ynghylch bob uno rhodion yma, bob un urth i hun Ond ymae phruythyr ysbryd peraidiaf yn y byd yn calyn, yrhuny syd yn yn gosod ni alan ag yn dangos megis preniau phruythlaun a osoduyd yn hir yr Egluys ar ol y dyuaediad yma: pob pren da sy'n duyn phruythau da: Ond pren drug sy'n duyn phruythau drug: Amhyny urth y phruythau chui a geuch i adanabod huynt: y phruyth yma hefyd sy'n dodi hyn o les, fal y galo Cristion foduedi ymdrusio ag ymgadar-*

*Rom.8.* *hau, megis yn ysbrydaul yn erbyn guai-*

*thredoed y cnaud : Canys rheoldigaeth yr Apostol sy'n disiomadus , yrhon syd fal hyn : rhodiuch yn ol yr ysbryd , ag na chyflanuch mo chuantau'r cnaud ag ymae'n yscrifenedig meun man aral marufoleduch uaithredoed y cnaud dru'yr ysbryd chui a fyduch fuu.*

---

D. *Parhai yu guaithredoed y cnaud?*

A. *Yrheini a draethod y'r Apostol yn i cylch yn y mod yma. Amlug yu guaithredoed y cnaud , y'rhain yu godineb ne dori priodas, aflendid, diguylidra gormoded gãuadoliãt suynion , casineb , lid , ymrysonau terfyscau heresiaeth Cynfigenau, digofaint , ym serthu , guneythyr plaidiau, celainedau, medudod, guledau a'r cyphelib bethau a hyn: ynghylch yrhain yruyf i yn ych rhybydio , megis ag y dyuaedais o flaen lau , na chaiph yrhai sy'n gunaethyr y cyfryu bethau , mo deyrnas duu.* Galat. 5. Vide Aug. de Ciuitate Dei li. 14. cap. 2. & 3.

*Ag ef a gyfultod urth hyny , a'rhain syd bobl i Grist sy'n croeshoelio i cnaud , i pechodau i chuntau ai guydiau , i fod yn fyr y Saul y syd yn y cnaud ermuyn rhodio yn ol chuant y cnaud ni alant ryngu bod i duu , ar un Apostol sy'n rhybydio meun man aral , na thuyler chui , nauatorir duu canys beth bynag a hauaf dyn ,* Aug. de verbis Apostolorũ Serm. 1. Galat. 6.

*hyny a fedaf, O heruyd yrhun a hauaf oi gnaud i hun, o'r cnaud i medaf luguredigaeth: eythr hun a hauo orysbryd, o'r ysbryd y medaf fyuyd traguydaul.*

---

*Ynghylch yr uyth uynfyd ne deduyduch?*

*D. Pa rai yu guynfydau cyfraith yr efengl?*

*Matth. 5. Vide D. Aug. de ferm. Domini in monte.*

*A. Yrhain yn uir ymae Saint Ambros yn i galu gunfydau'r Arglud ai fendithion, ag agyfrir'orhain uyth ymatheu efangylur yn y mod yma.*

1 *Guyn i bydy tylaudion yn yr ysbryd, canys yntuy pie teyrnas nefoed.*

2 *Guyn i byd y rhai lariaid, canys yntuy a fedianant y daear:*

*Luc. 6.*

3 *Guyn i bydyrhai galarus, canys yntuy a didenir.*

4 *Guyn i bydyntuy syd a neuyn a sychedcyfiaunder arnynt: canys huynt a gaant i diualu.*

5 *Guyn i byd y trugarogion, canys yntuy a gaant drugared.*

6 *Guyn i byd yrhai glan o galon, canys yntuy a gaant ueled duu.*

7 *Guyn i byd yrhai syd heduchaul, canys*

*yntuy a eluir yn blant i duu.*

8 *Guyni bydyntuy a diodefont i herlid ai-*
*hymlid ermuyn cyfiaunder, canys yntuy pia*
*teyrnas nefoed.*

---

D. *Paham ymae rhaid cadu y dysceidiaeth ymaynghylch yr uyth uynfyd?*

A. *Am i hodyn benaf ag yn fuyaf rhan o gyfraith yr efengl, yr hon a dradydod Cristyn Cyfraithiur ni yn y mynyd santaid ai enau i hun, megis ag y gale baub ysturio beth ymae cyfraunder Gristnogaul yn i gynuys ag yn i ofyn heb lau phyd. Guedi hyny guybod o honynt na roir i'r cyfiaun mo goron cyfiaunder (fal ymae Saint Paul yn i galu hi) ne obruy traguydaul yn dilafur.* Psalm. 36. Luc. 6. Psalm. 15.

---

D. *Beth syd benaf yu nodi ynghylch y dysceidiaeth yma, ynghylch guynfydau?*

A. *Yn gynta peth ni a dylem farcio, fod ymrafael radau yn i mysc huynt: fal y mae'n eglur urth order i cyfri: yn nesaf at hyny da oed nodi, fod yn rhoi alan ymhob un o'r gradau, dau beth o'rhain ynghyd, un yu guai-* Ioan. 14. Luc. 6. 1. Petr. 3.

*thredoed y rhinued ne haudiant a gunſydy by-*
*uydyma, fal y dyuaedant: a'r lal yugobruy o-*
Eſa. 33. *ſyuyd traguydaul ſy'n adas i'r haudiant: a hun*
*a eliri alu deduyduch yn yngulad ni S. Teyrnas*
*nef, Ond megis ag y mae'rhan gynta yn duyn*
*lafur a chaleduch i griſtnogion, fely y mae'n*
Iacob. 4. *diuaethaf hon ym hob grad a oſoduyd, yn roi*
*cyſſur arol maint y gobruy a roed alan, ag y*
*mae'n yſmuythau'r lafur, y chuys a'r blinder*
*ſyd raid i baub i odef ymyluriaeth griſtnogaul,*
*Canys ni choronir neb ond a'mylado yn gyfrait*
*launpob un a gaiph i gyflog i hunan yn ol i lafur*
*y pethau a hauo dyn, yrheini a fedaf, megis ag*
*y mae athrau'r cenedlaethau yn traethu yn ho-*
*laul: Am hyny y mae'r arglwyd cyn dodio ho-*
*no ef i hun yn ūuſtus erchynedig i'r byd, y mae*
*ef yn yn yn cyphroi i dyſcuyl am i dyfodiad ef:*
2. Tim. 2. *uele (med ef) dyma fi yn dyfod arfrys a'm ta-*
*ladigaeth i roi i baub yn ol i uaithredoed, y neb*
1. Cor. 3. *a orchfyga mysi a genatafi hunu eiſted yn fy*
*thron, yr hun beth yu'r didanuch uchaf traguy-*
*daul perphaithiaf.*

*Eythr barn ag opinion y byd ynghylch de-*
*duyduch ſyd uag ag ofer, yr hun ſy'n ſomi ag*
*yn coli lauer Canys y bobl gyphredin ſy'n barnu*
Galat. 6. *yn deduydy rhai cyuaethogion, y rhai galuys,*
*a rhai anrhydedys meun audurdod agogoniant*
*ag yn medianu golud a chouaeth y byd arol i*

*euylys, ag yn buu meun didanuch: eythr Crist yngurthuyneb i hyn, guae'r hain: ag Esai sy'n crio yn diragrith yn erbyn y bobl yn y mod yma* *Esai. 5.* *O fymhobl yrhain sy'n dy Sioimi, ag yn rhuystro* *Psal. 143.* *lluybr dy gamrau, guyn i fy dy bobl y mae'r arglu ydyn duu udynt, gan i ogonedu ef bob amser, megis audur i fuu yn da ag yn deduyd.* *Amos 6.*

---

*Ynghylch cynghorion y'r efengl:*

D. *Pa rhai a eluir cynghorion yr efengl?*

A. *Yrhain, er nad ydynt mor anghenraidiaul i ynill iechyd traguydaul, ag na elir hebdyntuy, meun mod aral yn y byd yu cael: etto y mae'n tuy guedi i' Grist i gosod, ai cynghori, ermuyn: bod y phord at iechyd traguydaul yn haus ag yn diruystrach:* *Aug. ser. 61. de tẽpore in Eucheridion.c. 12.* *Am hyn rhaid yu cadu yn dyfal y rhagor a osodod y scruthur lan rhung gorchmynion, a chynghorion, megis ag y galom i dealt, fod yn ordeinio gorchmynion yn angenraidiaul yu i cadu: eythr cyn ghorion a rodir fal y galo dyn i cymeryd os myn megis peth yn helpu i gadu'r gorchmynion yn berphaith, hyn a unaeth yr Apostol, pen chuanychau roi dysc ynghylch cadu moruyndod:* *Cor. 7.* *Mat. 19.* *Luc. 10.* *Am foruyndod (med ef nid oes genyfi orchy* *1. Cor. 9.*

mynyr Argluyḍ Ond yruyfi yn rhoi cyngor megis un a gafoḍ drugareḍ ar lau duụ i fod yn phydlaụn yma ymae perthynasaụl hyny aḍyụad Saint Austyn yn eglur, vn peth yụ cyngor, peth araḷ yụ gorchymyn, yrydys yn rhoi cyngor am gadụ guyryḍdeb ne maruyndod, ynghylch ymprydio oḍiurth uin a chig, i uerthụ'r cubl, ai roi'r tylodion. Ond gorchymyn a roḍuyd ar gadụ cyfiaunder ar droi o dyn oḍiurth drụg, a gunethyr da: y neb aurandaụr ar gyngor ag ai gnụel yn euilyscar a gaiph fụy o goniant: Ond y neb ni chyflaụno'r gorchymyn ni aḷ hunụ diaicnoḍiụrth boenau odierth i ydyfeirụch i helpu: ymae Saint Ambros yn cytuno a Saint Austin ụrth yscrifenu fal hyn, nid ydys yn gorchymyn mo'r peth y syḍ heb lau'r gyfraith, ond i anog drụy gyngor, ai ḍangos megis peth sicraf: heb lau hyny cyngor y syḍ yn gụahaḍ rhai euylyscar, gorchymyn syḍ hefyd yn rhuymo yr aneụylyscar, ag nid anhebig yụ barn Saint Hierom fal ymae i airiau ef yn dangos pen roḍir cyngor ymae deuis i'r neb a'm roiph: Ond pen roir gorchymyn, mae angenrhaid, ne rụym i'r neb y rhoḍir arno: Ond mụy o dal ne obrụy (meḍ ef) a hauḍaf hyny auneler heb rụym.

*Ambr. ep. 28. ad Ecclesiā vercellem.*

*Hier. aduersus Iouinianum, de custodiēda virginitate. & Eustochium epistol. 12.*

D. Pesaụl

D. Pesayl un y syd o gynghorion i'r efengl?

A. Nid yu berthynasaul yn hyn o fan gyfri'r cubl ond tri y syd o rhai penaf, Tylodi, diuairdeb, ag ufudod fal y dealt asont yn benafiaid ni yr Scruthur lan: Tylodi sy'n perthyny at yrheini sy'n gadel ar unuaith y cubl, fal y galont yn berphaith galyn Crist urth siampl peder Abostol, diuairdeb sy'n perthyna at yrheini a disbadasont i hunain ermuyn teyrnas nef, ne fal y dyuad Tertulianus yn efnuchiaid oi euylas i hunan, Arheini sy'n cupplau ufuddod sy'n ymurthod yn gubl, nid yn unig a chuantau, eythyr hefyd ai euylys i hun, ai'n yrhainy mae'r y scruthur lan yn i rybydio pen fythont huy yn ymroi i hunain yn Cubl dan orchymyn ag euylys rhai erail: y mae Crist yn berphaith siampl o odidaugruydyr efengl, nid yn unig yn dyscu ar air y cynghorau yma megis ag y dangosun y leiges, Ond hefyd yn siampl o santaidiaf fuched ef i hun, ag ef a sicraod hyny ini, yrhun pan oed gouaethog, aunaeth i hun yn dylaud er yn muyn ni, fal nad oed gentho le i roi i ben i laur yntho: yrhun hefyd oed yn foruyn: ne'nuyryd uedi i eni, o uyryd ag yn briod i'r santaid uyrydon, ag a drigod fyth yn gariad

Mat. 19. Actor. 4. Luc. 9. Matt. 16. 2. Cor. 8. Ambr. li. de virgin. Luc. 2.

Ll

*diụairiaf oḷ: yrhụn a fu mor ystigyn cupplau*
*Philip.2.* *ufuḍdod, gan fod yn ufuḍ i'r forụyn i fam, ie ag Ioseph saer, ag ai gụnaed ef yn ufuḍ yụ dad hyd farufolaeth ar y groes megis ag y mae'n testio-*
*Rom.5.* *laethu ohono i hun, myfi dyscynais o'r nef nid i ụneythyr euylys fyh un, ond i euylys ef a'm*
*Ioan.6.* *dan fonoḍ.*

---

*D. Ymhale y mae Crist yn cyngor i tylodi'r efengl?*

*Mat.19.* A. *Yn matheu yr efengylụr, y rydys yn dangos yn y fan sy'n calyn nessaf ar ol cyfri' gorchmynion duụ: ynghylch y cyfryụ*
*Hier. epistol. ad Helydorum.* *orchymynion y diụaedoeḍ ụrth baub heb dyny aḷan neb, os myni di entrio i'r byụyd, cadụ'r gor chmynion, a chụedi hyny ef a roḍ aḷan gyngor ynghylch calyn tylodi euyḷyscar, meụn bath*
*Mat.19.* *nealḍuaụl ar airiau, yrhụn fath a daụod yn eụis y neb ai cymerau, pen dyụad yr arglụyḍ hyn os mynidi fod yn berphaith, does a guerth y cubl a'r a fedi a dod i'r tylodion ag di a gai drysor yn y nef dyred calyn fyfi, yma nid yụ'r Arglụyḍ yn unig yn cynghori fely: eythr hefyd yn i anog ag yn gosod aḷan faint y tal, fal y gụnelyd dynion yn fụy euylyscar i gymeryd i gyngor gan yn lithio an cyssuru. Canys y mae ef yn*

adau y dau hyny i ben fal y caplo ef a'm adauo
a holda'r byd, ag a fytho dylaud ermuyn Crist,
drysor yn y nef, ai derbyn ar i ganfed, a media- *Leo in ser.*
nu byuyd traguydaul, hun syd anod i'r cyuae- *de omnib.*
thogion dyfod ido yr Apostolion oedynt gynt *sanctis.*
yn arfer ag yn cymeryd arnynt y cyfryu dylodi
yma, yn enu'rhain y dyuad Peder urth Grist
yn hyf, uele nyni a amadausom ar cubl ag a *Aug. lib.*
doethom ar dy ol di, hed lau'rhain yr oed y *17. de Ci-*
Cristnogion yn' echreuad yr Egluys yn yr un *uitate Dei.*
phunyd y rhain megis ag ymae Saint Luc yn
testiolaethu a uerthasont a fedent ag a roesont
yr Arrian aunaethont o'rheini yn gyphredin,
ai harfer fal na alau neb dyuaedyd am dim, mae *Luc. 6.*
ef y pioed, O heruyd yn i myschuynt ef a dri-
god pob peth yn gyphredin heb ranu, yr hun dy-
lodi a fyn y murthod o honynt yn euy lyscar ag *Matt. 19.*
yn gubl ai cyfoeth, fal na buont perchnogion o
dim o'r neiltuag ymay mae le i'r yma drod godi
daug Tertullian: da yu rhoi golud rhung y tylo-
dion, Ond guel yu i rhoi ar unuaith i gyd, ar-
fedr calyn yn arglud ni, a chuedi'n rhydhau
odiurth bob gofaluch, duyn tylodi gida Christ.

D. *Pa le yrydys yn gosod alan gyngor ynghylch diueirdeb?*

A. *Yrydys yn gosod alan hyny yn gystal ynyr Efengylion ag y lythyrau'r Apostolion hefyd, Canys ymae Cristyn canmol y rhyuogaeth hunu o efnuchiafyd, ai dysbadodi hunain ermuyn teyrnas nef, Ag rhag tybied ohonomi mae, gorchymyn oed, ag nid cyngor, efa dyuaedodyn yman: y neb a alo gymeryd, cymered: yrhun airsyd megis gair yr Argluyd yn cynghori, (fal ymae Saint Hierom yn dealtyn da) ag yn anog i filuyr efy geisio gobruy diuairdeb: megis pe i dyuaedau, ymladed y neb a alo ymlad, gorchfyged a gorfoleded, y neb a aluneythyr hyny a gafodi rod: Ond ef a gafod paub i rhod (megis ag y mae'r un Saint Hierom yn testiolaethu) ar ai gofyno ag ai chuenycho, ag a lafurio yu chael: Canys ef a roir i baub ai gofyno, a'r neb a gaisio a gaiph, ag ef a egorir i'r neb a gnocio, i'rhun dieueirdeb y mae'r scruthur lanyn ordeinio taladigaeth: Ond i uyrydioneb ne foruyndod taladygaeth aniuedigaul Canys y neb ni lychuinuyd urth uraged ag a drigasont yn uyrydon ne'n foruynion sy'n sefyl yn difrycheulys gar bron uchel*

*Mat.16.*

*Esa.56.*

*Hier. lib. 1. contra Iouinium.*

*thron duu, ag yn canu caniad neuydgar bron duu a'r oen, ag yn calyn yr oen i ba le bynag i'r elo, yr Apostol sy'n dyuaedyd yn eglur, da i dyn na chyfyrdo a merch, a thrachefn ynghylch guerydon nid oes genyf orchymyn yr Argluyd: eythr yr uy fi yn rhodi cyngor fal una gafod drugared i fod yn phydlaun: am hyny tybied y ruyf mae da ydiu tros yr angenrhaid presenol i dyn fod fely, a hefyd urth yscrifenu o uraged guedu ō prioded hi (med ef) y neb a fyno yn unig yn yr argluyd, ond deduyd ach a fyd os trig fal y mae, yn ol fynghyngor, ag y ruy'n tybied fod genyf fi ysbryd duu, mae Saint Ambros yn dyuaedyd gida'r Apostol yn uych gan yscrifenu y gairiau yma: Nid heb achos y canmohlir guraig da, ond guel yr hoir or blaen gueryd duuiaul gan fod yr Apostol yn dyuaedyd, y neb a brioda i ueryd ne i foruyn, sy'n guneythyr yn da, ond y neb nis prioda sy'n guneythyr yn uel: Canys hon ni phriod ir syd ai medul ar bethau duuiaul y lal ar bethau bydaul: y nail yn rhuym meun culum priodas, y lal yn rhyd odiurth y rhuymyn, y nail tan y gyfraith, y lal dan ras: da yu priodas druy'r hon y cair hiliozaeth a suggession i dyn: eythr guel yu guerydondeb, ne foruyndod druy'r hon y cair etifediaeth nefaul: druy uraig y doeth gofal, druy ueryd y doeth ischyd, mae'r diueirdeb yma yn gofyn y avym-*

roi o dyn druy gyngor hamdenys i fuuyn lan o diurth fudredi cnaudaul ne i spledach masuedys a'buu heb briodi yn diodinebus, fal y bytho santaid o gorph ag enaid. Ag at hyn yr ydoed yr Apostol yn edrych pen dyuaedod: y neb yn i galon a roes i frydyn sicir, heb i utho oi anfod, ond bod ai euylys yn rhyd, ag a farnod hyn yn i galon, gadu i foruyndod ymae ef yn guneythyr yn da.

---

D. Pa fod yr ydys y gosod a lan i gyngor yr efengl ynghylch ufuddod?

A. Mae'n arglwyd ni Iesu Grist, nid yn unig yn siampl oi santaidiaul fuched fal y dyuaedasom uchod: eythr ai air yn gosod a lan ag yn dangos rhesum perphaith o'r ufuddod yma: Canys ef a doeth nid i uneythyr i euylys i hun, ond euylys i dad, ai euylys huynt dan yr heiniy rydys yn darlaini fod ef: ag ef a doeth yr un Crist i uasanaeuthy, ag nid i gael i uasanaethy: yn gymaint ag yr ymostungod ef i hun uedi'uneythyr yn ufud hyd at farufolaeth, ie marufolaeth y groes, a chued i hyny i'n cyphroi ai air i'u galyn, ef a dyuad, os myn neb dyfod ar foli guaded ef i hun a chymered i groes arno, a chalyned fi, y gairiau yma er galu o rai i cymerydhuynt yn dafal rhai adyuaedesyd urth baub yngyphredinaul · etto ymae'nt yn nealtual, ag yn berphaithiach yn perthyny at yrheini sy'n nesaf ar y galont yn ymroi i galyn Crist: fel na fynonthuy fod meun modyny byd yn uyr udynt i hunain: ag y mae'n tuy'n lafurio i fuu urth fedu lag euylys un aral, pen sythontuy yn calyn yn euylyscar orchymyn ag euylys un aral a deuisasont yn le Crist, ag ef a fu gen yr Egluys erioed ryu gyfryu ragoraul Gristnogion a dylynuyr Crist, gan roi ymaith i euylys i hunain, rheolur yrhain (megis ag y mae Saint Basil yn dyscu) syd yn le Grist, a chan i unaethyd fel tygnefedur rhung duu a dyn, syd yn ophrumu i duu ufuddod iachaul, O heruyd megis ag ymae'r defaid yn ufudhau'r bigaul, gan fyned i'r phord ymae ef yn i tuyso, fely ymae'n angenrhaidiaul i'r cyfryu bobl: yrhain sy'n euylyscar i arfery duuoldeb ymaufudhau i penaethiaid ag na bythont ry fanul i uybod beth yrydys yn i orchymyn udynt (os yntuy a fydant dibechod) cythyr fod yn euylscar i gyflauni y peth a orchymuyd udynt, ynghylch y penaeth yma Saint Bernard a Saint Paul sy'n ardelui yn bod yn rhuymedig i'n urando ef sy'n le duu, megis duu, yn enuedig meun pethau nid ynt yn erbyn duu a'r Egluys (megis ag y mae'r hen historiau yn manegi) a oed bob amser gent hi ymyscyrhain gumpeini o uyr duuiaul cerefydaul, yrhain yuch ben arfer a siampl y bobl gyphredin ai roesent odiurthynt ar unuaith i hol da byd, ag a'madauasent a hol didanuch cnaudol gan brophesydu yn olau, ag ymroi i hunain yn holaul i santaid ufuddod gan dirydu i hol uaithredoed ar ol siampl ufuddra Crist, ag ar ol perphaithruyd dysciblaeth yr efengl gan ymurthod ai euylys i hunain, ag o hyn o beth ymae genym testion tyladuy, Saint Basil, Saint Austin, Saint Hierom, Saint Benet, Saint Gregori, Cassian a Saint Bernard ag erail anifeiriaul o brophesyduyr o perphaithruyd yr efengl: ag ym hob peth dylyn buched fanachaid.

---

D. Yn syr beth syd yu farnu ynghylch cynghori efengl?

A. Hyn yn uir, i bod huynt yn anog, ag yn gymorthuy cymuys, i roi arfau i'r gueiniaid yn erbyn lithiant y byd ar cnaud: hefyd i helpu helynt guyr da i fod uel uel yngyrfa guir duuoldeb, yrhain aunant yr enaid yn rhuydach i gyflauni suydau cerefyd a guasanaeth duu: arhain heb lau hyny (megis ag y dyuaedasom) sy'n fudol i ynil gobruy o fouyd traguydaul, a muy o ogoniant yn y nef, ag yn uir trynodeb

*trynodeb o berphaithruyd yr efengl sy'n perthyny at efyn, i lafurio i gael cariad perphaith ynfuy y gelych a chalyn o honot Grist: Ond dydi a gylyni grist, os rhoi dyfryd, ath lafuryn fuy afy gelych ith lunio dy hunyn yr un fath a Christo hun oedyn dylaud, ag yn ueryd, ag yn ostungar i erail, ag yn ufud hyd faru fol aeth ar y groes. Os lafuri di gida Saint Paul heb dyphygio, at y pethau syd oth flaen, dan esclus o y pethau syd othol: ag ymegnio beunydi gyrheudyd ariandlus galuadigaeth nefaul: agurthod yn y cyfanser ath euylys dyhun, ai gostung hi dan aral ermuyn duu, fal y gelych dylyn yn oystadaul rhodion a doniau a fythont guel, a deuiso yrhan orau, ai chaduyn phydlaun ag yn oystad hyd y diued.*

---

*Inghylch peduar diued diuaeth af dyn*

*D. Pa rai yu'rhain a eluir y peduar diued diuaethaf dyn?*

A. *Yrhain yma, Angau, Barn, uphern a theyrnas nef, ef ai geluir huynt yn diued diuaethaf, am i bodyn diuaethaf, o'r pethau a'r alant damuynio i dyn, Canys angau (fal y mae'r dihareb) yu diued pob peth, barn* *Eccle. 7.* *Deut. 31.*

*Mm*

duu sy'n calyn maruolaeth ne angau, megis ag y mae Saint Paul yn dangos druy'r gairiau yma, ef a ordeiniuyd i bob dyn faru unuaith guedi hyny barn altuaul sef yu ymae pob dyn yn i derbyn pen fo maru, a hefyd y farn dyuaethaf gyphredin yr hon ymae paub yn i disguyl yn niued y byd.

Bernard. Serm. de permodiis medijs & Nouiss.

Hebr. 9.

Yrhain a fuont fairu meun pechod maruaaul a farnir i uphern i boenau traguydaul, erail a ethont o'r byd yma a guysc priodas amdanynt a chariad perphaith, a ant i fuynhau y bouyd traguydaul sef teyrnas nef, dyma'r peth y mae guirioned y'r euengl yn i ardelu yrhain a unaethont daioni a ant rhag dynt i'r buuyd traguydaul a'rhain a unaethont drugioni i gofbedigaeth traguydaul, Canys mab y dyn a dau yngogoniant i dad ef ai angelion, ag yno ef a dal i baub, ar ol i uaithredoed.

Luc. 16.

Rom. 5.

---

D. Pa fod ymae'r scruthur lan yn dyscu ynghylch marufolaeth?

Rom. 15.

A. Megis druy dyn y doeth pechod i'r byd, ag angau druy bechod, fely yr aeth angau drosbob dyn, mal ymae Sainct Paul yn manegi, megis ag y mae Angau yn sicraf peth, fely ymae'n anhousaf guybod yr aur i dau, ca-

*nys niuyr dyn moi diued etto nid oes dim si-*
*crach nag angau, am hyny yrydys yn scrifenu,*
*y'r peth hun y sydd yn yn dyscu beunyd, nyni i*
*gyd i fydun feiru, ag a lithrun i'r daear megis*
*du'r a roed ai dyuallt yn dyfod yn i urthgefn yr hun* Eccles. 2.
*beth y mae Ecclesiasticus yn i gadarnhau, gan*
*dyuedyd y mae hediu yn frenin, ag yforu'n fa-* Eccles. 10.
*ru, a hefyd pen fo maru dyn, efa gaiph Ser-*
*phod, gueistfiliau, a phryfed yn y tifediaeth,*
*ag oblegyd fod yn rhaid ini faru ag heb uybod* Mat. 25.
*pa bryd, am hyny yrydys yn yn rhybi-*
*dio, yn fynyched yn yr efengl i fod yn barod*
*Gueliuch a hefyd byduch barod: canys ni uy-*
*doch pa aur y daw mab y dyn, eythr nyni a fy-*
*dun barod i groesafu angau os myfyriun yn*
*ystyfnig, ag yn disiapri dros yn hol fouyd hyn*
*yma a scrifenuyd guna gyfiundr cyn dy faru*
*canys yn uphern ni elir cael mor ymborth, me-* Luc. 12.
*gis ag y dyuaedod Crist, hefyd y mae'r nos yn*
*dyfod pen ni al neb uaithio; rodiuch trega-*
*phoch oleini, rhag i'r touylni dyfod arnochi,* Apoc. 3.
*ach dali: da iaun y mae'r prophuyd yn dospar-*
*thu rhung marufolaeth y rhai cyfiaun, a rhai*
*drygionys, marufolaeth y rhai drygionys y syd*
*uaethaf ol, megis y rhain sy'n meru megis yr*
*Iudeuon gurthnysigmeun pechod heb uneythyr*
*penyd am dano, ag fely y mae'n tuy yn meiru,*
*ag yn caeli cosbi yn draguydaul yn uphern gi-*

dar o'r cyfiaunys ne'r daionys ymae'n testiolae-
Psalm. 33. thuyn ymod yma, gurthfaur garbron y'r Ar-
gluyd yu marfolaeth i saintiau, canys udyntuy
Prouer. 1. yn uir nid yu marfolaeth dim aral, ond diue-
diad perindotaeth daearaul a gofidiau byuyd
yma, ag megis terfyn, a hun esmuyth, ne
gusc diofal a dechreuad y guir fouyd, i fyned i'r
bouyd traguydaul gogonydys, i fedianu hun yr
Apostol gan darfod i nynu o faur serch, a chan
laruablino a'r bouyd yma a dyuaedod, yruy'n dy
myno fod yn rhyd, a bod gida christ: guyn fy-
Corint. 5. dedig yu'r gueision yrhain pen delo, sy'n guilied
a guyn fydedig yu'r meiru, yrhain ydynt yn
meiru yn yr argluyd, y cyfiaun pen odiuedo an-
Heb. 10. gau ef y syd meun esmuythdra a didanuch.

---

D. Pa fod ymae'r scruthur lan yn yn rhy-
bydio ynghylch y farn?

ERchynedig ag arsuydys yu cuympo yn lau
Eccles. 12 duu buu a Christ yn ustus an barnur. gar
bron gorsed yr hum ymae'n rhaid i'r cubul ym-
dangos ag i bob un roi cyfri drosto i hun, Canys
1. Cor. 4. ef a dug duu i'r farn yr hol bethau ar a au-
naethuyd bid drug bid da Amhyny aros y
farn yma syd beth erchynedig ag arsuydys, nid
yn unig i'r pechaduriaid, eythr hefyd i'r sain-

nau o heruyd hyny y prophuyd Dafid gan ofni y farn yma, Adyua edeod yn dyfal, nadoes i gyfraith ath uas, o heruyd nidoes neb a gyfiaunir gar dy fron di (hefyd Iob) a ofnod y farn yma peirhon ai fod yn uirion ol ag a fanagod i ofn ar gairiau yma: Beth a unafi pen i gyfodo'r Arglwyd i farnu a pheth a attebaf ido, pen fytho'n fy holi, yruy'n ofni duu bob amser megis tonnau'r mor sy'n lenui ar fucha, ag ni alaf odef moi trumdr, myfi a ofnais fyn guaithredoed gan uybod nad arbedi un pechadur. Psal. 61. Iob. 1. Iob. 31.

Yn uir rhaid yu ofni yr ustus hunu, galu'r hun ni elir moi ochel, doethineb yr hun ni elir moi Sommi, na guyro i uniondeb, na galu yn ol, ne neuidio i farnedigaeth, o hun yr yscrifenuyd yn y mod yma, y Serch ai lidiaugruyd y gur (Sef yu Crist yn barnur) ni arbed ag ni phardynaf neb yn y dyd dial ag ni adi dyhudo druy erfyniad neb, ag ny fyn derbyn na rhodion ne Anrhegion ermuyn i ransumu, hefyd hun (megisna al neb i escusodi i huno anuybodaeth) sy dyn rhoi rhybyd i baub o hono i hun, ag oi farnedigaeth yn y mod yma: myfi a gymeraf famser ag a farnaf ar ol cyfiaunder, myfi yu'r arglwyd sy'n chuilied calonau ag yn profi Arenaun hun sy' rhodi i bauh arol i fuched a phruyth i dichelion, my fi sy'n dyfod i grynhoi ag i gynil ynghyd i guaithredoed a me- Hier. 17. Psal. 7.

ḍuliau hoḷ nasiụnau ag yntụy agant ḍyfod i ụe-
led sy'n gogoniant, ond ynghylch dyḍ farn hụn
hefyd a elụir yn yr scruthur lan, dyḍ yn argluyḍ
2.Petri.3. ni dyḍ digofaint, y dyḍ maụr, dyḍ erchynedig
arsụydys, peder Apostol sy'n dyscu yn y moḍ
yma.

Canys y dyḍ yr argluyd a daụ megis ḷeidyr y
nos yn yr hụn y passia'r Nefoeḍ drụy faụr drụst
a rhuthriad, a'r elefenau yn ụir o ụres a doḍant
a'r daear ar hoḷ ụaith syḍ ynthi a lysc, Achen
fod yn rhaid hyny y gyd ymoḷụng, pa fath dy-
nion y dylech fod meụn santaiḍ ymụreḍiad a
duụoldeb: yn discuyl ag y brysio at ḍyfodiad
dyḍ yr Argluyd, yn yr hụn y ḷysc y nefoeḍ ag
a molyngant, a'r Elefenau a doḍant.

Megis ag y galom yna gael Crist yn ustus
trugarog, y dyḍ hụnụ (Pen trasiḍont y nef
a'r daear) drụy laụenyḍ, a didanụch godi-
daụg yụ'r cyngor yma, hụn y mae'r gụr doeth
yn i roḍi ini, gan dyụaedyd, cymer fedigini
1.Cor. 11. aeth cyn dy glafychu, hola ac esammia dy hụn
cyn dyfod i'r farn, a char bron duụ ti a gai
drugareḍ, canys yn ụir os barnụn ni nyhu-
nain, ni fernir ḍim honom, in y diụed ef a
fyḍ daioni i'r neb a ofno duụ, ag yn y dyḍ y
bytho farụ, ef a fyḍ guynfydedig.

*D. Pa fod y mae'r Scruthur lan yn yn rhybydio ynghylch uphern ai phoenau*

A. *Megis nad oes dim druinach na'g angau, na dim muy echryslaun na'r farn, yn bendifade i blant y byd yma, yr hain sy'n pechu yn gyndynys ag yn urthnysig. fely nid oes dim, mor anodefus nag mor afluy dianys ag uphern ai phoenau, canys (megis y mae'r yr scruthur lan yn testiolaethu) yno ymae uylofain a rhincian daned, yno i pryf huy ni fyd fyth faru: ai tan huy ni diphyd fyth: yno ymae'r tir yn laun tcuylni, a chuedi i hylio a niul angau, yno ymae eulun angau yn prefulio, heb nag order na threfn, ond ofn ag achreth traguydaul, yno ymae rhan itifediaeth huy meun lyn safiedig, hun sy'n losci meun tan a brimstŏ yrhun ayu'r ail farufolaeth: yno i cosbirag i gofidir huy dyd a nos yn draguydaul, ag y cepher fod yn uir y peth a ragdangosod yr ustus cyfiaun, i damuyniaf i'r heini a gosbir yn uphern, druy'r gairiau yma, uele fyngnasuaethuyr i agaant fuytta, a chuithau a fyduch neuynog, uele fynguasnaeth uyr iagant y fed a chuchui a fyd arnoch syched uele fynguasnaethuyr, i a lauenychant, a chuithau a* Math. 8. Esai. 66. Apoca.21

*uraduydir, uele fyngueision amclodfaurant druy gyrchneitioto lyuenyd calon, a chuithau a uaeduch o dolur a gofid calon, ag a uduch o gystud ysbryd, am hyny y prophuyd brenhinaul*
Psalm. 2. *syn rhybydio ag yn galu a'r yr hol frenhined a'r tuysogion, ag yn gosod garbron i lygaid, i poenau a'r cosbedigaethau syn damuain i'r drugionys gan i rhybydio yn ystlysnig yn y mod yma ag y naur o freninoed dealtuch a byduch synuyrol, a barnuyr y daiar cymeruch dysc (canys y*
Sap. 6. *neb y syd fuyaf i alu ai ruysc a farnir ag a gosbir yn drumach ag yn tostach) guasanaethuch yr argluyd druy ofn, a chyrchneiduch o lauenyd druy dychryn, cymeruch adysceidiaeth rhag i'r argluyd somgaru, rhag i chuithau syned ar gyfyrgol alan o'r phord uniaun pen arfyrder yr*
Luc. 12. *enynno i digofaint ef, ag o heruyd hyny y dyuad*
Mat. 19 *Crist urth baub, ofnuch ef guedi ido lad, syd, gentho aluy udanfon i uphern, ofnuch hunu, canys deleithuch y byd yma, nid yu yn parhau chuaith hir, eythyr y boen a'r gofid yn uphern y syd draguydaul.*

*O Deyr.*

*O Deyrnas nef?*

*EFa ar luyaud duu e'r dechreuad y byd yu ethelodigion, deyrnas nefaul, deyrnas dragouydaul, deyrnas tralodau guynfydigaf* 1. Math.
*ol, yrhon ymae Saint Paul yn i chophau yn* 25.
*cyhoed: nad yu gofidiau trapherthau na gorth*
*rymau yr amser yraurhon yn haedu nag yn rhy-* 22. Mat.
*gludu y gogoniant a dangosir ini yn ol, y pethau* 4.
*ni uelod lygat, ag ni chlyuod clyst, ag nid escynasont i galon dyn, y pethau a barotaod duu i'r saul ai carant ef, o Caerselem dinas santaid neuyd yn descin o'r nef, guedi i duu i pharatoi ai thrusio megis priodas ferch yu gur, ynghylch hon Saint Ioan gan i fod yn gyfranog o gyfrinachau duu ai clybu, ag y syd yn yscri-* Apoc. 21.
*fenuuele Babel duu gida dynion, ag ef a drig gida huynt, a huy a fydant bobl ido ef, a duu i hun a fyd i duu huy, a duu a sych ymaith*
*yr hol dagrau o diar i lygaid, ag ni fyd* Dan. 12.
*marufolaeth muy, na thristuch, na lefain, y pethau cynta aethont ymaith, ag myfi a glyuais trumpet maur mal lais lauer o dufroed, ag mal lais taranau cedyrn yn dyuaedyd Hallelluy a canys yn arglvyd hol aluaug a deyrnasod, am hyny lauenychuch, druy gyrchneidio, a*

rod un ogoniant ido ef, o blegid dyfod Priodas yr Oen bendigedig, a guyn fydedig yu yrhai a eluir i supper yr Oen, a muy guynfedig yntuy sy'n dyfod heb lesteir na phetrusni yn y byd, ag yn aruain gida'ntuy uisc priodas megis i galont orphouys yn heyrnas nef, gid ag Abraham Isaac a Iacob, ag nid yu'n rhaid gofyn, arglyd Puy a drig yn dy babel? ne puy a'orphouyssa yn dy fynyd Santaid di: yr atteb syd barod, y neb a rodiaf yn berphaith ag yn difagl ag aunel cyfiaunder, agos byd muy dileithuch genyt yn gairiau Crist, y neb aunel euylys fynhad, hun sy'n y nefoed, ef a gaiph entrio i Deyrnas nefoed, Santaid yu'r Dinas yma, ag hefyd y hi sy'n eael dinasuyr santaid ag nid af dim anlan na dim lugredig idi hi.

---

D. Pa fud ne phruyth a elir i gynil o'r hol dysceidiaeth o'r pedu ar peth diuaethaf?

Vide Chryso. epist. ad Theodosiũ lapst.

A. Ymae yn brophydiaul ini, yn gynta adynabod y pethau yma, ai myfyrio yn dyfal, megis ag y galom yn yr hun fath yn deuny ny hunain, o diurth bob gofal astudiaeth a chariad hol bethau guag aid ofer a serfyl yrhain ynt yn y byd yma, Canys (y prege-

*thur a dyuad,) ofered hol ofered, ag nid yu'r cubul ond ofered, guelais yr hol bethau ar yr y syd dan yr haul, a'r cubul nid ynt dim ond ofered a gofid ne drapherth yr ysbryd.*

*Pen darpho ystyrio y pethau yma ymae'n tuy'n deynu dyn escudruyd ehudruyd nid yn unig i'murthod a medyliau a gafalon daearaul eythr hefyd yngyrru ofn arno ef, ag yn iphruyno rhag rhydit i bechu, rhag bod meun mod yn y byd yn ehyd i hyny, o heruyd baham y mae'n yscrifenedig yn y mod yma, yn dy hol uaithredoed, medul am dy diued, ag ni unei fyth bechod, heb lau ystyriad y pethau hyny sy'n anog y doeth, na unelo dim yn i hol fouyd yn rhy benrhyd, eythr ystyried diued pob peth, a chuedi ido ystyrio i diued, myned rhagdo a cherded y phord gyphredyn, heb oguydo alan o'r phord ianiau; nag ar y lau dehau nag ar lau asu, Canys cophaad arhyn, a chynhēliad y pedwar peth yma sy'n bēdisadeyn peri ag yn guaitho ynomi ofn duuhū yu phynō y guirdoethineb, a chaiduad yr hol rinued, ag yn athrau angenrhaidiaul yn hol fouyd dyn, ag yn yn cryfhau ag yn yn luydo ymhob astudiaeth gyfiaun, Canys ofn yr arglwyd sy'n ymlid alan bechod, a'r neb nid yu'n ofni, ni al fod yn cyfiaun, yrhain sy'n ofni'r arglwyd a gaisiant y pethau aibodlanant ef, ag a paratoant i calonau ag a santaidiant i henai-*

*diaugar i fron ef, yn y diued, yrhain ſy'n ofni'r Arglwyd a gaduant i orchmynion, ag yn cymerydy myned, hyd oni uelont ef, gan dyuaedyd onys gunaun i benyd, nyni a guympuyn yn nuy lau'r Arglwyd: eythr plant y byd yma, yrhain ſy'n caru ofered, ag yn argaiſio celuyd, ag yn lauenychu, pen unelont drugioni, ag cyrchneitio o lauenyd yn i enuired, nid oes mo ofn duuyn i golug ag nid udynt yn guneythyr cyfri o dim aral, ond o'r peth ymae'ntuy'n i fedul, Cenedleth heb drugared, heb gyngor, ag heb doethineb, oduu na bydēt doethiō a dealtys, a gyn rhagueled y diued ymay gelir gueled druy eſperiaeth beunyd y peth a dyuaedod Iob ſantaid, ymae'ntuy yn dal yni duylau Tympan a Thelyn ag yn lauenychu urth glyued yr organ ymae'ntuy yn trailio i hamſer druy lauenyd a didanuch, ag argais yn deſcinant i uphern yn diſyfyd, fel y ymae i chuerthin guedi gymyſcu a gofid, a dolur, a galar ſy'n diuedu i didanuch.*

*D. Beth yu Sum a chrynodeb y cubul ar a gynuysuyd yn y lyfr yma?*

*A. Sum yrhol uaith yma a gynuysuyd meun dau beth. S. doethineb a chyfiaundr Cristnogaul, at doethineb ymae'r capituliadau yma yn perthynu, Sef yu ynghylch y phyd, a symbolen y phyd, ynghylch gobaith a guedi'r Argluyd, ynghylch Cariad perphaith, a'r deg gorchymyn, Canys phyd, gobaith, a chariad perphaith ynt y rhinuedau o feun yrhai (megis y nodod Saint Austin) y cynuysuyd yn yr scruthur lā uir doethineb dyn, Guedi cf a ardod duyd hefyd draethiad ynghylch Gorchmynion yr Egluys a gynghylch y Sacrafenau yn gymuys, Canys megis ag ni al y rhinuedau uchod sefyl yn iaun, heb gadu yn dyfal y sacrafenau a gorchmynion yr Egluys fely druy'r ardodiad yma yrydys yn i cyssultu ynomi, a phē darpho i cyssultu, y mae'ntuy guedi i cadarnhau ai ymuanegu, a chuedi yn duyn i berphaithruyd O heruyd hyny niadrauliasom y darn gynta o'r lyfryn traethu ynghylch dosparthu y pethau sy'n perthyny at doethineb.*

*Y rhan dyuaeth af sy'n perthynyn at gyfiaunder acuedi i gynuys meun duy ran, sef yu go-*

*chel drug a guna da, hon a d'anglasar fyrr o airiau, O blegyd nid yu digon (megis ag ymae Saint Chrisostomus yn testiolaethu) i gael salfadigaeth, ochel guneythyr drug odigerth hefyd yn bod yn medianu daioni ag yn arfer rhinued, ynghylch yrhain, darfu ini daclysu rhai penodau i bob un o'r duy ran, yrhain sy'n perthynu yn bendisade i gadu rhagoriaeth rhung drug a da, Tobias doeth a chyfiaunsy'n cynhuysoyn fyr galu a maured cyflaunder yn holaul, pen ymae'n rhybydio i fab, ag hefyd yntho ef hol blant duu, bob un ar i ben i hun, gan dyuaedyd y gairiau yma, fy mab nag ofna, yn uir yrydym yn buu yn dlaudion, eythr ymae ini lauer o bethau daionys, os ny ni a ofnun duu, ag ymurthod rhag pob pechod, a guneythyr da, fel y yrydym yn dyscu yn holaul beth sydd dyledys ar bob Cristiõ, yrhun nid yn unig yn gofyn phyd eythr hefyd ymae'n gofyn buched a adyscuyd diuy doethineb a chyfiaunder Cristionogaul, Canys calon doeth a phuylog (med yr yscruthur lan) a'murthyd a pechodau, ag a gynydaf meun guaithredoed cyfiaunder.*

*Ond rhag ini bassio y terfynau gan fod yn bryd fod yn fyrr, ni a dueduny'r a thrauaeth yma o adysceidiaeth Cristonagaul, ag yn bendisade o heruyd yrhai guirion anyscedig ny ni a orphenuny cubul ag un gair, o'enlesiastes, gan i gau aiselio a sel, souyd dyn, fely ni a diuedun felyn, ofna duu, a chadu i orchmynyon, hyn yu sylued pob dyn.*

---

## *Rybyd i'r darleur?*

*NA ryfeda dim (darleur haudgar) diainc lauer o faiau urth brinthio y lyfryma, canys nid oed y preintiur yn dealt na'r iaith na'r lytherenau ne'r Charetcrau: hefyd yr ydoed mor urthnysig ag mor gyndyn, ie mor benchuiban arol natur i ulad, megis na odefau moi gerydu na daugio i faiau, heb lau hyny gan ystyrio fod amryu o Orthographiau arferedig yn ynmysc ni, yn enuedig ynghylch dublu'r cydsyniaid, rhai yn arfer. dd. ll. a uu, erail ochel i harfer yn rhy fynych, sy'n cyssultu h. gida phod un o honynt yn le i dyblu, ag o heruyd (i'm tybi) fod yn urthyn ag yn anuedaid, yr arfer uchod, guelais yn da galyn yr hybarchys a'r ardercaug athrau D. Gryfyth Robert Canon theologaid o fam Egluys Dinas Mylen, gur a haudau glod a maul traguydaul, nid yn unig o heruyd i aml rinuedau: eythr hefyd ern uyn i disc ai uybodaeth ag yn bendi fade yn yr iaith gymeraeg, hun yn i lifr o iaun yscrifenydiaeth sy'n athrauy yn le du blu'r, y ly-*

*thyrenau, roḍ i pric ne dittil dan bob unyn y mod yyma, ḍ dd. ḷ ll. ụ uu, phyn ḷe ff. druy galyn yr hebraiaid, yrhain sy'n arfer yr un pric, yn ḷe duhlu ḷythyrenau, yrhụn ymae'ntụy yn i alụ Dages.*

*Hefyd heb laụ hyny, na ryfeḍa nadụy yn dublu. n. megis yn y gairiau yma, tyn, hyn, gụyn, arhai cyphelib, canys gueḷoeḍ (i'm tybi) roḍi acen yụcb i phen, pen fytho rhaid i estenunai dublu.*

*Yn ḍiụaethaf na ryfeḍa fymod ryụ Amser yn benthygio gairiau (pen fytho eisiau) gen y ḷaḍin. canys yr hen gymru oeḍynt yn arfer yrun peth, megis ygeḷir gueledyn hauḍ, ḍarfod tynu'rhan fụya o'n iaith ni aḷau o'r ladin, yr hụn beth y mae'r Athrau uchod yn iḍangos yn i lyfr o gysiachydiaeth, Gụydor, ḍ. dd. ḷ. ll. ụ. un ph.*

*FINIS.*